KB049379

나만의 진로를 찾는 것,
나의 미래를 선택하는 것이다.
나의 미래를 펼쳐 줄 나만의 진로,
그것은 바로,
"내가 가장 좋아하고 잘 할 수 있는 일"이어야 한다.

내가 가장 좋아하고 잘 할 수 있는 것은
과연 무엇인가?

진로활동, 입학사정관제 포트폴리오

나만의 북극성을 찾아라 ❸진로실천 편

초판1쇄 인쇄_ 2012년 1월 12일
   3쇄 발행_ 2013년 4월 1일

지은이_ 홍기운, 김승
펴낸이_ 김영선
기획 · 교정 · 교열_ 이교숙
펴낸곳_ (주)다빈치하우스
디자인_ 손소정(총괄), 손수영, 백선화
일러스트_ 손도영

주소_ 서울시 마포구 합정동 362-5 조현빌딩 2층(우 121-884)
대표전화_ 02)323-7234
팩시밀리_ 02)323-0253
홈페이지_ www.mfbook.co.kr
이메일_ urimodus@naver.com
출판등록번호_ 제 2-2767호

값 18,000원
ISBN 978-89-91907-41-6 (44370)

✽ 이 책은 (주)다빈치하우스와 저작권자와의 계약에 따라 발행한 것이므로
   본사의 허락 없이는 어떠한 형태나 수단으로도 이 책의 내용을 사용하지 못합니다.
✽ 미디어숲은 (주)다빈치하우스의 출판브랜드입니다.
✽ 잘못된 책은 바꾸어 드립니다.

이 도서의 국립중앙도서관 출판시도서목록(CIP)은 e-CIP 홈페이지(http://www.nl.go.kr/ecip)와
국가자료공동목록시스템(http://www.nl.go.kr/kolisnet)에서
이용하실 수 있습니다.(CIP제어번호: CIP2011005779)

❸ 진로실천 편

나만의 **북극성**을 찾아라

진로활동, 입학사정관제 포트폴리오

홍기운 · 김승 공저

아름다운 '다리' 하나 세워지다!

아름다운 다리 하나가 세워졌다. 체계적인 이론과 땀내 나는 현장의 공백에 다리가 놓인 것이다. '진로 이론'이 현장의 따뜻한 멘토링의 언어로 바뀔 수 있는 언어의 다리이다. 그 만큼 이 책의 언어들은 현장 중심적이다. 많은 사람들이 그토록 꿈꾸던 다리가 이제 하나 세워진 것에 박수를 보낸다.

이 다리의 색깔은 무지개처럼 일곱 빛깔을 발하고 있다.

첫 번째 빛깔은 빨강이다. 강의자료 준비에 사력을 다해, 하버드생들의 기립박수를 받는 대니얼 길버트 교수의 '붉은 빛 열정'이 바로 책의 주인공 진로교사를 통해 보인다. 일 년에 걸쳐 진행되는 모든 수업의 내용 속에는 실제로 수많은 교구와 자료가 등장한다. 어쩌면 현장의 교사들이 책을 읽은 후, 책 속에 나오는 자료를 실제 교구로 제작해도 될 것 같다.

두 번째 빛깔은 주황이다. 주황은 우리 대한민국 사람들의 피부색이다. 이야기를 이끌어가는 좌충우돌 일곱 주인공들의 얼굴빛이 너무나 생생하게 살아있다. 어쩌면 이 주인공들은 우리 대한민국 청소년들의 대표급 얼굴이 아닐까 싶다. 이 땅의 청소년 그 누가 읽어도 아마 일곱 명 안에 그 누군가로 자신을 투사하고 몰입할 수 있을 것이다.

세 번째 빛깔은 노랑이다. 노랑은 그 자체로 빛을 발하기보다는 배경이 되어 주거나 테두리가 되어 줄 때 다른 색을 더 돋보이게 하는 색이다. 책을 구성하는 탄탄한 스토리 구조야말로 일천 페이지를 단숨에 읽게 만드는 밑거름이다. 매우 많은 정보와 수업모형이 인위적으로 배열된 느낌이 들지 않는 것은 바로 전체를 하나로 묶어가는 스토리의 구성 덕분이다. 진로는 그 자체가 한 인생의 스토리라는 사실을 이 책은 말하고 있다. 네 번째 빛깔은 초록이다. 이는 따뜻한 봄의 새싹을 연상케 한다. 추운 겨울을 딛고 다시 움트는 질긴 생명력이다. 책에는 매우 다양하고 결정적인 갈등과 문제가 등장한다. 진로의 과정에서 겪을 수 있는 개인의 자존감 결여, 비교의식, 부모의 기대감, 공부하는 이유 부재, 성공만 부추기는 왜곡된 직업관, 직업정보의 부재 등 수많은 악재들이 등장하고 이러한 갈등이 학생과 학생, 학생과 교사, 자녀와 부모, 그리고 개인과 시대 사이에 수많은 충돌양상으로 등장한다. 그 모든 아픔을 이 책은 그대로 직시하고 내용에 포함하였다. 그리고 질긴 생명력처럼 끝까지 그 갈등을 물고 늘어져 결과를 만들어 낸다. 불편하지만 포기할 수 없는 이슈를 기꺼이 다룬 집필의 열정에도 박수를 보낸다.

다섯 번째 빛깔은 파랑이다. 하늘이기도 하고, 바다이기도 한 파랑을 통해 나는 깔끔한 냉정을 떠올린다. 이 책에서 내가 만난 냉정함은 객관적인 정보를 전달하려는 의지이다. 스토리에 매몰되지 않고, 또한 스토리를 방해하지 않으면서 자연스럽게 약간의 거리를 두고 핵심 진로 정보들을 전달하는 세련됨을 끝까지 유지하는 것도 책의 매력이다.

여섯 번째 빛깔은 남색이다. 남색은 파랑색을 더 깊게 만들어 준다. 파랑색으로 묻어나는 다양한 진로의 정보를 더욱 탄탄하고 깊게 만드는 것은 바로 진로의 이론들이다. 진로와 관련하여 요인이론, 성격이론, 진로발달이론, 그리고 타협이론과 직업적응이론 등을 스토리 곳곳에 연결 지으며 읽는 것은 내게 큰 즐거움이었다.

내가 이 책을 통해 상상한 무지개다리의 마지막 일곱 번째 빛깔은 보라이다. 보라는 신비롭다. 아련한 상상을 자극한다. 보랏빛은 앞으로 독자들이 만날 다양한 아름다움을 상상하는 것이다. 누구에게도 열려 있다. 그래서 그 상상이 즐겁다. 먼저 진로교사와 진로전문가들의 책상 앞에 실전 매뉴얼로 꽂혀 있는 그림이 떠오른다. 여기저기 연구소를 기웃거리며 자신의 진로문제를 타인에게만 의존하던 청소년들이 자기 책상 앞에 이 책을 꽂아 스스로 내면을 살찌우는 상상도 흥미롭다. 그리고 무엇보다도 나의 가슴을 따뜻하게 하는 보랏빛 상상이 있다. 그간 정보의 격차, 경제력의 격차로 고급 진로 상담을 받지 못했던 이 땅의 청소년들에게 책이라는 개인화 도구를 통해, 그야말로 '동등한 기회'를 줄 수 있다는 기대감이다. 생각만 해도 입가에 미소가 살며시 머금어진다.

21세기 네버랜드라는 섬, 성장하지 못하고 어린 시절의 막연한 꿈으로 갇혀 있던 이 땅의 청소년들에게 이제 '다리 하나'가 세워졌으니, 감사할 일이다. 다리를 건너는 동안, 아이들은 새로운 눈뜸으로 진정한 진로의 세계를 경험할 것이다. 책을 다 읽고 덮으면 이미 다리를 건너서 새로운 세상에 도착해 있을 것이다. 그리고 훌쩍 성장해 있는 자신을 보며 놀랄 것이다. 이 다리를 시작으로 이후 더 좋은 다리들이 계속 놓이기를 간절히 소망해 본다.

커리어 멘토 조우성
법무법인 태평양 파트너 변호사

진로를 위한 첫걸음이
내 인생의 베이스캠프를 만든다

"목표가 없어요. 그러나 아무 상관없어요.", "목표를 갖고 싶어요. 그런데 방법을 모르겠어요.", "목표가 있어요. 그런데 희미해요", "지금 목표가 있어요. 하지만 바뀔 거예요. 계속 그래 왔어요.", "인생 목표는 있어요. 그런데 당장은 무엇을 해야 할지 모르겠어요."

우리 주변 학생들에게서 흔하게 들을 수 있는 말입니다.
개정된 교육과정이 '교과 활동' 중심에서 '진로' 중심으로 변하면서 창의적 체험 활동이 도입되고 입학사정관제의 확대라는 입시제도의 커다란 변화가 진행되고 있어서 교육 패러다임이 '진로 교육' 중심으로 변하고 있지만, 효과적인 진로 교육이나 성공적인 진로개발 활동을 찾아보고 활용하는 것은 여전히 막연하고 어려운 것 또한 사실입니다.
자녀교육을 위해서라면 모든 열정과 돈, 시간을 쏟아 붓는 부모들이나, 왜 공부해야 하는지도 모른 채 빼곡한 사교육 일정을 쉴 틈 없이 소화해 내고 있는 자녀들 모두 끙끙 앓고 있는 것이 지금 우리 사회의 진솔한 모습입니다. 비록 지금은 이렇게 앓고 있지만, 아이들 스스로 진로와 학습의 의미를 깨달아 알게 만들어 주는 노력이 지속된다면 희망의 불씨가 여전히 남아 있다고 생각합니다. 이렇게 '앓음'에서 '앎'으로 변화하는 과정에서 우리 아이들이 '아름'다운 사람으로 나아가 '아름'드리 인재로 성장할 것이라 믿습니다.
그래서 진로에 대해 고민하고 있는 우리 아이들의 이야기를 통해 보다 쉽고 친근하게 '진로'에 대해 접하고 또 성장하게 되는 과정을 담아 보았습니다. 진로동아리 '하이라이트 클럽'에 모인 등장인물들을 통해 내 또래 학생들의 '진로'에 대한 고민을 함께 느껴 보고 여러 학생들의 좌충우돌 도전을 통해 다양한 시도와 체험을 공유하고 그 해답을 스스로 찾아가는 과정이 바로 그것입니다.

"나는 도대체 어떤 사람일까?", "내가 정말로 하고 싶은 것은 뭘까?", "내 꿈을 위해서 무엇을 준비해야 할까?", "지금 이 순간, 내가 해야 할 일은 무엇일까?"라는 질문을 통해 자아를 이해하고 직업세계를 탐색하며 희망 직업을 선택하는 과정과 진로 설계를 통해 나만의 진로 로드맵을 설계해 보고 그 계획을 꿋꿋이 실천해 나가는 우리 아이들의 진로 대장정이 펼쳐지게 됩니다.

진로에 대한 이야기 속 아이들의 고민과 노력들은 성공적인 인생을 위한 베이스캠프를 만드는 과정이라 할 수 있습니다. 이러한 견고한 베이스캠프가 만들어진 이후에야 자신의 로드맵에 따라 꿈과 비전이라는 봉우리에 등정할 수 있는 것입니다.

한편으로 아이들의 '진로' 여정은 허들 경기와도 같습니다. 그저 앞으로 가장 빠르게 내달리기만 하는 경기가 아니라 1m가 넘는 허들을 쉴 새 없이 몇 번이고 뛰어 넘으며 전진해야 하기 때문입니다. 다만 우리가 살아가는 인생은 허들의 높이가 매번 다르고 허들 간의 간격도 일정하지 않으며 훨씬 오래 달려야 하지만 말입니다.

메달의 목표를 위해 혼신을 다해 땀 흘려 연습했던 수준급 선수들도 경기를 하다 보면 허들을 쓰러뜨릴 때가 있는데 하물며 우리 아이들이 진로의 여러 장애물을 만나 고전하는 것은 전혀 새삼스러운 일이 아니라고 생각합니다.

누구든지 크고 작은 성공을 하기 위해서는 반드시 크고 작은 장애물을 넘어야 하며, 자신 앞에 놓인 허들이 높으면 높을수록 자신의 역량을 발휘해서 더 높이 뛰어야 하는데…….
수많은 실패 중에도 멈추지 않고 끊임없이 시도했던 그 경험들을 통해
어느새 뛰어 오를 만한 능력이 이미 만들어졌다는 사실을 아이들 스스로
알게 될 것입니다.

우리가 살아가는 인생의 바다에서 순풍이란 결코 없을지도 모릅니다.
같은 곳에서 불어오는 바람이라도 각기 다른 곳을 향하는 사람들에게,
어떤 이에게는 순풍으로 다른 이에게는 역풍으로 느껴지니 말입니다.
그렇다면 거대한 풍랑 앞에 서 있는 오늘 내 삶의 돛과 키는 누가 붙들고
있습니까?
우리 아이들이 자기주도적으로 진로를 설계하고 한 걸음 한 걸음 나아가
도록 도와주는 것이야말로 그 무엇보다 중요하다고 하겠습니다.
시인 롱펠로우는 "위대한 사람들이 얻고 지킨 고지들은 단 한 번의 비행
으로 얻어지는 것이 아니리. 그들은 다른 사람들이 잠든 사이에, 긴 밤을
애써서 기어 올라 갔다네."라고 했습니다.
오늘도 자신의 꿈을 찾으려 애쓰고 스스로 발걸음을 내딛어 보려 노력하
는 모든 학생들에게 아낌없는 격려와 박수를 보냅니다.

2012 새해 홍기운

21, 66, 그리고 365

지나친 메모광인 나는 적어야 산다. 기록해야 잊을 수 있다. 그렇게 적당히 잊어 주어야 다른 생각을 빈 곳에 채울 수 있다. 이전에 『습관』이라는 책을 쓰면서 자기주도학습에 대한 콘텐츠를 머릿속에서 덜어냈었다. 이후, 몇 년 동안 '진로' 라는 주제로만 달려왔다. 그 결과, 진로로 고민하는 학생들을 위한 방대한 진로 콘텐츠가 차곡차곡 쌓일 수 있었다.

이 책은 그간 만난 수많은 학생들과의 교감과 흔적들을 고스란히 다 꺼내어 담은 책이다. 이젠 빚진 마음을 갚았다는 생각에 무척 시원하고 머릿속이 맑아지는 느낌이다. 무엇이 내 마음을 그토록 무겁게 눌렀던가. 이 땅, 수많은 청소년들이 정보의 격차 때문에 인생의 격차로 치닫는 모습에, 참을 수 없는 아픔과 부담을 갖고 살았다. 기회는 동등하게 주어져야 한다. 그래서 더 악착같이 매달렸다. 작가로서 창작의 수고를 다하였으나, 그렇다고 세상에 없는 무엇인가를 창조했다고 생각하지는 않는다. 많은 선배들의 고민, 빛나는 저서들, 온 세상을 가득 매운 정보들을 재해석하고, 재구성하여 가치의 숨결을 넣어 스토리 안에 녹였을 뿐이다.

조선일보와 함께 청소년의 공부습관을 들이기 위해 '21일 트레이닝' 을 진행한 적이 있다. 1년 뒤에는 KBS와 함께 '66일 습관 멘토링' 을 진행하였다. 그리고 이번에는 DBK에듀케이션과 함께 '365일 진로캠프' 를 완성하였다. 21일 동안은 다소 강력한 '트레이닝' 을 했고, 66일 동안은 매우 따뜻한 '멘토링' 을 시도하였다. 그리고 이번 365일은 그야말로 모든 것을 다 쏟아 부은 '50주 동안의 온라인 캠프' 였다. 함께 호흡하고 의견을 교환하며 때로는 치열하게 토론하는 활동의 장을 연출해 보았다.

이 책은 온라인에서 진행된 365일의 진로 캠프를 책으로 펴낸 것이다. 치밀한 커리큘럼으로 진로를 '트레이닝' 하였고, 모든 과정을 친밀하게 '멘토링' 하였으며, 때에 따라서는 학생들의 깊은 아픔까지 공감하며 상처를 만져주는 '힐링'의 열정을 더하였다. 그리고 온라인 캠프의 과정에 참여하고, 이 책의 모든 내용을 성실하게 따라간 학생들이 그 존재 자체만으로도 다른 친구들과 후배들을 도울 수 있도록 곳곳에 '코칭'의 기법도 충분히 포함하였다.

영감을 불어넣어 주고, 함께 집필을 진행하여 주신 홍기운 대표님에게 먼저 감사를 드린다. 그 모든 과정에 작가로서의 창조정신을 존중해 주며 끝없이 기다리고 지지해 준 문보국 팀장에게 존경을 표한다. 일천 페이지가 넘는 글을 한 호흡으로 읽고 내용의 맥을 따뜻하고 정교하게 짚어주신 이교숙 실장님, 그리고 책이 세상에 나오기까지 보기 드문 열정으로 이끌어주신 김영선 대표님께 진심어린 박수를 드린다.
그리고 오랜 시간 강의를 하면서 만난 수많은 학생들…… 그 친구들을 생각하며 이야기 속에서 살아난 이 땅의 모든 승헌, 하영, 수희, 교빈, 찬형, 민샘에게 이 책을 바친다.

2012년 1월 김 승

일러두기

나만의 캐릭터 따라가기

등장하는 캐릭터는 가장 대표적인 진로의 문제 유형에 따라 설정된 인물들이다. 따라서 이 책을 읽는 사람은 내용에 몰입하는 과정에서 특별히 한 인물에 더 마음이 가게 될 것이다. 10대 청소년은 더할 나위 없이 자신과 비슷한 인물을 만날 것이 틀림없다. 부모가 읽는다면 역시 자신의 자녀와 비슷한 유형에 마음이 닿을 것이며, 교육 전문가들이 읽는다면 자신의 클래스에 가장 마음이 가는 아이들을 그대로 옮겨 놓은 듯한 생각이 들 것이다. 그렇게 인물 중심으로 읽는다면 이 책의 내용이 더 쉽게 다가올 것이다. 특히 이 시대에 가장 큰 사명감을 가지고 아이들을 이끌어가는 교사들이 읽는다면, '민샘'이라는 캐릭터는 더욱 살아서 울림을 만들어 줄 것이라 생각한다. 어떤 계층, 어떤 연령, 어떤 직업……. 그 어떤 사람이 읽더라도 이 책이 읽는 사람의 마음속에 작은 희망 한 자락을 깊게 새겨 줄 것을 확신한다.

다섯 가지 효과 체험하기

- **컨설팅을 접목한 효과**
  진로 문제를 정확하게 진단해 해결방법 제시
- **트레이닝을 돕는 효과**
  진로의 모든 원리를 충분히 이해시킨 후, 반복적인 훈련
- **멘토링을 기대한 효과**
  진로 코칭 민샘의 직접적이고 구체적인 진로 멘토링
- **캠핑에 참가하는 효과**
  온라인 진로 캠프와 연계되어 캠프의 임팩트 체험
- **힐링을 경험하는 효과**
  자기 발견을 넘어, 존재 발견을 위한 인격적인 치유단계 경험

다양한 맛 느끼기

주말에 이 책을 읽기 시작하면 3권을 한 번에 읽을 수 있다. 성인이 읽으면 마치 자신이 학생들을 데리고 수업을 진행하는 느낌이 들고, 학생이 읽으면 수업에 참여하는 캐릭터가 된다. 한 권씩 3일을 나눠서 읽어도 재미있을 것이다. 그렇게 읽어도 가능한 책이다. 그런데 혹시라도 자신의 꿈을 돕는 단 한 사람의 멘토조차 없는 학생이 이 책을 접하게 된다면, 책상 가까운 곳에 꽂아 두고 일주일에 한 꼭지씩 일년을 읽는 것도 좋으리라. 오디세우스의 아들 텔레마코스를 왕처럼 키워낸 바로 그 멘토와 같은 역할을 해 줄 것이다.

책의 다양한 쓰임 알아보기

- 개인
  진로 온라인 캠프와 함께, 각 꼭지마다 포트폴리오를 축적해 작품집으로 사용
- 가족
  가족 단위로 부모와 자녀가 함께 일주일에 한 번 대화하며 소통하는 도구로 사용
- 학급
  학교의 반 전체가 1년 동안 한 꼭지씩 함께 진행
  하는 공동의 진로 교재로 사용
- 그룹
  학교의 진로 동아리, 교회의 소그룹, 공부방
  또는 학원 등의 멘토링 교재로 사용

주요인물 소개

이민구(민샘)

교육계에 새롭게 등장한 진로 전문교사를 대표하는 상징적 인물이다. 다양한 교육 경력의 소유자이며, 매우 창의적인 방식으로 수업의 주도권을 학생들에게 넘기는 인물이다.
진로 동아리의 1년을 흔들림 없이 체계적인 커리큘럼으로 이끌어간다. 자료중심의 수업을 준비하고, 학생 개인의 특성을 살리기도 하지만 전체의 콘텐츠 흐름을 전략적으로 세팅한다.

찬형

비판적인 방관자를 대표한다. 자신의 진로에 대해서도 비판적이다. 이러한 특성은 이야기 속에서 불편한 분위기와 긴장감을 만들어 내는 역할을 한다. 매우 논리적이어서 수업의 진행 과정에서 흐름이 산만해질 무렵이면, 가차 없이 끊어 주는 역할도 한다.
하지만 이러한 비판자 역시 인생의 멘토와 좋은 콘텐츠를 만나면서 변화되는 과정이 고스란히 이야기에 담긴다. 비협력자로서 결정적일 때마다 공분을 사지만, 후반 이야기의 클라이맥스에서 반전을 이루며 최종 감동을 일구어 내는 힘을 발휘한다.

하영

공부를 매우 잘하는 학생이다. 단기적인 성적은 나오지만, 장기적으로는 꿈이 없는 학생들을 대표한다. 자존심이 강하며, 자신보다 공부를 못하지만 진로 동아리의 멘토 역할을 하는 수희에게 경쟁심을 느낀다.
수업이 진행되는 과정에서 이민구 교사를 정확하게 이해하고 수업의 주도적인 역할을 한다. 초반에 자신의 약점이 드러나고 해소되는 과정에서 다른 학생들과 가까워진다. 하지만 진로 페스티벌과 진로 박람회를 준비하는 과정에서는 더욱 복잡한 갈등과 만나게 되고, 고비를 넘기면서 자신을 더욱 선명하게 발견해 간다.

승헌

리더십을 갖춘 훈남을 대표한다. 진로 활동을 통해 가족, 꿈, 사랑의 퍼즐을 맞춰가게 된다.

내용 속에서는 항상 조력자의 역할로 나온다. 주도적으로 수업을 이끌어가는 역할이 아니라, 다른 친구나 교사의 주도권에 협력자로 나선다. 긍정적인 협력을 보이는 역할이다. 동아리 활동을 통해 커리큘럼을 충분히 소화하면서 점차 자신의 꿈을 세워간다.

교빈

친구 틈에 묻어서 대세를 따라가는 청소년을 대표한다. 진로 동아리에도 승헌이를 따라온 것이다. 매우 가볍고 말이 많은 특징이 있다. 바로 그런 특성이 이야기 전반에 약방의 감초처럼 들이대면서 촉매역할을 한다. 내용의 매끄러운 연결에 핵심적인 역할이다.

창의적인 발상이 자주 나오며, 때로는 엉뚱하기도 하다. 그런 특성이 이민구 교사의 수업 진행에서는 매우 중요하며 중반 이후 큰 행사를 진행하는 과정에서도 도움이 된다.

수희

진로에 대한 성숙도가 높은 학생을 대표한다. 하지만 하영이와는 반대되는 고민을 안고 있다. 꿈과 목표가 선명하고 성숙하지만 현재의 공부 성과가 잘 나오지는 않는다. 학생의 입장과 수업의 도우미 역할을 동시에 수행한다. 본이 아니게 하영이와 경쟁구도에 놓이게 되며, 약간의 미묘한 삼각관계 속에서 갈등을 느낀다. 진로 활동 과정에서 가족의 아픔이 조금씩 드러나며 꿈을 통해 그 아픔을 희망으로 바꿔간다.

철만

축구를 좋아하지만 직업 비전으로 확신할 수는 없는 소심한 학생이다. 말을 더듬지만, 수업의 결정적인 상황에서 핵심을 짚는 통찰로 막힌 곳을 뚫는다.

진로 성숙도가 낮은 학생들을 대표한다. 이야기의 처음에 등장하는 인물로서 이야기의 마지막도 장식할 것이다. 자존감, 자신감, 효능감이 낮은 학생들을 대표하여 꿈에 다가가는 희망 주인공이다.

CONTENTS

결과상상

1

01 생생하고 싱싱한 상상

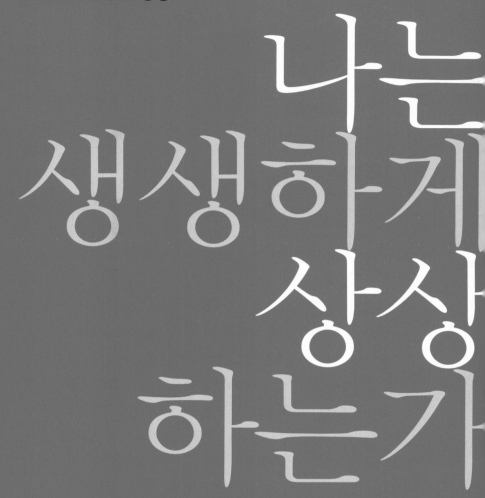

나는 생생하게 상상 하는가

우리들의 고민 편지

과학을 유독 좋아하는 중학교 3학년 A양은 토론의 달인이다. 그녀는 논리적인 근거를 찾아 주장하는 것을 좋아한다. 그런 특성을 가지고 있다 보니 다른 사람의 이야기를 들을 때도 논리적이지 않으면, 물고 늘어져서 항복을 받아내곤 한다. 진로 활동의 앞부분은 다양한 정보를 탐색하고 논리적으로 가능성을 찾아가는 작업이라 그녀에게 잘 맞았다. 그런데 진로 활동의 후반 작업은 대부분 미래의 내용을 체계적으로 정리하는 것이 많기에 그녀로서는 받아들이기가 어렵다. 그래서 A는 진로상담 교사에게 미래 상상의 과학적인 원리와 근거를 얘기해 달라고 으름장을 놓았다.

– 온라인 캠프에 올라온 진로 고민 편지

2주일 동안 진로 동아리는 휴강이었다. 학생들은 오랜만에 만났지만 표정에는 웃음이 사라지고 동아리의 분위기는 무겁게 가라앉아 있다. 수업 시간이 되었는데도 민샘이 들어오지 않는다. 병원에 다니시는 건 알고 있었지만 오늘은 정상 수업을 할 수 있을 거라는 말을 들었던 터였다. 바로 그때, 교실 문이 열리고 웬 낯선 사람이 들어왔다.

"안녕하세요. 최온달이라고 해요. 민샘의 부탁으로 1일 멘토로 오늘 여러분 앞에 섰습니다. 미래의 의사를 꿈꾸는 의대생입니다. 반가워요!"

"어, 샘도 민샘이라고 부르시네요. 민샘은 오늘 안 오세요?"

"혹시, 교빈이라는 친구인가요? 가장 질문을 많이 할 거라고 민샘이 얘기해 주셨는데, 제가 중학생일 때도 민샘이라고 불러서인지 습관이 되었네요. 힘든 이야기를 꺼내서 미안하지만, 민샘께서 입원하셨어요. 급하게 결정되었나 봐요. 안정이 필요하다는 의사 선생님의 요청을 결국 받아들이신 거죠. 간 기능이 매우 약화되셨어요. 과중한 업무와 극도의 스트레스로 다른 증세들도 보이는 상태입니다. 그래서 저 역시 입원을 권유해 드렸어요."

중학교 때 민샘을 만나 꿈을 찾고 결국 의대에 입학하게 된 최온달은 민샘이 가장 아끼는 학생 멘토다. 대학에 들어간 이후에도 방학 때마다 민샘이 청소년 캠프를 열면 꼭 시간을 내어 멘토로 참여하여 민샘을 돕는 애제자이다. 민샘의 부탁을 받고 일정을 조정하여 1일 멘토로 온 것이다.

민샘의 입원 소식에 교실은 술렁거렸다.

"걱정 말아요. 많이 좋아지셨으니 곧 뵐 수 있을 거예요. 여러분도 이민구 선생님을 민샘이라고 부른다면서요?"

"네!"

"멘토님, 민샘은 저희가 만든 애칭인데, 선생님도 그렇게 부르셨다니 참 놀라워요. 오늘 오셨으니까 선생님 애칭도 하나 만들어 드릴까요?"

"그래요, 좋죠!"

"최온달 선생님이니까 당연히 온달 장군으로 할 거라 예상하셨겠지만, '옹달샘'이 어떨까요? '샘' 시리즈로!"

"아주 창의적인데요. 평생 온달 장군이라는 별명으로 살아왔는데 '옹달샘'은 느낌이 새로운데요. 하하하!"

"민샘의 제자 옹달샘! 잘 어울려요."

교빈이가 가라앉은 분위기를 끌어올리려고 재치 있게 멘토의 애칭을 만들었다. 민샘이 입원하셨다는 소식이 학생들의 마음에 큰 부담으로 다가온다. 승헌이는 승헌이대로 찬형이의 빈자리가 신경이 쓰이고, 민샘의 입원 소식에 가슴이 아팠다. 한편으로는 찬형이의 빈자리를 아파하는 하영이를 똑바로 쳐다보지도 못하는 입장이다. 이래저래 심경이 복잡했다.

"오늘 1일 수업 주제는 '마음껏 상상하라' 입니다."

그러면서 책상 한 가득 비닐 지퍼 백을 꺼냈는데, 민샘이 만든 게 분명했다. 카드로 수업을 하는 것은 민샘의 전매특허이다.

"민샘이 만들어 주신 카드

죠? 저희들은 익숙해요."

"네? 아니에요. 오늘 수업은 제가 준비한 거예요. 저는 자칭 민샘의 수제 자랍니다. 민샘의 수업 방식을 누구보다도 잘 알아요. 중학교 때 처음 민 샘을 만나면서 이런 카드로 대화를 많이 했거든요. 그런데 오늘 카드는 민샘도 가지고 있지 않은 최신 카드입니다. 제가 새롭게 만든 거랍니다."

"정말이에요?"

"교빈 학생, 설마 저를 못 믿는 것은 아니죠? 정말입니다. 특히 민샘께서 저에게 부탁을 하셨어요. 자신의 꿈을 생생하게 상상하는 과학적 원리를 학생들에게 소개해 주면 좋겠다고요."

'자신의 꿈을 생생하게 상상하는 과학적 원리' 라는 말을 듣는 순간 하영 이가 긴장한 듯 고개를 들었다. 눈이 커졌다. 찬형이와 경수가 동아리를 떠나게 된 가장 민감한 문제가 바로 이것이었다.

카드에는 전혀 들어보지 못한 신기한 단어들이 있었다. 옹달샘은 단숨에 학생들의 이목을 집중시키는 데 성공했다. 이렇게 의사를 꿈꾸는 의대생 과의 특별 멘토링이 시작되었다.

내 미래의 그 어느 날

"저는 학창시절에 매우 현실적인 학생이었답니다. 그래서 민샘이 얘기하 던 비전을 쓰라는 말, 비전을 상상하라는 말이 귀에 잘 들어오지 않았죠. 반발도 하고, 시키는 것을 하지 않기도 했어요. 그런 저에게 민샘이 몇 권의 책과 CD를 선물로 주셨는데, 바로 그때 읽고 본 내용이 내 인생을 바꾸었는지도 모릅니다."

'어, 찬형이와 비슷한 분이다. 만약 찬형이가 이 수업까지 들었다면 상황이 달라졌을지도…….'

하영이, 승헌이, 교빈이, 수희 모두 비슷한 생각을 하고 있었다. 어쩌면 민샘이 일부러 옹달샘을 불렀을지도 모른다. 워낙 계획적이고 섬세하게 수업을 준비하는 민샘의 특징을 학생들도 이미 알고 있기 때문이다.

"그 중 한 책에는 몇 가지 과학적인 근거들이 들어 있었어요. 『18시간 몰입의 법칙』이라는 책이었던 것으로 기억해요. 나는 그 책에 나온 과학적인 근거들을 보면서 민샘이 제시하는 활동을 받아들이기 시작했어요. 그리고 의사를 꿈꾸는 의대생이 된 지금, 실제로 그때의 과학적인 근거들을 하나씩 의학 연구를 하면서 확인하고 있답니다."

"샘, 그런데 단어 카드를 보니 너무 어려워요."

"교빈 학생이 보기에도 그렇죠, 저도 그렇게 생각해요. 그런데 어때요? 그래서 왠지 더 과학적인 느낌이 들면서 끌리지 않나요?"

"듣고 보니 그러네요. 왠지 더 믿음이 생기는 것 같기도 하고."

"저도 여러분과 똑같았어요."

옹달샘은 민샘이 하던 방식처럼 또 다른 카드를 조별로 나눠 주었다. 그리고 앞서 나눠 준 단어 카드와 내용을 연결시켜 보라는 미션을 주었다. 조별 미션을 시작할 즈음, 승헌이가 다른 질문을 꺼냈다.

"샘, 저는 승헌이라고 해요. 그런데 궁금한 게 하나 있어요. 옛날에 민샘이 선물로 주셨다는 것 중에 CD의 내용은 무엇이었나요?"

"다큐멘터리였어요. 사실 그 내용은 나눠 준 카드에 이미 담겨 있는데, 바로 이겁니다."

우주항공국에서 우주인을 훈련시키는 과정에서 쓰이는 방법이다. 가상의 상황에 대한 훈련을 진행하는 방법인데 예를 들어, 헬멧을 쓰고 가상의 100미터 달리기 장면에 몰입하게 되었을 때, 실제 땀이 흐를 정도로 실감나게 상상을 하게 된다. 물론 몸은 의자에 앉아 있다. 그런데 달리는 상상을 한 이후에 헬멧을 벗으면, 몸의 각 근육에 미리 붙여 놓은 선을 통해 컴퓨터에는 실제 근육이 활성화되는 결과가 나타난다. 상상한 것이 실제 육체의 변화를 만들어내는 것이다.

우주인 훈련

"여러분은 혹시 비슷한 경험이 있지 않나요. 상상만 했는데 실제로 자신의 몸에 반응이 일어나는 경험 말이에요."

"당연히 있죠. 눈을 감고 레몬을 먹는 상상을 하면 실제로 입에 침이 고여요."

"저는 아주 창피했던 기억을 떠올리면 식은땀이 나요."

"좋아하는 사람을 떠올리면 마음 한 구석이 저려요."

"어얼!"

몇몇 친구들이 자신의 경험을 말하였다. 마지막 교빈이의 말에는 여기저기서 친구들이 리액션을 터뜨렸다. 학생들은 이미 '상상의 힘'을 경험하고 있었다. 단지 그것이 매우 신뢰할 만한 과학적 접근이라는 것을 몰랐을 뿐이다. 본격적으로 조별 미션을 수행했다. 용어가 다소 낯설지만, 학생들은 내용 카드를 읽으며 하나씩 이해해 나갔다.

주로 암 치료에 쓰이는 치료법으로, 환자로 하여금 체내에서 백혈구가 암세포를 모조리 잡아먹는 상상을 끊임없이 하게 하면 실제로 암세포가 줄어들거나 암이 극적으로 치유되는 치료법이다. 선진국에서는 이 요법만을 전문적으로 시술하는 병원들이 많이 있으며, 이 요법을 통해 암의 완치에 이른 환자 또한 수백만 명에 이른다

내시 심상 요법

"의학적인 내용은 예비 의사인 제가 얘기하는 게 더 신뢰가 가지 않을까요. 그래서 하나 더 소개하자면 바로 '내시 심상 요법'입니다. 암 투병을 하는 사람에게도 적용되는 방법인데요, 백혈구가 암세포를 잡아먹는 상상을 반복적으로 하게 하는 겁니다. 그 자체가 치료 방법이에요. 때로는 암이 완치되는 경우도 있답니다."

"샘, 어떻게 그런 비과학적인 방법으로 치료를 하죠? 믿어지지 않아요."

"혹시, 하영 학생 아닌가요? 매우 똑똑한 친구라고 들었어요. 하지만 안타깝게도 방금 하영 학생의 말은 과학을 제대로 모르는 태도에서 나온

거랍니다. 육체와 같은 눈에 보이는 부분을 다루는 것보다 눈에 보이지 않는 내면과 정신을 다루는 것이 더 수준 높은 과학입니다. 하영 학생은 아직 어리고 정보가 부족하니 선입견을 가지고 바라볼 수밖에 없습니다. 중요한 것은, 실제로 이런 방법으로 치료하는 전문 병원이 선진국에서는 이미 아주 많다는 거예요. 자, 이제 나머지는 여러분이 조별로 이해한 다음 발표해 보세요."

"1조의 수희입니다. 저희 조는 뇌 과학 분야에 대해 발표할게요. 전두엽에는 미래 기억을 담당하는 분야가 있습니다. 여기서 '미래 기억'

'전두엽에는 미래기억을 담당하는 분야가 있다. 미래기억 이란 미래의 목표를 기대하고 마음에 품어 현재의 불편함이 미래의 목표를 이루는 데 장애가 되지 않도록 하는 기능이다. 예를 들어 신경외과 의사가 되고 싶다면 많은 시간과 돈을 들여 노력해야 그 목표를 이룰 수 있다. 만일 힘든 수련기간에 마음 속으로 이미 신경외과 의사가 된 자신의 모습을 그릴수 있다면 그 사람은 그런 그림을 그리지 못하는 사람보다 훨씬 수월하게 자신의 목표를 이룰 수 있는 것이다.

전두엽

이란 미래의 목표를 기대하고 마음에 품어 현재의 불편함이 미래의 목표를 이루는 데 장애가 되지 않도록 하는 기능이죠. 예를 들어 신경외과 의사가 되고 싶다면 많은 시간과 돈을 들여 노력해야 그 목표를 이룰 수 있습니다.

만일 힘든 수련 기간에 마음속으로 이미 신경외과 의사가 된 자신의 모습을 그릴 수 있다면, 그 사람은 그런 그림을 그리지 못하는 사람보다 훨씬 수월하게 자신의 목표를 이룰 수 있다는 것입니다."

"발표 잘 했어요. 이 방법은 제가 의사가 되는 과정에서 이미 잘 응용하고 있습니다."

"2조의 승헌입니다. 저희 조는 신경 과학에 대해 발표하겠습니다. 사람의 두뇌에는 수조 개에 달하는 신경 섬유가 있습니다. 만일 어떤 한 가지 상상을 지속적으로 계속하면 수십만, 수백만 개의 신경 섬유들이 모여서 신경 초고속도로를 만든다고 합니다. 신경 초고속도로는 실제 경험과 상상의 차이를 구별하지 못하는 인간의 두뇌로 하여금 마음속의 상상이 현실 세계에서 이미 이루어진 것이라고 착각하게 만듭니다. 그렇게 되면 두뇌는 자신이 상상한 것을 현실에서 찾기 위한 노력을 멈추지 않습니다. 그 결과 신경 초고속도로를 가진 사람은 그렇지 않은 사람보다 몇 배나 빨리, 그리고 쉽게 마음속의 목표를 이룰 수 있다고 합니다."

> **자율 신경 요법이란?**
> 독일의 의학박사 J. H. 슐츠가 개발한 치료법으로 환자 스스로 병세가 호전되는 그림을 마음에 그림으로써 실제 치료로 이어지게 하는 치료법이다.
> 이 치료법으로 효과를 볼 수 있다고 알려진 질환으로는 고혈압, 불면증, 긴장성 질환, 편두통, 궤양성 대장염, 당뇨, 갑상선 질환, 월경 전 증후군, 천식, 소화성 궤양 등이 있다. 슐츠 박사는 이 연구로 노벨상 후보에 올랐다.

"여러분, 혹시 이런 경험 없나요? 우연의 일치 같은데, 참 신기하게 딱 맞아떨어지는 경험요. 어떤 친구 이야기를 하는데 딱 그 친구가 들어오거나, 뭔가를 기대하고 있는데 마침 그 순간 그 기대가 이루어지는 이상야릇한 경험 말이에요. 뭔가 관심 있는 분야가 있는데 신문을 펼치면 관련 정보가 바로 보이는 경우도 있죠."

이는 의미 있는 우연의 법칙으로, '싱크로니시티'라고 한다. 간절히 상상하면 관련 정보들이 끌어당겨지는 것이다. 이는 다양한 용어로 사용되기도 하는데, '끌어당김의 법칙'이라고 부르기도 한다.

싱크로니시티

싱크로니시티(Synchrocicity). '의미있는 우연의 일치'를 설명하는 원리이다. 예를 들어 옛날 노래를 머릿속에 떠올리면서 아무 생각 없이 라디오를 켰더니 그 노래가 흘러나오는 현상과 비슷하다. 융은 이미 오래 전에 '무의식적인 마음과 인지되는 현상세계 사이에는 싱크로니시티가 있다'고 주장하였다. 이러한 원리에서 '자성예언', 신경 언어프로그래밍' 끌어당김의 법칙' 등이 나온 것이다. 한 가지를 간절히 상상하며, 잠재된 무의식 속에 그것을 각인화하면 자신도 모르게 환경 속에서 관련 정보에 민감하여, 끌어당기게 된다는 것이다.

"어때요. 생생하게 미래를 상상한다는 것이 무슨 주문과 주술을 외우는 것이 아니라, 과학적인 근거를 바탕으로 이루어진다는 것을 깨달았나요? 그럼 지금부터 실제로 이러한 생생한 상상의 방법을 적용하는 포트폴리오 작업을 해 보도록 하겠습니다."

2020년 4월 3일, 전세기 타고 미국 2시간, 일본 30분.

"칠레산 와인 한 잔 하실래요?"

핑크색 블라우스가 무척이나 잘 어울리는 승무원이 나에게 말을 건넸다.

"아뇨. 뉴욕에 도착하면 곧장 생방송에 들어가야 돼서 알코올은 곤란할 것 같아요. 엄청 마시고 싶지만요. 오렌지 주스로 주세요."

미처 배려하지 못한 데 대한 미안한 표정을 지으며 승무원은 오렌지 주스를 주었다. 전세기를 마련한 것은 작년 2월의 일이다. 어떤 날은 유럽으로, 어떤 날은 남미로, 또 어떤 날은 중국으로……. 오늘 일정만 해도 오전 10시에 뉴욕에서 토크쇼 생방송이 있고, 오후 4시에는 한국에서 세미나가 잡혀 있다. 저번 달에는 한국 시간으로 오전에 샌프란시스코로 건너가 베스트셀러가 된 내 책과 관련하여 독자와의 만남이 이루어졌고, 오후에는 일본에서 생방송을 하고 다시 한국으로 돌아와 세미나에 참석하는 강행군도 마다하지 않았다. (중략) 내 전세기 안은 별천지다. 없는 게 없고 안 되는 것이 없다. 시간 절약을 위해 비행기를 타자마자 메이크업 아티스트가 내 화장을 고쳐 주고 스타일리스트는 옷을 골라 놓고 있다. 이동 시간이 많은 나는 거의 모든 업무를 비행기 안에서 해결한다. 거기에는 아담한 침실, 작은 바, 스크린을 활용한 영화관도 마련되어 있다. 사우나를 좋아하는 나를 위해 스태프가 특별 주문해서 아담한 크기의 사우나와 욕조도 구비해 놓았다. 물론 바로 옆에는 간단한 운동 기구들도 놓여 있어 헬스클럽이 부럽지 않다.

조혜련의 『미래 일기』 중에서

여러 미래 일기 사례를 보고 나서 학생들은 각각 자신의 진로 비전을 이룬 미래의 어느 날을 결정하여 '미래의 하루 일기'를 작성했다. 과학적인 근거를 통해 확신을 얻게 된 학생들은 더더욱 마음을 기울여 자신의 미래를 떠올려 보았다. 학생들이 쓴 미래 일기 중에 최고의 작품은 철만이의 글이었다.

「스포츠 해설가라는 게 늘 그렇듯이 모든 정보를 머릿속에 넣고 가야 한다. 한국 국가 대표의 원정 경기이고 세계 최강 스페인과의 경기이기에 더욱 긴장되었다. 후보 선수까지 포함하여 40명의 선수 이력을 모두 외웠다. 등 번호도 외웠고, 양 팀 감독의 선수 교체 카드까지 이미 예상했다. 박지성 신예감독과 히딩크 노장 감독의 만남 그 자체가 세계적인 화젯거리였다. 경기 시작 10분 전, 이 시간이 나에게는 가장 긴장된다. 대한민국 최고의 해설가이지만 긴장감은 여전하다. 통일된 대한민국 7,000만 국민이 모두 이 경기를 보며 내 목소리를 들을 것이다. 긴장감이 절정에 이르렀을 때 나만의 의식을 통해 마음의 평화를 찾는다. 지갑에 들어 있는 가족사진을 꺼내서 보는 것이다. 사랑하는 아내와 두 딸이 나를 보며 웃고 있다. 5초, 4초, 3초, 2초, 1초, 큐 사인이 떨어지고 드디어 중계가 시작된다. 그라운드에서 직접 뛰지는 않지만, 나는 그라운드를 쳐다보며 중학교 시절 운동장을 달리던 마음으로 이 순간을 즐기고 있다. …… .」

- 철만이의 미래일기 -

미래 일기 작성법
1. 자신의 진로 비전이 무엇인지 구체적인 직업명을 확정한다.
2. 그 직업의 현장에 있을 만한 나이와 연도를 확인한다.
3. 해당 직업에 종사하는 미래의 하루를 생생하게 상상한다.
4. 일과, 장소 구분, 사람 관계, 일의 내용, 섬세한 감정 등이 반영된 일기를 작성한다.

철만이의 감동적인 미래 일기는 수업의 분위기를 다시 끌어올리는 데에 큰 도움이 되었다. 철만이는 이제 학기 초 말을 더듬던 학생이 아니라 스포츠 진행자나 스포츠 정보 분석가 등에 어울리는 말투와 표현력을 조금씩 보이고 있다. 진로를 탐색하고 있을 뿐인데 그 과정에서 이미 자신의 꿈에 대한 준비를 하고 있는 것이다.

"학생이 그 철만이죠? 11명을 제치고 골을 넣었다던 그 친구? 그리고 피구 라인, 발야구 라인을 엄청 잘 그린다고 소문이 난 친구?"

"와! 어떻게 그렇게 잘 아세요?"

"민샘이 다 이야기해 주셨어요."

"민샘, 은근히 입이 가벼우시네."

"좋은 칭찬은 소문낼수록 더 좋은 거예요. 자, 여러분 지금부터는 오늘 활동의 하이라이트입니다. 바로 미래 신문을 제작할 겁니다."

"미래 일기와 내용이 겹치지는 않을까요?"

"철만이가 아주 중요한 질문을 했어요. 두 가지의 내용을 꼭 구분해야 합니다."

미래 일기와 구분되는 미래 신문의 특징과 작성법

1. 미래 일기는 꿈을 이룬 삶의 소소한 일상을 생생하게 기록하는 것이고, 미래 신문은 꿈을 이룬 삶의 지위나 성과, 의미 등을 사회적인 의미나 가치로 기술하는 것이다.
2. 미래 신문은 자신의 직업 영역에서 어떤 성과를 냈는지 기자의 입장으로 쓴다.
3. 눈길을 끄는 표제를 먼저 잡고, 내용을 짐작할 수 있는 부제를 넣은 뒤 내용을 자세히 기술한다.
4. 해당 분야의 특징에 따라 사회적으로 인정받는 발견, 발명, 수상 등을 이슈화한다.
5. 자신의 비전을 넘어 사명과 소명의 차원에서 생생하게 내용을 떠올리며 기록한다.

미래 신문을 만드는 과정에서 하영이는 교사와 작가의 꿈 중에 어떤 것으로 쓸까 고민하다가 결국 작가의 꿈을 이룬 미래 신문을 쓰기로 했다. 다음은 하영이의 미래 신문이다.

「누구나 들어본 그녀의 이름! 놀라운 신인 작가에서 영화, 드라마, 애니메이션, 게임, 연극과 뮤지컬까지 이야기가 있는 곳에는 언제나 강하영 그녀의 모습이 보인다.

이젠 유명 강사로도 유명한 그녀! 그녀가 앞으로 어떻게 나갈 것인지가 무척 궁금하다.

"제가 쓴 소설 중에 애니메이션으로 제작되는 것이 많은데, 그 중에 정말 아끼는 등장인물은 직접 그려서 보여 주고는 했어요. 삽화나 중간에 나오는 이미지로는 부족하게 느껴지더라고요. 그런데 애니메이터들이 자작으로 만드는 애니메이션 중 주인공의 설정을 부탁하시더라고요. 너무 황송했죠. 절대 놓치기도 싫었고요."

그녀는 자신의 소설 삽화와 디자인을 직접 하기로도 유명하다. 하지만 그녀의 본업은 엄연히 작가이므로, 작품의 방향을 물어 보았다. 이전 작품처럼 간접적으로 이어지는 책들이라고 한다. 최근에 나올 작품에 대해서도 물어 보았다.

"제가 IT 회사 다니랴, 강의 하랴 바쁘다 보니 요즘은 글감도 전부 일터에서 나와요."

듣기만 해도 내용이 궁금해진다. 앞으로의 멋진 행보를 기대한다.」

"자, 여러분! 이제 개인의 미래 신문을 다 만들었으니 이것을 조별로 묶어 실제 신문으로 구성해 볼까요. 제목은 조별로 멋지게 지어 봐요. 나름대로 꾸미는 것도 자유입니다."

세계적인 작가, 강하영! 그녀에게 끝이란 없다

내 인생의 미래 명함

수업을 마쳤는데, 하영이가 돌아가지 않고 남아
있었다. 옹달샘 역시 하영이와 꼭 인사를 하고
싶었다. 미래 신문의 내용도 인상적이었지만 더
욱 온달 멘토의 마음을 끈 것은 수업 태도였다.
활동이 많아 다소 바쁘게 지나가는 수업이었음
에도 불구하고 하영이가 거의 모든 수업 내용을
꼼꼼하게 기록하는 모습을 보였기 때문이다.

"하영이는 진로 동아리 수업을 할 때마다 그렇게 열심히 적어요?"

"그렇지는 않아요. 오늘 수업에서 더 열심히 적은 거예요."

"특별한 이유라도 있나요?"

"제 특별한 친구에게 소개해 주려고요."

"그렇구나. 오늘 수업 내용이 그 친구에게 도움이 될 거라는 확신이
들었나 봐요?"

"네. 수업을 더 일찍부터 들었더라면 지난번과 같은 일은 일어나지 않았
을 거예요."

"찬형이 이야기죠?"

"네."

온달 멘토도 내용은 알고 있었다. 민샘 병실로 찾아갔을 때, 민샘은 찬형
이에 대한 애정과 걱정으로 쉼 없이 이야기했다. 하영이는 다이어리를
펴서 뭔가 종이 하나를 꺼냈다.

"샘, 오늘 하루만 오신다고 하셨죠? 섭섭해
요. 이거 받으세요."

"이게 뭐죠?"

"제 명함이에요. 미래 명함이요. 아까 미래 신문 만들고 잠깐 여유가 있
어서 명함도 만들었어요. 미래 신문은 가지고 다닐 수 없지만, 명함은 항

상 가지고 다니면서 저의 미래를 생생하게 상상하려고요. 샘이 오늘 말
씀해 주신 정신의 작용이 활발하게 일어나도록 말이에요."

"똑소리 나는 학생이라고 민샘이 말씀하셨는데, 정말이네!"

"저~ 샘, 부탁이 있는데요."

"명함까지 받았는데 샘도 도움을 줘야죠. 얘기해 보세요."

"미래 상상의 원리를 가르쳐 준 카드 있잖아요, 제가 일주일만 빌려 가면
안 될까요?"

"자! 선물입니다. 가져도 돼요."

"우아! 감사합니다."

진로는,
과학적인 원리로,
미래를 상상하는
것이다.

과학적인 근거를 확신하고 미래를 상상하기

자신의 진로 비전을 이미 이룬 것처럼 상상하는 것은, 과학적인 원리를 바탕으로 실제 꿈을 이루는 데 도움이 되는 접근법입니다. 다음에 제시한 카드 이미지는 이번 활동에서 다룬 과학적 원리의 내용입니다. 각 카드의 내용을 떠올려 보고, 이 중 3개의 주제를 선택하여 '미래를 상상하는 과학적인 원리' 라는 주제로 내용을 기술합니다.

과학적인 근거를 확신하고
미래를 상상하기

자신의 진로 비전을 이미 이룬 것처럼 상상하는 것은, 과학적인 원리를 바탕으로 실제 꿈을 이루는 데 도움이 되는 접근법입니다. 다음에 제시한 카드 이미지는 이번 활동에서 다룬 과학적 원리의 내용입니다. 각 카드의 내용을 떠올려 보고, 이 중 3개의 주제를 선택하여 '미래를 상상하는 과학적인 원리'라는 주제로 내용을 기술합니다.

마래의 꿈을 상상하는 것은 과학적인 원리를 근거로 하고 있다. 뇌 과학에서 보면, 뇌의 앞부분인 전두엽은 우리가 상상하는 미래기억을 판단하는데, 만약 미래에 대한 상상이 현실과 차이가 발생하면 그 차이를 줄이기 위해 미래의 변화를 만들 수 있는 정보와 에너지를 끌어 모은다고 한다. 자율 신경 요법처럼 환자들이 지속적으로 자신의 병이 낫는다는 상상을 하게 함으로써 실제로 병을 치료하기도 한다. 우주인을 훈련하는 과정에도 이러한 상상 요법을 사용한다고 하니, 상상은 과학적인 원리를 바탕으로 삼고 있는 것이 틀림없다. 나 역시 이제부터는 나의 꿈을 이루는 미래를 구체적으로 상상하면서 노력하고싶다.

내 꿈을 이룬 그 어느 날

다음은 미래 일기의 작성법과 한 학생의 미래 일기 사례입니다. 내용을 읽은 뒤 자신의 꿈을 이룬 미래의 어느 날을 생생하게 떠올리고 작성법에 맞게 일기를 작성합니다.

미래 일기 작성법
1. 자신의 진로 비전이 무엇인지 구체적인 직업명을 확정한다.
2. 그 직업의 현장에 있을 만한 나이와 연도를 확인한다.
3. 해당 직업에 종사하는 미래의 하루를 생생하게 상상한다.
4. 일과, 장소 구분, 사람 관계, 일의 내용, 섬세한 감정 등이 반영된 일기를 작성한다.

스포츠 해설가라는 게 늘 그렇듯이 모든 정보를 머릿속에 넣고 가야 한다. 한국 국가 대표의 원정 경기이고 세계 최강 스페인과의 경기이기에 더욱 긴장되었다. 후보 선수까지 포함하여 40명의 선수 데이터와 역사까지 다 외워 갔다. 등번호까지 외웠으며 양 팀 감독의 선수 교체 카드까지 이미 예상했다. 박지성 감독과 스페인의 노장 감독 히딩크의 만남 그 자체가 세계적인 이슈였다. 경기 시작 10분 전, 이 시간이 나에게는 가장 긴장된다. 대한민국 최고의 베테랑 해설가이지만 긴장감은 여전하다. 통일된 대한민국 7천만 국민이 모두 이 경기를 보며 내 목소리를 들을 것이다. 긴장감의 절정에 이르렀을 때 나만의 의식을 통해 마음의 평화를 찾는다. 지갑에 들어 있는 가족사진을 꺼내서 보는 것이다. 사랑하는 아내와 두 딸이 나를 보며 웃고 있다. 5초, 4초, 3초, 2초, 1초, 큐 사인이 떨어지고 드디어 중계가 시작된다. 그라운드에서 직접 뛰지는 않지만, 나는 그라운드를 쳐다보며 중학교 시절 운동장을 달리던 마음으로 이 순간을 즐기고 있다. …… . - 철만이의 미래일기 -

_____

_____

_____

_____

_____

_____

_____

내 꿈을 이룬 그 어느 날

다음은 미래 일기의 작성법과 한 학생의 미래 일기 사례입니다. 내용을 읽은 뒤 자신의 꿈을 이룬 미래의 어느 날을 생생하게 떠올리고 작성법에 맞게 일기를 작성합니다.

미래 일기 작성법
1. 자신의 진로 비전이 무엇인지 구체적인 직업명을 확정한다.
2. 그 직업의 현장에 있을 만한 나이와 연도를 확인한다.
3. 해당 직업에 종사하는 미래의 하루를 생생하게 상상한다.
4. 일과, 장소 구분, 사람 관계, 일의 내용, 섬세한 감정 등이 반영된 일기를 작성한다.

스포츠 해설가라는 게 늘 그렇듯이 모든 정보를 머릿속에 넣고 가야 한다. 한국 국가 대표의 원정 경기이고 세계 최강 스페인과의 경기이기에 더욱 긴장되었다. 후보 선수까지 포함하여 40명의 선수 데이터와 역사까지 다 외워 갔다. 등번호까지 외웠으며 양 팀 감독의 선수 교체 카드까지 이미 예상했다. 박지성 감독과 스페인의 노장 감독 히딩크의 만남 그 자체가 세계적인 이슈였다. 경기 시작 10분 전, 이 시간이 나에게는 가장 긴장된다. 대한민국 최고의 베테랑 해설가이지만 긴장감은 여전하다. 통일된 대한민국 7천만 국민이 모두 이 경기를 보며 내 목소리를 들을 것이다. 긴장감의 절정에 이르렀을 때 나만의 의식을 통해 마음의 평화를 찾는다. 지갑에 들어 있는 가족사진을 꺼내서 보는 것이다. 사랑하는 아내와 두 딸이 나를 보며 웃고 있다. 5초, 4초, 3초, 2초, 1초, 큐 사인이 떨어지고 드디어 중계가 시작된다. 그라운드에서 직접 뛰지는 않지만, 나는 그라운드를 쳐다보며 중학교 시절 운동장을 달리던 마음으로 이 순간을 즐기고 있다. …… . – 철만이의 미래일기 –

드디어 일이 터지고 말았다. 내가 그렇게 경고했던 인류 최악의 바이러스가 나타났다.

나라 전체가 지금 난리법석이다. 한 번도 경험하지 못한 악성 바이러스가 전국을 강타하고 있

다. 새벽부터 휴대폰에 불이 났다. 정부기관과 대기업에서 나를 찾는 전화이다.

나는 연구소에 전화를 걸어, 준비된 백신을 무료로 배포하라고 지시했다. 주변에서는 무료로 배

포하지 말고 얼마씩이라도 돈을 받으라고 하지만 나는 고집을 굽히지 않았다. 나의 어릴 적 우

상이던 안철수 씨도 백신을 무료로 배포했다.

국민의 어려움을 틈타서 돈을 벌지는 않겠다는 게 바로 나의 생각이다. 점심 이후 방송 인터뷰

가 5개나 잡혀 있을 만큼 바쁘지만, 나는 행복하다. _나의 미래 일기 중에서

미래 신문에 등장한 내 이름

다음은 미래일기와는 다른 '미래 신문'의 특징과 다른 학생의 미래 신문 사례입니다. 내용을 읽고 자신의 미래에 꿈을 이룬 시기에 대한 신문 기사를 작성해 봅니다. 아래의 작성법에 근거하여 생생하게 떠올린 뒤에 기록합니다.

미래 일기와 구분되는 미래 신문의 특징과 작성법

1. 미래 일기는 꿈을 이룬 삶의 소소한 일상을 생생하게 기록하는 것이고, 미래 신문은 꿈을 이룬 삶의 지위나 성과, 의미 등을 사회적인 의미나 가치로 기술하는 것이다.
2. 미래 신문은 자신의 직업 영역에서 어떤 성과를 냈는지 기자의 입장으로 쓴다.
3. 눈길을 끄는 표제를 먼저 잡고, 내용을 짐작할 수 있는 부제를 넣은 뒤 내용을 자세히 기술한다.
4. 해당 분야의 특징에 따라 사회적으로 인정받는 발견, 발명, 수상 등을 이슈화한다.
5. 자신의 비전을 넘어 사명과 소명의 차원에서 생생하게 내용을 떠올리며 기록한다.

세계적인 작가, 강하영! 그녀에게 끝이란 없다

놀라운 등이불 그녀의 이름! 놀라운 신진 작가에서 영화, 드라마, 애니메이션, 게임, 연극과 뮤지컬까지 스토리가 있는 곳에는 언제나 그녀의 모습이 보인다. 이런 유명 강사로도 유명한 그녀!

그녀는 앞으로 어떤가 나의 것인지가 무척 궁금하다.

"제가 쓴 소설 중에 애니메이션화가 되는 것도 많은데, 그중에 정말 아끼는 등장 인물도 직접 그려서 보여주기도 했어요. 상황이나 장면에 나오는 얘기들을 부족하게 느껴지더라구요. 그런데 애니메이터분들께서 제작을 만드는 애니메이션 중 주연급의 성격을 변화시켜주자는 너무 황송했죠. 그래 넣기도 넣겠구!"

그녀는 자신의 가치와 사명에 따라 열심히 활동하려고 한다. 틈틈이 나의 저들을 몰려보신다.
"제가 IT회사 다니고, 강의 다니고 하다보니 요즘은 글쓰기 전념 거의에서 나와요. 자기가 마음이 나대로 처리려고 하생동이 첨에 강의를 찾아 오기도 강의를 넘기는 못하고 회생 끼리 알께되지만 어떤 사느는 깨닫고 강의를 나가고 되다는 나아지지요. 어렵게 깨닫는지, 무언을 알게 되는 저는 백미 어려워. 대견이 마음해주면 한줄도 깊어진 각 들어 뵈는 넓이 커져더라구요. 참고로 후운도 있고 그러지못한 강의사이 이야기 인데, 신부로 길을 잡기어려는 해요. IT회사에서 들기가깨되는 이야기하는데 듣기만 해도 내용이 흥미해진다. 앞으로의 멋진 행보를 기대한다. ♥"

혼자 일한다고요?
우리는 팀워크입니다

컴퓨터게임 개발자

우리 세계에서 컴퓨터게임 개발자라고 하면 4개 정도의 전문가를 말합니다. 게임 기획자, 게임 시나리오 작가, 게임 프로그래머, 게임 그래픽 디자이너입니다. 그래서 개발자 모임을 가지면 다 모이게 되죠. 각자 영역의 작업을 혼자 할 수 있지만 그것이 큰 퍼즐로 맞춰지려면 서로 방향을 통일하고 의사소통을 해야 한답니다. 그래서 우리는 개인의 개성을 철철 넘치면서도 아름다운 팀을 이루며 작업을 하지요.

영화 속에서 수염도 깎지 않고, 어두운 골방에 앉아 개발에 몰두하는 전문가의 모습은 제발 잊어 주세요! 어쩌면 이러한 개성 존중과 역할 분담의 문화가 이 시대의 문화에 아주 잘 맞는 모습이 아닐까 생각해요.

미래의 게임 개발자를 꿈꾸는 청소년들을 환영합니다. 자신의 강점을 가장 잘 살리면서도 다른 사람과 조화를 이루는 세상에 당신을 초대합니다. 그리고 지금부터 조금씩 그런 분위기를 연습하는 것도 좋아요. 자기 공부를 열심히 하지만, 필요할 때는 다른 친구들과 아름다운 조화를 만들 수 있는 네트워크의 힘을 미리 맛보는 거죠.

비전의 시나리오가 있는가

우리들의 고민 편지

제주도에서 초등학교까지 살다가 서울로 이사 온 C양. 아나운서의 꿈을 꾸면서 학교의 진로 활동을 처음부터 성실하게 참여하였다. 아나운서의 꿈을 이루었다고 상상하면서 그 미래의 결과를 선언하는 것에 흠뻑 도취되었던 C양은 문득 다른 생각이 들었다. '꿈을 이루는 결과에 대해서만 말하는 것은 뭔가 아쉽다. 같은 미래라도 꿈을 이루는 과정에 대해서도 계획을 세워야 하지 않을까?' 꿈을 이루는 과정을 보다 선명하게 상상하거나 계획하는 방법은 뭘까?

– 온라인 캠프에 올라온 진로 고민 편지

구체적으로 상상하면 구체적으로 이룬다

"승헌아, 병문안 가도 된데?"

"선생님의 안정이 필요하다며 학생들 방문을 아직은 못 하게 한 대."

"그럼 얼마나 더 입원해 계실 거래?"

"글쎄, 정확하게 말씀은 하시지 않으셨지만 좀더 계셔야 하나 봐."

교무실에 다녀온 승헌이를 붙잡고 교빈이가 민샘의 근황을 물었지만 승헌이 역시 시원한 답을 해주지 못해 안타까웠다. 동아리 학생들 역시 애가 탔다. 민샘이 수업 도중 창백한 얼굴로 의자에 주저앉으신 이후로 샘을 보지 못하고 있어 걱정이 이만저만이 아니었다. 승헌이가 교무실을 휘저으며 다른 선생님들에게 정보를 듣고 오는 게 전부이니, 그저 답답할 뿐이었다. 무슨 큰 병을 앓고 계신 건 아닌지 불안하기도 했다.

"승헌아, 그럼 오늘도 분명 다른 멘토가 오시는 거지? 일일 멘토."

"맞아. 지난 주 온달 샘이 그랬잖아. 자신에게 주어진 기회는 한 번뿐이라고, 그리고 이번 주에는 다른 분이 오실 거라고 말이야."

"지난번 수업 때는 의사 멘토가 오셔서 그런지 과학적 근거가 머릿속에 팍팍 꽂혔는데, 오늘은 어떤 멘토가 오실까? 아, 누구든 괜찮은데 기왕이면 여대생 멘토가 오시면 좋겠다!"

바로 그때 동아리 교실 문이 열렸다. 교빈이의 간절한 바람이 통했을까, 코끝에 아련한 향수 냄새가 풍겼다. 본능적으로 향기를 따라 고개를 돌린 교빈이는 그 짧은 순간에 직감했다. 여대생 멘토였다.

"여러분, 안녕! 민샘의 부탁으로 오늘 일일 멘토를 맡게 된 서보연이라고 해요. 오랜만에 중학교에 오니까 너무 기분 좋네요."

"저, 선생님, 혹시 대학생이에요?"

"대학생처럼 보인다는 거예요? 아니면 대학생처럼 보이지 않는다는 거예요?"

"당연히 대학생처럼 보이죠."

"대학원생이에요. 진로 동아리니까 내 전공도 궁금하죠? 문예창작을 전공했고, 부전공으로는 경영학을 했어요."

"문예창작과 경영학이요! 너무 거리가 멀지 않아요?"

"노, 노우! 요즘은 거리가 먼 학문이 더 결합하기 좋아요. 창조적인 생각이 잘 나오거든요."

"민샘이 선생님을 보낸 데는 오늘의 활동 주제와 관련이 있지 않을까요?"

"이름이 뭐예요?"

"교빈이요."

"아주 눈치가 빠른데, 오늘은 '미래의 시나리오'를 쓸 거예요."

"시나리오라고요?"

"그래요, 시나리오. 처음 들어보는 건 아니겠죠? 걱정 마세요, 어렵지 않으니까. 선생님도 중학교 때 민샘을 만났는데, 그때도 이런 시나리오를 썼어요. 그러나저러나 선생님이라고 부르지 말고, '보연 선배' 또는 '선배님'이라고 부르면 어때요? 대학생 분위기도 낼 겸 말이에요."

"야! 진짜 쏘우 쿠~울 하시네요!"

일일 멘토 보연 선배와 동아리 학생들의 만남은 이렇게 시작되었다. 보연 선배는 보기에 매우 쿨해 보이고 장난스러움이 있지만, 사실은 민샘이 그러한 콘셉트를 부탁했다. 이번 수업에서 시나리오를 다루기 때문에 이 분야를 전공한 보연 멘토를 보낸 것이다.

"당신은 늦어도 1980년에는 미국에서 가장 유명한 아시아 스타가 될 것이며, 1,000만 달러를 거머쥐게 될 것이다. 그리고 그것을 얻는 대가로 카메라 앞에 서는 순간마다 당신이 보여 줄 수 있는 모든 것을 보여 줄 것이며, 그렇게 함으로써 평화와 조화 속에서 살게 될 것이다."

"웬 편지예요?"

"교빈 학생, 이것은 특별한 편지예요. 미래의 자신에게 보낸 편지랍니다."

"미래로 가는 타임머신 영화인가 보죠?"

"그렇지 않아요. 실제 있었던 이야기랍니다. 뉴욕 플래닛 할리우스 레스토랑에 전시된 부르스 리의 편지 내용이죠."

"부르스 리라면 전설 속의 무술 영화배우잖아요."

"맞아요. 부르스 리는 1970년 1월에 10년 뒤의 자신에게 편지를 썼어요. 그리고 10년 뒤 그 꿈을 구체적으로 이루었답니다."

"네에! 정말 놀랍네요."

"구체적으로 꿈을 꾸면 구체적으로 이룰 수 있어요. 브루스 리처럼, 1980년, 미국, 1,000만 달러, 카메라 등 아주 구체적인 내용으로 상상하는 것이 필요해요."

"숫자를 넣으면 구체적으로 상상하는 것인가요?"

"그건 아니죠. 꿈을 구체적으로 상상한다는 것은 '상황'이 들어 있다는 것을 말해요. 상황은 사람, 사건, 배경 등이 들어간 시나리오를 뜻하죠."

"시나리오!"

미래의 시나리오를 쓰다

1958년 미국에서 유학 생활을 하던 한 한국 학생이 기숙사 옆 공원 벤치에 앉아 있다.

'내가 여기에 와서 이렇게 공부할 수 있는 것은 나라의 도움 없이는 불가능한 일이었어. 나는 과연 나라를 위해서 무슨 일을 할 수 있을까? 아, 그래. 내 삶의 이력서를 작성해 보자.'

그는 종이를 꺼내서 자신의 미래 목표와 경로를 작성하기 시작했다. 먼 훗날 그는 『50년 후의 약속』이라는 책에서 자신의 미래 이력서와 실제 이력서를 공개했다.

그의 이름은 이원설 박사이다. 이원설 박사의 이야기는 꽤 유명하다. 미래 이력서는 미래의 인생 시나리오를 작성하기 위한 다리 역할을 한다. 왜냐하면 미래 이력서를 작업하는 과정에서 미래의 나이를 구분하기 때문이다.

이원설의 미래 이력서	이원설의 실제 이력서
2000년 은퇴 1992~1999년 대학 총장 1985~1991년 대학원장 1980~1984년 학장 1972~1979년 한국 대학에서 교수 1968~1971년 미국 대학에서 교수 1961~1967년 한국 대학에서 조교수 1960년 박사 학위 취득	1985년 대학교 총장 1982년 대학교 부총장 1969년 단과대학 학장 1964년 한국 문교부 고등교육국장 1961년 박사 학위 취득

"와, 보연 선배님 대단해요! 실제로 이렇게 이루어진 게 맞죠? 선배님, 그런데 자세히 보니까, 미래 이력서에 적은 연도보다 실제 이력서는 많이 앞당겨져 있어요."

"맞아요, 구체적으로 상상한 것에 대한 결과죠."

"저도 미래 이력서를 쓰고 싶어요. 당장 명령을 내려 주세요!"

미래 이력의 효과
• 자신의 직업 비전이 최종적으로 이루어지는 시기를 정한다.
• 직업 비전을 이룬 이후의 삶에 대한 방향도 정한다.
• 최종적인 비전을 이루기 위해 중간 단계의 목표와 시기를 정한다.
• 인생 시나리오와 장기 로드맵을 작성하기 위한 기초 데이터를 제공한다.

미래 이력서는 자체의 작품성보다는 인생 시나리오를 위한 준비 작업으로 적합하다. 가장 중요한 점은 나이를 구분하는 것이다. 나이 구분은 대개 대학 입학부터 시작된다. 오늘 수업은 누구보다도 하영이의 기대가 크다. 교사 또는 작가, 아니면 작가 겸 교사가 되려는 하영이에게 보연 멘토는 자신의 미래 모습처럼 보이기도 했다.

그런데 하영이에게 살짝 풀리지 않는 의문이 있었다. 솔직한 하영이는 보연 멘토에게 그 고민을 꺼내 보기로 했다.

사실 VS 상상 "샘, 미래의 시나리오나 미래 이력서를 작성한다는 것은 '사실'을 쓰는 것인가요? 아니면 '상상'을 쓰는 것인가요? 조금 혼동이 돼요."

"정확히 말하면 '사실'에 근거한 '상상'이죠. 선생님처럼 문학을 사랑하고 창작을 하는 사람들은 이 법칙을 철저하게 지킨답니다."

"사실에 근거한 상상? 그게 쉽지가 않아요. 우리가 자기의 미래 시나리오나 이력서를 쓰려고 할 때, 일단 경험하지 않은 것을 쓰는 거잖아요. 이미 앞서 활동했던 미래 일기나 미래 신문을 쓸 때는 그나마 상상이 쉬웠는데, 미래 시나리오나 미래 이력서 작업을 할 때는 이게 무작정 상상할 수 있는 게 아닌 것 같아요. 왜냐하면 숫자와 나이가 들어가야 되니까요. 그걸 어떻게 상상해요? 말이 상상이지 그건 거짓말이 아닐까 싶어요."

승헌이는 하영이의 질문을 들으면서 깜짝 놀랐다. 하영이의 말 속에, 언제부터인가 찬형이의 사고방식이 조금씩 보였기 때문이다. 미래를 상상하는 것이 마치 비과학적이고, 주술을 외우는 것과 같다고 하면서 민샘과 갈등했던 찬형이의 고민이 하영이에게도 보였던 것이다. 정말 이상하다. 하영이는 지난 시간에 미래를 상상하는 과학적인 근거들을 들을 때만 해도 전적으로 수긍하며, 심지어는 수업에 사용한 카드를 찬형이에게 보여 주겠다고 받아가기까지 했다.

'서로 좋아하면, 이렇게 생각이 조금씩 닮아가는 것일까?'

승헌이는 가까운 과거를 잠시 떠올렸다. 동아리 수업 이전부터 하영이를 좋아했으며, 교빈이가 놀리듯 이야기했지만 실제로 승헌이는 하영이 때문에 동아리에 들어왔던 것이다.

본격적으로 동아리 활동을 하면서 서로의 가치가 다른 것에 갈등하고 충돌하며 실망했던 때가 파노라마처럼 스쳐 지나갔다. 어쩌면 MT를 통해 내면의 차이를 알아가는 과정이 없었다면 승헌이는 지금도 하영이를 좋아하고 있었을지도 모른다.

이런 생각을 하면서, 하영이를 살짝 훔쳐보니 정말 자신과 더 멀어지는 느낌이었다.

'우리가 각자 자신의 가능성, 자신의 적성을 찾아 직업의 비전을 찾아가면서 행복을 발견하는 것처럼, 사람을 사랑하는 것도 서로에게 잘 맞는 사람이 따로 있는 거구나.'

그렇게 볼 때 하영이는 자신보다 찬형이에게 더 잘 맞는 친구인 것 같다.

"사실에 근거하여 미래를 상상한다고 했을 때, 그 사실은 과거와 현재의 사실인가요, 아니면 미래의 사실인가요?"

"하영이라고 했죠? 마치 나의 중학교 시절을 보는 것 같아. 질문이 아주 날카롭고 정교해. 마음에 들었어요. 그럼 한번 구체적으로 살펴볼까요. 과연 사실에 근거하여 미래를 상상한다는 것이 어떤 것인지."

하영이는 자신의 모습이 까다로운 완벽주의자로 보이는 것이 매우 싫었다. 부드러워 보이고 싶었다. 대화를 할 때는 눈과 말에 힘을 빼려고 애를 썼다.

그런데 이상하게도 자신 앞에서 강하게 나오는 사람이 있으면 자신도 모르게 더 강한 모습을 보이곤 했다. 하지만 자신에게 약한 모습, 부드러운 모습으로 다가오는 사람들에게는 자연스럽게 대했다. 진로 페스티벌 예행연습을 하는 동안 찬형이의 강한 도전에 화가 나서 뛰쳐나갔지만 결정적인 순간 용서를 구하며 약해진 찬형이에게는 마음을 열었다. 그 뒤로도 하영이는 찬형이와 좋은 감정을 발전시키고 있었다. 사실 며칠 전 하영이는 미래 상상의 과학적인 원리를 담은 카드를 모두 들고 찬형이를 만나서 설명해 주었다. 하지만 찬형이는 쉽게 받아들이려 하지 않으려 했다. 어쩌면 지금 하영이는 그런 찬형이를 더 잘 돕기 위해 자세하게 질문을 계속하고 있는지도 모른다.

보연 선배는 어려운 내용의 차트를 화면에 띄웠다.

분석적 사고	추론적 사고	종합적 사고	대안적 사고	발산적 사고
개념 분석	연역, 귀납추론	의사결정, 판단	창의적 문제해결	정확성 유창성, 융통성, 독창성, 정교성
	비판적 사고			
논리적 사고			창의적 사고	

"다소 어려운 내용일 수 있지만, 상상력을 이해할 때 도움이 될 것 같아서 보여 주는 거예요. 어때 무슨 내용인지 알겠어요?"

학생들은 처음 보는 어려운 내용에 고개를 갸우뚱거렸다. 하영이는 더욱 유심히 화면에 집중했다. 하영이가 뭔가 간단한 내용이라도 꺼낼 모양이었다.

"선배님, 정확할지는 모르지만 제가 이해한 내용을 한번 설명해 볼게요. 전체적으로는 생각하고 표현하는 부분을 정리한 것 같아요. 왼쪽은 주로 논리적이고 과학적인 부분이 있고요. 오른쪽은 창의적으로 상상하는 부분이 있어요. 그리고 그런 논리적인 부분과 창의적인 부분의 경계에 문제 해결이 있는 것 같아요. 어쩌면 문제를 해결하려면 그러한 논리성과 창의성이 모두 필요한 거겠죠?"

"논리적인 사고와 창의적인 사고는 서로 분리된 것이 아니라 영향을 주면서 발전합니다. 다시 말하면 논리적인 면이 있어야 창의적인 면이 풍성해진다는 거죠."

보연 멘토는 노트북을 검색하여 카레이싱 게임의 한 장면을 보여 주었다.

"잘 아는 게임 제작자가 있는데, 게임의 기획부터 일러스트까지 모두 하는 분이에요. 이 분은 모두가 아는 명문대를 나오지 않고, 마이스터 고등학교 졸업 후 바로 취업을 했어요. 언젠가 이 분의 집에 간 적이 있었는데, 집 전체가 만화책으로 가득 차 있고, 모든 벽은 화이트보드와 그림으로 채워져 있었어요. 그런데 그 분의 연구실에 들어가서 책상 위에 놓인 책들을 보는 순간 깜짝 놀랐어요. 다양한 물리학 책들이 영어 원서까지 포함하여 가득 쌓여 있는 거예요. 너무 궁금해서 물어 보았죠. 아니 왜 이렇게 어려운 책을 보고 계시냐고 말이에요."

게임 제작자는 애니메이션 게임에 등장하는 자동차 경주 장면에서 자동차가 300킬로미터 이상으로 달리다가 코너를 돌 때 속도 및 밀리는 힘에 따라 타이어가 어느 정도로 모양이 변형되

는지를 연구하고 있었다고 해요. 애니메이션 작업할 때 타이어를 그리기 위해서요."

"선배님, 창의적으로 가기 위해서는 논리적인 정확성이 필요하다는 것이군요."

"창의적 사고 안에 있는 발산적 사고의 내용을 보면, 정확성, 유창성, 융통성, 독창성, 정교성이 있어요. 그러니까 정확한 것이 바탕에 깔려 있는 사람이 유창하게 가짓수를 늘릴 수도 있고, 다양한 가짓수를 아는 사람이 그 속에 형성된 공통된 틀을 찾아 그 틀을 깨는 융통성을 발휘할 수 있답니다. 틀을 깨는 연습을 해 본 사람은 독창적으로 눈길을 끄는 방법을 알게 되고, 이 모든 과정을 거치면서 형성된 통찰력을 바탕으로 한 가지 주제를 정해서 깊이 풀어 가는 정교성을 보이게 됩니다."

"창의적인 상상이란, 없는 것을 만드는 것이 아니라 이미 있는 것을 정확하게 알고 그것으로부터 상상한다는 것이군요."

그래도 학생들은 아직 한 가지가 풀리지 않았다. 미래를 상상하는 데 필요한 사실과 정보는 도대체 뭘까? 아직 살아보지 않은 나의 나이를 상상할 때 참고해야 할 정확하고 논리적인 정보가 과연 무엇인지 알 수가 없었다.

보연 멘토는 한 학생의 미래 이력서를 사례로 보여 주었다. 미래를 상상하기 위해 먼저 알아야 할 논리적인 정보

의사를 꿈꾸는 최상훈 학생의 미래 이력서

20살 의대 합격
28살 의대 졸업. 대학병원에 취직하기 위해 노력
29살 드디어 대학병원에 취직.전문의사가 되기위해 노력.
30살 1년간의 인턴이 끝나고 레지던트 되다. 결혼을 한다.
34살 4년간의 레지던트가 끝나고 전문의 자격 획득.
　　　어시스턴트를 많이 하면서 실력을 늘린다.
37~38살 바이스(3년차 의사)와 치프(4년차 의사)가 된다.
　　　(전문의 시험을 준비한다.)
39살 '펠로우'가 되고 교수가 되기 위해 노력.
40살 미국에 교환교수로 갔다 오고 조교수가 되기 위해 노력
41~48살 조교수와 부교수, 정교수가 되면서 많은 레지던트
　　　를 가르치고 위독한 환자들을 수술한다.
50살 과장이 된다.

들을 소개하기 위한 사례였다.

"지금 나눠 준 카드를 잘 보고, 과연 이 친구가 자신의 미래 이력을 상상하기 위해 먼저 알아보아야 할 정보가 무엇인지 최대한 찾아보세요."

하영이는 카드를 보자마자 마음속으로 '유레카'를 외쳤다. 바로 느낌이 온 것이다.

'바로 이거야. 상상을 위해 필요한 사실. 사실에 근거한 상상이 무엇인지 이제 알겠다.'

이윽고 학생들은 빨리 발표를 하고 싶어 입이 간지러울 정도였다. 보연 멘토는 학생들의 밝아진 표정을 보면서 뭔가 깨달음을 전해 주는 행복을 느꼈다.

"지금부터 자유롭게 발표를 해 볼까. 의사가 되기 위한 학생이 미래를 상상하기 위해 기본적으로 알아야 할 정보는 무엇일까요?"

"의대에 입학해요."

"네, 그 학생은 대학병원을 선호하는 것 같아요. 그러려면?"

"전문의 과정이 필요해요."

"인턴 과정을 거쳐야 해요."

"기간은?"

"1년이요."

"그 다음은?"

"레지던트 4년입니다."

바이스, 치프, 펠로우, 부교수, 교수, 과장 등 여기저기서 학생들이 신나

게 정보를 꺼냈다. 물론 이것은 하나의 사례에 불과했다. 하지만 한 가지를 정확히 알게 되면 또 다른 의사의 과정으로 정보를 확산시킬 수 있다.

"최근에 이러한 방식에 변화가 있는데 혹시 아는 사람 있나요?"

"저는 철만이라고 해요. 저의 사촌형은 원래 의대를 나오지 않았는데, 의학 전문 대학원에 입학했어요."

"그래요. 이처럼 과정에 대한 정보가 매우 다양합니다. 그러니까 기본적인 정보와 변형된 정보를 알아보는 게 중요한 거죠."

"정보에 너무 신경을 쓰다 보면 상상에 방해가 되지 않을까요?"

"철만 학생, 아주 좋은 지적이에요. 어차피 진로 비전을 이루는 과정은 지속적인 작업이랍니다.

지금 미래를 상상하는 과정에서 알아야 하는 정보는 가장 일반적인 정보로도 충분해요. 그리고 실제 그 직업을 추구하는 과정에서 점차 정보를 더욱 관리하게 될 거예요. 여러분들의 이후 수업들은 그런 과정이 포함될 거예요."

보연 멘토는 7개의 섞여 있는 문장 카드를 조별로 나눠 주었다. 그 속에는 한 학생의 인생 시나리오가 들어 있었다.

"두 가지 미션을 줄게요. 일단 내용을 함께 읽어 보고 인생의 시나리오 순서를 맞춰 보세요. 그리고 그 내용의 핵심을 꺼내 미래 이력서를 만들어 봐요."

"선배님, 원래는 미래 이력서를 쓴 다음에 인생 시나리오를 쓰는 게 맞잖아요. 왜 거꾸로 활동을 하죠?"

"일부러 그렇게 한 거예요. 완성된 인생 시나리오를 요약하여 미래 이력서를 정리해 보면, 나이 구분이나 흐름이 더 쉽게 이해될 수 있거든요. 어차피 미래 이력서에 살을 붙여서 흐름을 만든 것이 시나리오이므로 뒤집어서 요약해도 같은 내용이 나올 수 있을 거예요."

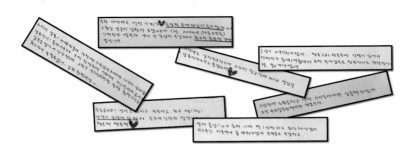

미래의 시나리오를 쓰는 작업은 상상을 하는 일이지만, 그것은 분명 사실과 정보에 근거한 상상이어야 한다는 점은 학생들에게 선입견을 깨는 수업이었다. 그러기 위해 자신의 희망 직업에 대한 일반적인 정보를 더 알아야 한다는 것도 깨달았다. 그러한 정보를 기준으로 미래의 나이를 구분 짓고, 시나리오로 살을 붙이면 된다.

"순서를 잘 맞췄고, 미래 이력서도 잘 만들었어요. 철만 학생, 어때요? 이제 더 쉽게 다가오지 않나요?"

> 무대 연출가를 꿈꾸는 함선미 학생의 미래 이력서
> 19세 수능 치르고 부산대학교 신문방송학과에 합격
> 22세 학교 선배와 사랑에 빠짐
> 23세 졸업과 함께 1년 해외 연수
> 25세 SBS에 무대감독으로 취직. 그런데 계약직이라 아쉽다.
> 32세 열애 10년 만에 결혼 성공! 그런데 신혼 1년 만에 미국 장기 출장. 슬프다.
> 38세 올림픽 개막식 무대 연출 제안 들어옴
> 45세 은퇴 및 가정에만 집중

"네, 멘토님. 조금 아까 어려운 내용을 들을 때는 더 정확한 정보를 알아야 한다는 부담이 컸는데, 막상 함선미 학생 사례를 보니까 사랑 이야기, 결혼 이야기 등 정말 재미있고 설레는 마음으로 쓰면 되겠구나 하는 생각이 들어요."

"그래요, 좋은 인생 시나리오의 기준은 바로 '자신의 마음을 설레이게 하는가!' 랍니다."

미래의 나에게 편지를 보내다

보연 멘토는 포트폴리오에 자신의 미래 이력서와 인생 시나리오를 만들어 오는 과제를 내 주었다. 여기에 더하여 10년 뒤 미래의 자신에게 보내는 편지를 써 오게 했다.

보연 선배와 헤어질 시간이 되었다. 아이들은 한 번의 만남이 너무 아쉬웠다. 특히 교빈이의 아쉬움이 컸다. 그의 목소리에는 안타까움이 가득 묻어났다. 농담반 진담반으로 교빈이가 이야기를 꺼냈다.

"병원에 계신 민쌤에게는 좀 죄송하긴 하지만, 보연 선배님이 또 오시면 안 될까요? 얘들아, 어때?"

"그래요. 민쌤이 충분히 쉬시는 동안만이라도 부탁해요, 네?"

"나도 그러고 싶지만 확신하지는 못하겠다. 다음 주의 내 일정을 확인해 봐야 해. 가능성이 높지는 않아. 일단 너희들의 마음은 아주 고맙게 받을게."

진로는,
논리적 사실에
근거한 창의적
상상이다.

나의 미래 이력서 쓰기

미래 이력서 사례를 보고, 자신의 미래 이력에서 꿈을 이루는 과정에 필요한 기본적인 정보를 먼저 적고, 그것을 바탕으로 자신의 미래 이력서를 작성합니다.

> **의사를 꿈꾸는 최상훈 학생의 미래 이력서**
>
> 20살 의대 합격
> 28살 의대 졸업. 대학병원에 취직하기 위해 노력
> 29살 드디어 대학병원에 취직. 전문의사가 되기위해 노력.
> 30살 1년간의 인턴이 끝나고 레지던트 되다. 결혼을 한다.
> 34살 4년간의 레지던트가 끝나고 전문의 자격 획득.
>   어시스턴트를 많이 하면서 실력을 늘린다.
> 37~38살 바이스(3년차 의사) 와 치프(4년차 의사)가 된다.
>   (전문의 시험을 준비한다.)
> 39살 '펠로우'가 되고 교수가 되기 위해 노력.
> 40살 미국에 교환교수로 갔다 오고 조교수가 되기 위해 노력.
> 41~48살 조교수와 부교수, 정교수가 되면서 많은 레지던트
>   를 가르치고 위독한 환자들을 수술한다.
> 50살 과장이 된다.

기본적인 정보

미래 이력서

나의 미래 이력서 쓰기

미래 이력서 사례를 보고, 자신의 미래 이력에서 꿈을 이루는 과정에 필요한 기본적인 정보를 먼저 적고, 그것을 바탕으로 자신의 미래 이력서를 작성합니다.

의사를 꿈꾸는 최상훈 학생의 미래 이력서

20살 의대 합격
28살 의대 졸업. 대학병원에 취직하기 위해 노력
29살 드디어 대학병원에 취직.전문의사가 되기위해 노력.
30살 1년간의 인턴이 끝나고 레지던트 되다. 결혼을 한다.
34살 4년간의 레지던트가 끝나고 전문의 자격 획득.
　　　어시스턴트를 많이 하면서 실력을 늘린다.
37~38살 바이스(3년차 의사) 와 치프(4년차 의사)가 된다.
　　　(전문의 시험을 준비한다.)
39살 '펠로우'가 되고 교수가 되기 위해 노력.
40살 미국에 교환교수로 갔다 오고 조교수가 되기 위해 노력
41~48살 조교수와 부교수, 정교수가 되면서 많은 레지던트
　　　를 가르치고 위독한 환자들을 수술한다.
50살 과장이 된다.

통역사가 되기 위한 기본적인 정보

외국어대학 또는 일반 대학의 외국어학과 입학
통역 또는 번역대학원
일반 통역자격증, 관광통역자격증
일반 기업의 번역이나 통역실무
큰 기업이나 정부의 통시통역으로 진출
통역사가 되기 위한 기본적인 정보

미래 이력서

20세, 외국어대학 입학

24세, 통번역대학원 입학

27세, 대기업 해외 업무 파트 입사 및 자격증 취득

29세, 외교통상부 통역 담당 입성

33세, 대통령 통역 및 국제회의 전담 통역사

나의 인생 시나리오 쓰기

다음은 간호사를 꿈꾸는 학생의 인생 시나리오 앞부분 예시입니다. 앞에서 작성한 자신의 미래 이력서를 바탕으로 나이대별로 자신의 인생 시나리오를 기록합니다.

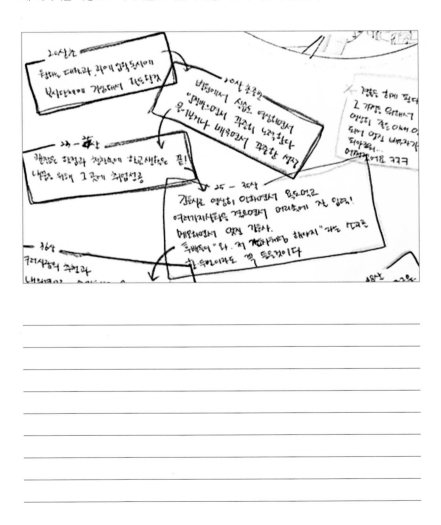

미래의 나에게 편지 쓰기

다음은 1970년 1월에 부르스 리가 10년 뒤의 자신에게 보낸 편지입니다. 미래 이력서와 인생 시나리오를 쓰면서 느낀 점을 담아 10년 뒤 미래의 자신에게 보내는 편지를 작성합니다.

"당신은 늦어도 1980년에는 미국에서 가장 유명한 아시아 스타가 될 것이며, 1,000만 달러를 거머쥐게 될 것이다. 그리고 그것을 얻는 대가로 카메라 앞에 서는 순간마다 당신이 보여 줄 수 있는 모든 것을 보여 줄 것이며, 그렇게 함으로써 평화와 조화 속에서 살게 될 것이다."

뉴욕 플래닛 할리우스 레스토랑에 전시

참고
서론 : 미래에 하고 있을 일, 되어 있을 모습을 아는 척하기
본론 : 지금의 모습, 가능성과 비교하여 꿈을 이룬 모습 축하
결론 : 미래의 그 모습을 위해 지금의 다짐 표현

미래의 나에게 편지 쓰기

다음은 1970년 1월에 부르스 리가 10년 뒤의 자신에게 보낸 편지입니다. 미래 이력서와 인생 시나리오를 쓰면서 느낀 점을 담아 10년 뒤 미래의 자신에게 보내는 편지를 작성합니다.

> "당신은 늦어도 1980년에는 미국에서 가장 유명한 아시아 스타가 될 것이며, 1,000만 달러를 거머쥐게 될 것이다. 그리고 그것을 얻는 대가로 카메라 앞에 서는 순간마다 당신이 보여 줄 수 있는 모든 것을 보여 줄 것이며, 그렇게 함으로써 평화와 조화 속에서 살게 될 것이다."
>
> 뉴욕 플래닛 할리우스 레스토랑에 전시

참고
서론 : 미래에 하고 있을 일, 되어 있을 모습을 아는 척하기
본론 : 지금의 모습, 가능성과 비교하여 꿈을 이룬 모습 축하
결론 : 미래의 그 모습을 위해 지금의 다짐 표현

지금쯤 전 세계의 이목이 집중된 월드컵 경기 결승전을 생중계하고 있겠지. 네가 자랑스러워.
20년 전 정말 소심했던 네가 조심스럽게 꿈꾸던 스포츠 전문 아나운서의 꿈을 당당하게 이루어 냈구나. 어때, 꿈꾸던 삶을 마음껏 누리는 기분이. 처음 그 꿈을 부모님께 말했을 때 혼났던 기억 나니? 말도 잘 못 하는 주제에 무슨 아나운서냐고 그러셨잖아. 꿈을 이룬 다음 부모님의 반응은 어땠어? 무척 자랑스러워하셨을 거야. 어떤 운동경기가 잘 맞는지 궁금해. 학교 다닐 때 체육대회 축구중계를 했던 생각을 하면, 축구경기가 가장 잘 맞을 것 같기도 한데. 열심히 해! 어떤 운동경기든 네가 중계를 하면 사람들이 다들 즐거워할 거야. 나는 너를 믿어. 늘 노력하는 너의 성실한 태도가 지금의 너를 만들어 낸 거야.
그 자리에 머물지 말고 더 날아 봐. 아자!!

근준이의 나에게 쓰는 미래 편지

수리하는 삶 vs 정비하는 삶

컴퓨터 보안전문가

저는 컴퓨터 보안전문가입니다. 학창 시절 컴퓨터가 너무 좋아, 부수고 조립한 컴퓨터만 수십 대였습니다. 대학 때는 나름 잘난 척하며 해킹도 해 보았습니다. 그때는 다른 사람의 시스템에 침투하는 것이 마치 훈장처럼 여겨지던 시절이었습니다. 그러나 지금은 그런 침투를 막아주는 전문가가 되어 있답니다. 어쩌면 그 당시의 경험이 지금 큰 도움이 되고 있을지도 모릅니다.

현재 저는 기업과 개인의 시스템을 지켜 주는 프로그램을 개발하고 관리하는 일을 하고 있습니다. 그런데 한 가지 안타까운 경험을 많이 합니다. 조금만 신경을 써서 미리 보안에 신경을 쓰면 충분히 예방이 가능한데, 전혀 신경을 쓰고 있지 않다가 무슨 바이러스가 터지면 그때서야 난리법석을 피우는 사람이 너무나 많다는 거죠. 그러다 파일을 모두 날리고, 컴퓨터가 엉망이 되어 시간과 돈을 허비하는 경우가 많습니다.

저는 이것을 보면서 자동차를 떠올려 보았어요. 평소에 꾸준히 정비를 잘 해 두는 사람이 있고, 아무런 정비를 하지 않고 있다가 크게 하나 고장이 나면 수리를 맡겨서 비용을 지불하는 사람이 있습니다. 이는 지혜롭지 않습니다. 수리하는 삶보다는 정비하는 삶이 더 중요하다는 것, 꼭 기억해 두세요!

03 내 인생의 체계적인 로드맵

나는 체계적인 계획이 있는가

우리들의 고민 편지

중학교 3학년 M양은 사실 1학년, 2학년 때에도 미래의 계획을 세운 적이 있다. 그런데 그때마다 목표는 다시 희미해져가고, 결국 제자리로 돌아가곤 하였다. 도대체 무엇이 문제일까? 미래를 상상하는 그 자체만으로도 이룰 수 있는 힘이 생긴다고 하였는데, 내게는 무엇이 부족한 것일까? 3학년에 올라와서 진로 상담 교사에게 고민을 말하였더니, 체계적인 준비 항목까지 생각해 보라고 하였다. 얼핏 설명을 들었지만, 막상 시작하려고 하니 막막하다. 미래의 꿈을 이루기 위한 준비 항목에는 무엇이 필요하고 어떻게 그것을 체계화할 수 있을지 궁금하다.

- 온라인 캠프에 올라온 진로 고민 편지

우리 힘으로 한번 해 보는 거야

"올까?"

"누구, 민샘?"

"아니, 보연 선배."

"교빈이 너, 보연 선배에게 완전 푹 빠졌구나. 민샘이 알면 섭섭해하실걸."

"그러나 저러나 민샘은 언제 오실까? 기말 고사 기간이 되기 전에는 오셔야 할 텐데."

"안 되겠어. 이번 주에 민샘 계신 병원에 가 봐야겠어. 우리가 모두 가면 샘이 힘들어하실 테니까 학생 멘토인 수희와 함께 다녀올게."

"승헌이 너, 혹시 병문안 핑계로 수희와 데이트하려는 거 아냐?"

"아, 아니야. 그런 걸 왜 병문안 핑계를 대. 만나고 싶으면 떳떳하게 그냥 말하면 되지."

"어라, 정말이야? 그럼 지금 한번 말해 보시지. 저기 수희 있다. 수희야! 흡, 왜 입을 막아!"

진로 박람회 일정이 조금씩 다가오고 있었다. 진로 페스티벌에 대한 경험이 있어서일까. 아니면 항상 그렇듯이 민샘이 나타나면 금방 준비가 될 것 같아서일까. 학생들은 민샘이 없는 동안 넋 놓고 진로 박람회를 잊고 있었다. 그런데 이미 준비를 시작해야 할 시기가 지나고 있었다. 학교 자체 행사도 아니고 전국 단위의 행사인데다 메인 부스를 맡은 것인데 학생들은 잠시 그 긴장의 끈을 놓고 있었던 것이다.

"얘들아, 잠깐 할 얘기가 있어. 선생님 들어오시기 전에 의견을 하나 모을 게 있어. 잠깐만 집중해 줄래?"

수희였다. 웬만해서는 앞에 나서는 스타일이 아닌데, 무슨 일이 있나 보다. 학생들은 숨을 죽이고 학생 멘토 수희의 말을 기다렸다. 사실 수희는 며칠 전 민샘이 입원해 있는 병원을 방문했었다. 수희를 반갑게 맞은 민샘은 당분간 학생들이 방문하지 않았으면 좋겠다는 부탁을 해 온 것이다. 학생들의 얼굴을 보면 그나마 붙잡고 있던 긴장감이 와르르 무너질 것 같고, 미안함과 안타까움에 견딜 수 없을 것 같기 때문이라고 했다. 수희는 그날 병실에서 민샘을 보는 순간 눈물을 왈칵 쏟았다. 홀쭉하게 말라 있는 민샘의 모습, 일어나서 걷기도 힘들어하는 모습에 너무나 충격을 받은 것이다. 자세히 물어볼 수는 없었으나 수희가 보기에 민샘은 한 달 뒤에도 그리고 그 이후에도 동아리 교실에 나올 수 없을 것처럼 보였다.

민샘은 이미 오래 전부터 조금씩 치료를 받고 있었다. 학생들에게 티를 내지 않았지만 병원에서는 당분간 일을 하지 말라고 권유를 받은 터였다.

"수희야, 사실 아직 말을 많이 하기는 힘든 상태인데, 오늘 학생 멘토인 너만 살짝 부른 건 한 가지 부탁이 있어서야."

"무슨 부탁이요?"

"박람회가 걱정이야. 교장 선생님은 참가를 취소하실 생각인 것 같고. 하지만 나는 너희들의 생각을 묻고 싶어. 만약 동아리 친구들이 내가 없더라도 박람회 준비를 할 수 있다면 존중해 주고 싶어. 수희 네가 의견을 물어봐 줄 수 있겠니? 하지만 절대로 강요하지는 마라. 아이들이 포기하겠다고 하면 내가 교장 선생님께 말씀 드리마."

수희는 지금 동아리 학생들에게 바로 그 의견을 물어 보려는 것이다. 민샘이 생각보다 많이 아프다는 말은 꺼내지 않았다. 그저 진로 박람회의 준비가 곧바로 시작되어야 할 시기이기에 우리의 의견을 모아 달라는 민샘의 부탁을 전달했다.

"민샘 없이 우리가 어떻게 큰 행사를 준비할 수 있을까?"

"그래도 박람회를 연다면 민샘이 빨리 퇴원하실지도 모르잖아."

처음에는 다들 부정적인 입장이었다. 민샘 없이는 어렵다는 것과 민샘이 있더라도 이렇게 큰 행사를 치르는 것은 민샘을 더 아프게 하는 것이라는 의견이 많았다. 수희는 고개를 끄덕였다.

"제 생각은 달라요. 저는 민샘을 위해 꼭 이 행사를 우리 힘으로 치렀으면 좋겠어요!"

철만이었다. 철만이의 목소리에는 비장함이 깃들어 있었다. 철만이는 늘 그랬듯이 말이 없는 친구이다. 철만이에게 민샘은 동아리의 다른 누구보다도 소중한 존재다. 공만 찰 줄 알았고 머리 쓰는 것은 꽝이었던 말더듬이를 미래의 스포츠 진행자와 트레이너의 꿈을 꾸는 멋진 아이로 바꿔 준 분이었다.

"민샘을 위해서 박람회에 참가해야 한다는 게 무슨 말이니, 철만아?"

"민샘이 없으니 할 수 없다는 것은 민샘의 가르침과도 맞지 않아. 우리가 그동안 배운 가르침을 살려 참가해야 한다고 봐. 우리 스스로 해 내는 모습을 보여 드리면 민샘도 힘을 내서 빨리 회복하실 거야."

"철만이의 생각에 나도 동의해. 만약 박람회 참가가 취소된다면, 그야말로 민샘은 자신 때문에 우리의 진로 과정이 흐트러졌다고 자책하실지 몰라. 민샘을 위해서라도 우리는 멋지게 이 박람회를 치러야 한다고 생각해."

분위기는 급반전되었다. 철만이의 용기 있는 발언과 승헌이의 지지 발언에 동아리 친구들은 가슴속에서 뭔가 뜨거운 것이 올라오는 느낌을 받았다. 자신들을 위해 수많은 자료를 만들어서 준비하고 한 사람 한 사람의 아픔까지도 살피면서 도와주었던 민샘의 얼굴이 아이들의 마음에 어떤 뜨거움을 만들어 내고 있었다. 수희는 아이들의 생각이 하나로 모아졌다고 확신했다. 바로 그때 동아리 교실 문이 열렸다.

내 인생의 로드맵

"보연 선배가 아니어서 실망했죠?"

"아, 아니요!"

"내 이름은 하유진이에요. 청소년 심리상담을 전공했고, 지금은 청소년 코칭 심리학 박사과정을 공부하고 있답니다."

"나는 온달, 보연과 함께 3인방으로 통하는데, 여러분 얘기 많이 들었어요."

"어, 온달 샘도 아세요?"

"그럼요. 우리는 민샘을 추종하는 자칭 수제자들이죠. 청소년 때부터 민샘을 통해 꿈을 꾸고 이렇게 성장했답니다. 그래서 민샘이 이렇게 멘토로 부르면 어디든지 간답니다."

수희는 사회복지와 청소년상담에 관심을 가지고 희망 직업군을 찾았었다. 수희가 보기에 하유진 멘토님은 차분한 말투와 상대방을 배려하는 목소리 톤, 그리고 호감 가는 외모까지 자신의 미래 모습을 상상하기에 더 없이 좋은 본보기였다.

"누가 수희예요?"

"네! 저요."

"네가 학생 멘토구나. 잘 부탁해요. 그리고 여러분이 나를 부를 때는 '하샘'이라고 하셈. 그리고 여러분과 친해지고 싶어서 그러는데 말을 놓아도 될까요?"

"네, 그래요. 우리도 빨리 샘과 친해지고 싶어요!"

하샘을 바라보며 교빈이가 해맑게 웃으며 말했다. 승헌이는 이런 교빈이를 쳐다보면서 뭔가 핀잔하듯이 눈치를 주었다. 승헌이가 왜 그러는지 알 것 같다.

'야, 너는 쓸개도 없냐. 방금 전까지 오매불망 보연 선배만 그리워하더니, 벌써 잊어버리고 하샘한테 빠지냐?'

오늘은 진로 비전의 미래를 상상하는 과정 세 번째 시간이다. 첫 시간에는 옹달샘과 미래 일기와 미래 신문을 만들어 보았다. 이 과정에서 미래를 상상하는 과학적인 원리를 살펴보았다. 두 번째 시간에는 보연 선배와 미래 이력서를 토대로 인생 시나리오를 작성했다. 과제로 미래에 보내는 편지도 작성해 보았다.그리고 미래의 구체적인 시나리오를 상상하기 위해서는 일반적이고 객관적인 진로의 단계 정보가 필요하다는 사실을 함께 공부했다. 이제 세 번째 활동에서는 하샘과 이러한 미래의 상상을 체계적으로 하나의 지도에 정리하는 작업을 하게 되었다. 이름 하여 '인생 로드맵' 작업이다.

| 미래 일기 | 미래 신문 | 미래 이력서 | 인생 시나리오 |

인생 로드맵이란?
자신의 인생 목표를 연도와 나이로 구분하여, 각각의 목표, 자격과 공부, 역할과 우선순위, 네트워크, 비용 등을 적어 만든 작품이다. 자신의 진로 비전을 체계적인 결과로 만들기에 적합한 작품 형태이다. 앞서 제작한 미래 이력서, 인생 시나리오의 내용을 체계적인 표로 바꾼 결과물이다.

하샘은 화면을 통해 이전에 작업했던 4개의 작품을 마치 전시회를 하듯이 진열해서 보여 주었다.

"하샘, 이렇게 꾸며 놓으니까 너무 예쁘고 보기 좋은데요. 박람회 때도 벽을 저렇게 꾸미면 좋겠어요."

교빈이의 말을 들은 다른 학생들도 같은 생각을 하고 있었다. 우리의 작품을 저렇게 액자로 만들어 박람회 전시장 벽을 꾸민다면 너무 예쁠 것 같다는 생각이 든 것이다. 서너 명은 고개를 숙이고 열심히 메모를 했다. 화면에 보이는 모습을 그리고 그 밑에 간단한 메모를 했다. 박람회 전시장 스케치였다. 동아리 전체의 의견이 모아진 마당에 세 명의 리더급 학생들은 자연스럽게 큰 책임감을 느끼고 있었다.

"인생 로드맵 작업이 이전의 미래 상상 활동과 다른 점은 체계적인 계획이 포함되어 있다는 점이야. 미래 일기와 미래 신문, 미래 이력서, 인생 시나리오, 미래 편지 등은 어떤 결과에 대한 상상을 생생하게 그리는 것이 중요해. 하지만 이것만으로는 미래를 만들어 갈 수 없어. 이런 것들을 종합해서 체계적인 실천 목표까지 표현해야 한다."

15살 / 2012년	20살 / 2017년	27살 / 2024년	35살 / 2032년	40살 / 2037년

화면에 등장한 거대한 그림은 학생들의 시선을 압도했다. 가장 위쪽에 나이와 연도가 보였다. 학생들은 이미 미래 이력서와 인생 시나리오 작업을 했기 때문에 저 숫자가 무엇을 의미하는지는 금방 눈치 챌 수 있었다. 하지만 나머지 내용은 매우 생소했다.

"표가 좀 복잡하지? 가장 위쪽은 당연히 미래의 나이와 연도를 적는 거겠지? 그럼 그 아래부터 다섯 째 칸까지는 어떤 내용들로 채운 것인지 토론해 보렴."

학생들은 카드의 주제와 내용을 연결하는 작업을 매우 쉽게 진행했다. 그

	15세(2012년)	20세(2017년)	27세(2024년)	35세(2032년)	40세(2037년)
목표	기능사 자격증 제빵 기능사 자격증 베이킹 마스터 자격증	산업 기사 자격증 케이크 디자이너 자격증 한국 호텔 관광 전문학교 입학	내 이름을 건 제과점 개업	체인점을 보유한 제과점 CEO	내 이름을 건 큰 회사의 CEO
준비	나만의 레시피 100개 제빵에 사용될 도구 이름과 사용 용도 외우기 케이크 디자이너 자격증 공부	케이크 디자이너 자격증을 위한 케이크에 대한 전문적인 공부	제과점에서 판매할 제빵들 개발하기	빵을 만들어서 보육원, 고아원에 선물 체인점 관리	나의 레시피가 담긴 제빵책 출간
관계	파티시에, 제빵사에 관심 있는 친구들과 같이 연구 김영모 선생님 만나 보기	파티시에 꿈을 삼아서 성공한 사람들을 만나 보기	다른 제빵사들과 인맥 쌓기 주변 이웃과 좋은 관계	체인점 직원들과 좋은 관계 제빵사들과 아이디어 교류	파티시에와 관련 없는 사람들과도 관계 확대
역할	착하고 슬기로운 둘째딸 친구 인맥 넓은 학생 모든 일에 열심히 하는 학생	한국 호텔 관광 전문학교에서 인정받는 학생 센스 있고 당당한 여자 유머와 감각 있는 친구	배려와 이해심 있는 친구 친구들 중 가장 성공한 사람	친절한 제과점 사장	나 자신을 위해 사는 사람 센스 있고 유머 감각 있는 CEO
비용	도구 및 재료 구입 비용 30만 원 나의 밝은 미래를 위해 다닐 학원비 20만 원	대학 입학 등록금 600만 원×2년 내 미래를 위한 3억 원 적금	제과점 개업을 위한 비용 1억 원	제빵 재료비 100만 원	재료, 기술 수업비용 250만 원

런데 막상 이렇게 진행하다 보니까 몇 가지 결정적인 궁금증이 생겼다.

"하샘, 우리가 미래 이력서와 인생 시나리오 작업을 할 때는 19세나 20세를 출발로 잡아서 대학 입학부터 시작했는데요. 이번 인생 로드맵 사례에는 15세부터 시작하고 있네요?"

"수희가 꼭 필요한 질문을 했네. 인생 로드맵의 기본적인 항목 구분은 비슷하지만 꼭 그 기준에 맞출 필요는 없어. 이 친구는 제빵 전문가를 꿈꾸는 중학생이거든. 이 친구에게는 당장 지금부터의 준비가 너무 중요하기에 15세부터 목표를 정한 거야."

"그럼, 마지막 나이 때가 40세인데, 40세를 마지막으로 하기에는 너무 젊지 않아요?"

"이 사례의 주인공은 15세부터 시작한 나머지 너무 일찍 마무리를 했어. 일반적으로는 20세에 시작해서 50대 이후의 버전이 하나 더 들어가곤 해."

"그럼, 가장 일반적인 나이 기준을 좀 소개해 주세요."

"함께 해 볼까. 처음은 거의 20세로 보면 되겠지. 자, 그 다음은 몇 살을 기준으로 할까?"

"대학을 졸업한 뒤 처음 직장에 들어갈 나이요."

"그럼 몇 살?"

"24세쯤 되겠죠."

"남자라면 중간에 2년간 군대에 다녀 올 텐데?"

"아, 그럼 26세쯤 되겠네요."

"바로 여기서부터 남자와 여자의 사회 진출 나이 기준이 좀 달라진단다. 그 다음에는 어떤 단계가 필요할까?"

"그 직업 세계에서 아주 중요한 역할을 하는 시기까지 올라가는 정도요."

"그 다음은?"

"그 다음은 당연히 그 직업 세계에서 최고의 성공을 이루는 시기겠죠."

"그 다음은?"

"그 다음은…… 그 다음은 필요 없을 것 같은데요. 이미 성공했잖아요."

"성공 이후의 삶에 대한 계획이 정말 필요해."

"성공 이후의 삶에 대한 계획이요?"

"혹시 민샘과 '비전과 사명'에 대한 수업을 했었니?"

"네, 했어요."

하샘은 비전과 구별되는 사명의 크기를 다시 한 번 설명해 주었다. 자신의 비전을 통해 타인과 세상을 돕는 삶에 대해서 배운 내용을 다시 확인시켜 준 것이다. 보통 우리가 비전을 이루기까지의 과정은 매우 치열하게 달려가기 때문에 주위를 돌아보거나 베푸는 삶을 살기가 어렵다. 대부분의 성공한 사람들은 자신이 성공의 정점에 오른 뒤, 그 성공을 가지고 다른 사람을 돕는 삶을 살게 된다.

"이 시대의 부자는 크게 세 가지로 나뉜다. 먼저 물질적인 부자 야. 그들은 자신의 꿈이 명확하고 그 꿈을 성취한 부자들이지. 그러나 그러한 물질적 부자 중에 '정신적 부자'를 찾기는 무척 어렵다. 정신적 부자는 '깨끗함'을 가진 사람들을 말하지. 한편, 정신적 부자들 중에서 '사회적 부자'를 다시 선별하면 정말 소수만 남게 된다고 해. 사회적 부자는 존경받는 부자를 말한다. 널리 사람들을 구제하는 부자들이야. 바로 이런 사회적 부자들은 대개 성공 이후의 삶에 대한 계획을 가지고 있었다고 본다."

물질적 부자	정신적 부자	사회적 부자

하샘은 인생 로드맵 작성 중에 가장 중요한 '목표 구분'의 유형을 정리해 주는 활동을 시작했다. 진로 교육의 초기에는 매우 일반적이고 획일적인 목표 유형이 존재한다. 하지만 현재와 미래의 목표 발전의 흐름은 극심한 변화를 겪게 되기에 하샘은 학생들에게 그러한 흐름을 구분하고 자신만의 목표 흐름을 찾아갈 수 있는 힘을 심어 주고자 했다.

	20	27	35	45	55
목표	사범대 입학	교사	부장 교사	교감	교장

A코스-유지형 커리어

	20	27	35	45	55
목표	법대 입학	검사	판사	변호사	인권 운동가

B코스- 융합형 커리어

	20	27	35	45	55
목표	문학 전공	대학원 입학	박사 과정	부교수	정교수

C코스- 학문형 커리어

	20	27	35	45	55
목표	건축 전공	수학 강사	기업 CEO	정치 보좌관	여행 전문가

D코스-점프형 커리어

	20	27	35	45	55
목표	경영학 전공	리더십 강사	작가+강사	작가+강사 +CEO	작가+강사+ CEO+방송인

E코스-혼합형 커리어

"이게 뭐예요? 하샘. 인생 로드맵에서 목표 부분만 따로 떼어내서 5개를 만드셨네요."

"그래, 다섯 가지 유형인데, 과거에는 없던 새로운 방식의 목표 유형 구분 전략이란다."

"과거에는 없었다고요? 이거 새로 만드신 거예요?"

"그래, 민샘이 만들어 주신 거야. 용어도 민샘이 직접 만드신 거란다."

"왜 새로운 것을 만드셨어요?"

"변화 때문이지. 직업 세계의 변화가 너무나 빠르기 때문에 이러한 유형들을 미리 알지 못하면 당황하기 쉽단다."

인생 로드맵의 목표 유형

〈A코스- 유지형 커리어〉 아주 정직하게 전공에서 출발하여 승진하는 목표 유형
〈B코스- 융합형 커리어〉 같은 전공 안에서 맥을 같이 하는 영역으로 이동하는 유형
〈C코스- 학문형 커리어〉 학문을 추구하여 그 분야의 연구원이나 교수로 가는 유형
〈D코스- 점프형 커리어〉 전혀 상관없던 영역으로 경력을 점프하여 도전하는 유형
〈E코스- 혼합형 커리어〉 동시에 여러 개의 직업을 조화롭게 함께 가는 유형

학생들은 다섯 가지 유형에 따라 자신의 희망 직업 목표 단계를 다시 한 번 점검해 보았다. 어떤 유형이 자신에게 맞는지 서로 토론하며 고민했고, 그 속에서 이전에는 몰랐던 새로운 안목이 생기는 것을 경험했다.

"수희는 어떤 목표 유형인지 궁금한데?"

하샘은 수희를 각별하게 생각했다. 민샘에게 이미 이야기를 들었고, 수

희가 사회복지나 청소년상담 쪽의 진로를 희망하는 것도 알고 있었다. 더군다나 수희가 현재 진로 동아리의 학생 멘토를 담당하고 있기에 하샘은 자신과 비슷한 삶을 살게 될 수희의 진로에 더욱 관심이 갔던 것이다.

"처음 이 유형을 보았을 때는 융합형 커리어라고 생각했는데, 좀 더 마음을 기울여 기록하고 보니 혼합형 커리어 쪽에 가까운 것 같아요."

"그럼, 여기 빈 칸을 수희가 고민한 내용으로 한번 채워 볼까?"

	20	27	35	45	55
목표	사회 복지학 상담학 부전공	사회복지사 활동 상담학 대학원	사회복지사 진로 상담사 상담학 박사	사회복지사 진로 상담사 청소년 상담학 교수 스토리텔링 작가	진로 상담사 청소년 상담 교수 스토리텔링 작가 학교 설립자

"쓰고 보니 제가 이렇게 욕심이 많은지 몰랐어요."

"수희야, 그건 욕심이 아니라 열정이란다. 한 분야에 눈을 뜨게 되면 그 방법을 사용하여 다른 분야를 함께 진행하는 것이 가능해진다. 수희는 충분히 그럴 가능성이 있어!"

수희는 자신이 기록한 내용을 바탕으로 목표 아랫부분에 준비할 요소 및 관계를 적어 보았다. 목표가 다시 한 번 정리되니 자연스럽게 준비 항목과 관계 요소가 구체적으로 채워지기 시작했다.

다시 희망을 만나다

"저, 샘. 하나 더 궁금한 게 있어요. 제일 아래에 비용 부분이 있는데. 비용을 꼭 써야 하나요? 정확하게 계산하기도 어려운데."

"수희 네 말이 맞다. 계산하기가 쉽지 않을 거야. 그래도 한번 써 보고 나중에 수정해도 된다. 비용을 쓰는 이유는 그만큼의 가치 크기와 책임감을 부여하기 위함이야. 우리는 눈에 보이지 않는 사람의 마음, 정성, 가치 등을 측정할 때 돈의 액수를 사용하기도 한단다. 그것은 이전에 가치 수업할 때 이미 배웠지?"

"네, 배웠어요. 가치가 가장 우선이라는 사실이요."

수희는 마음속에 한 가지 소망이 생겼다. 혹시 민샘이 안 계시는 동안 하샘이 우리 동아리를 맡아서 진로 박람회 준비를 도와주시면 어떨까 하는 실낱같은 희망……

"수업을 마무리하면서 한 가지 소식을 전해 줄게. 당분간 내가 여러분과 함께 동아리 활동을 진행하게 되었어. 민샘이 퇴원하실 때까지만."

"저, 정말이요?"

"수희가 이렇게 반가운 표정을 지어주니, 나도 힘이 나는데. 후훗!"

진로 박람회에 참가하기로 결정한 바로 오늘, 두렵고 떨리는 마음으로 좁은 길을 선택한 학생들의 마음에 희망이 일어나는 순간이었다. 특히 수희는 누구보다도 큰 안도의 한숨을 내쉬었다. 나름 어깨가 무거웠기 때문이었다. 부담이 큰 게 사실이었다. 어쩌면 친구들이 박람회 참가를 하지 않는 쪽으로 의견을 모아 주기를 기대했었다. 부담을 견딜 자신이 없어서였다. 그러나 철만이와 승헌이의 용기 있는 지지 발언에 힘을 얻었고, 이제 자신의 롤모델과 같은 하샘이 함께하게 되었으니 수희는 깜깜한 어둠 속에서 등불을 만난 느낌이었다.

진로는,
성공 이후까지
꿈꾸는 인생의
로드맵이다.

인생 로드맵의 선명한 의미 구분

진로 비전의 결과 이미지를 상상하는 작업은 크게 다섯 가지입니다. 미래 일기, 미래 신문, 미래 이력서, 인생 시나리오 그리고 과제로 제출했던 미래 편지입니다. 이러한 상상의 작업을 참고로 하여 작업하는 '인생 로드맵'은 과연 이러한 작품들과 어떤 차이점이 있는지, 차이점의 내용을 로드맵의 항목을 중심으로 기록합니다.

| 미래 일기 | 미래 신문 | 미래 이력서 | 인생 시나리오 |

참고
서론 : 다섯 가지 미래 상상 작품의 특징 소개
본론 : 이런 작품과는 다른 인생 로드맵의 특징과 항목 구성
결론 : 인생 로드맵 작성의 효과 및 나의 다짐

_____

_____

_____

_____

_____

인생 로드맵의 선명한 의미 구분

진로 비전의 결과 이미지를 상상하는 작업은 크게 다섯 가지입니다. 미래 일기, 미래 신문, 미래 이력서, 인생 시나리오 그리고 과제로 제출했던 미래 편지입니다. 이러한 상상의 작업을 참고로 하여 작업하는 '인생 로드맵'은 과연 이러한 작품들과 어떤 차이점이 있는지, 차이점의 내용을 로드맵의 항목을 중심으로 기록합니다.

미래 일기   미래 신문   미래 이력서   인생 시나리오

참고
서론 : 다섯 가지 미래 상상 작품의 특징 소개
본론 : 이런 작품과는 다른 인생 로드맵의 특징과 항목 구성
결론 : 인생 로드맵 작성의 효과 및 나의 다짐

미래 일기, 미래 신문, 미래 이력서, 인생 시나리오, 미래 편지 등은 자신의 미래를 생생하게 상상하여 기록한 것이다. 이러한 작업들은 자신의 꿈을 늘 마음속에 간직하고 살도록 도와주는 역할을 한다. 그런데 인생 로드맵은 좀 느낌이 다르다. 그 미래의 꿈을 이루기 위한 보다 구체적이고 체계적인 내용들을 정리한 느낌이다. 목표, 필요한 노력, 네트워크, 역할 그리고 비용까지 기록하면서 체계적인 그림을 완성하는 것이다. 나 역시 막연하게 상상하는 것이 아니라 보다 세부적인 전략을 담아 인생 로드맵을 작성할 것이다.

인생 로드맵의 목표 유형 찾기

인생 로드맵의 핵심 항목은 '목표 유형' 입니다. 나이와 연도별로 발전하는 자신의 인생 목표는 다음 다섯 가지 코스로 구분됩니다. 자신의 유형을 찾아 그 내용을 기술합니다.

	20	27	35	45	55
목표	사범대 입학	교사	부장 교사	교감	교장

A코스-유지형 커리어

	20	27	35	45	55
목표	법대 입학	검사	판사	변호사	인권 운동가

B코스- 융합형 커리어

	20	27	35	45	55
목표	문학 전공	대학원 입학	박사 과정	부교수	정교수

C코스- 학문형 커리어

	20	27	35	45	55
목표	건축 전공	수학 강사	기업 CEO	정치 보좌관	여행 전문가

D코스-점프형 커리어

	20	27	35	45	55
목표	경영학 전공	리더십 강사	작가+강사	작가+강사 +CEO	작가+강사+ CEO+방송인

E코스-혼합형 커리어

	20	27	35	45	55
목표					

인생 로드맵의 목표 유형 찾기

인생 로드맵의 핵심 항목은 '목표 유형'입니다. 나이와 연도별로 발전하는 자신의 인생 목표는 다음 다섯 가지 코스로 구분됩니다. 자신의 유형을 찾아 그 내용을 기술합니다.

	20	27	35	45	55
목표	사범대 입학	교사	부장 교사	교감	교장

A코스-유지형 커리어

	20	27	35	45	55
목표	법대 입학	검사	판사	변호사	인권 운동가

B코스- 융합형 커리어

	20	27	35	45	55
목표	문학 전공	대학원 입학	박사 과정	부교수	정교수

C코스- 학문형 커리어

	20	27	35	45	55
목표	건축 전공	수학 강사	기업 CEO	정치 보좌관	여행 전문가

D코스-점프형 커리어

	20	27	35	45	55
목표	경영학 전공	리더십 강사	작가+강사	작가+강사+CEO	작가+강사+CEO+방송인

E코스-혼합형 커리어

	20	27	35	45	55
목표	컴퓨터공학 전공	의학전문 대학원	의료전문 프로그램 개발	의료 유비쿼터스 기업 CEO	정치인 의료복지정책 수립

나의 인생 로드맵 작성하기

다음 인생 로드맵 사례를 참고하여, 나이와 연도를 구분한 뒤 목표 유형을 넣고, 나머지 인생 로드맵 칸을 채웁니다. 대학 입학을 시작으로 하고, 마지막 칸은 성공 이후의 가치 있는 삶을 넣습니다.

목표					
준비					
관계					
역할					
비용					

기자들에게도 쓰나미가
몰려오고 있어요

기자

저는 현직 기자입니다. 처음에는 정치부로 입문했다가 지금은 국제부에 있습니다. 그런데 몇 해 전 아주 놀라운 일이 있었어요. '퓰리처상'이라고 들어 보셨죠? 언론보도 분야에서는 세계적으로 권위 있는 상입니다. 그 상의 종류에 '특종상'이란 게 있습니다. 그런데 어느 해에 역사상 최초로 그 특종상 수상자가 없었습니다. 전 세계의 기자들은 허탈해했죠. 그 해에 다양한 특종이 없었던 것도 아닙니다.

그 원인을 확인해 보니 놀라운 결과가 나왔습니다. 특별한 사건을 신속하게 먼저 보도하는 특종을 스마트폰과 트위터가 먼저 보도해 버린 것입니다. 기자가 아닌 현장의 일반인들이 자신의 스마트폰으로 사진과 영상을 찍어 실시간으로 중계를 하고 그것이 실시간으로 전 세계에 퍼진 것입니다. 그러다 보니 기자들의 특종이 사라진 것은 당연한 결과겠죠.

하지만 기자들은 이러한 변화의 쓰나미를 겸허하게 인정하고 더 열심히 뛰고 있습니다. 분명 기자들만의 영역이 살아있기 때문이죠. 이것이 바로 '기자정신'입니다.

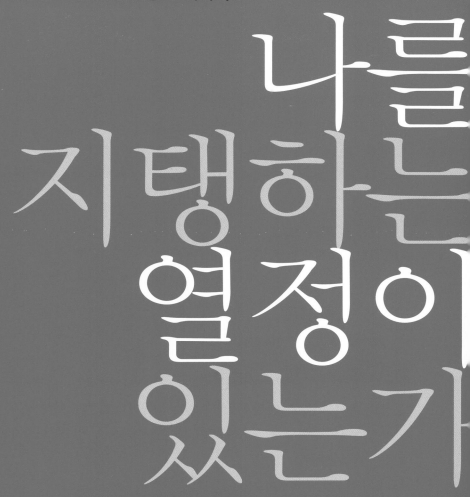

나를
지탱하는
열정이
있는가

우리들의 고민 편지

학교에서 진행하는 진로 활동을 통해 새로운 인생을 시작하게 되었다고 큰소리쳤던 H군. 그에게
진로 활동은 인생의 터닝 포인트가 되었다. 그런데 진로 활동의 초반부터 후반까지 쉼 없이 상승
하던 에너지가 어느 정도 한계에 이르니 한풀 꺾이기 시작했다. 목표를 이루어 가는 삶이 조금은
피곤하고 많은 것을 포기해야 하는 삶으로 다가온 것이다. '생각 없이 쉽게 살던 때는 그래도 즐
거웠는데……' 하는 생각까지 들었다. 정말 고민이다. 하나의 꿈을 이루는 삶은, 내가 좋아하던 많
은 것을 포기하고 한 가지에만 오직 집중해야 하는 걸까?

– 온라인 캠프에 올라온 진로 고민 편지

연속 강연 시간표

"와! 신난다! MT 이후에 처음으로 나오는 것 같아요."

"그렇게 좋으니, 교빈아!"

"네, 하샘. 존경해요. 어떻게 오시자마자 이런 아름다운 1박2일 워크숍을 추진할 수 있으세요? 외모와 마음도 아름다우신데, 이렇게 추진력까지 있으시니 정말 완벽하셔요."

"교빈아, 주변사람 생각 좀 해 줘라. 우리 지금 손발이 오그라든다."

"승헌이, 너도 좀 배워. 수희에게 이런 아름다운 표현을 좀 해 봐. 넌, 너무 하드 해!"

"뭐, 하드 해? 어휴~."

"샘, 그런데 우리가 머물 곳은 어디예요?"

"저기 '비전 하우스'라고 보이지? 거기서 머물 거야."

"어, 저곳은 학교처럼 보이는데요. 아주 작은 학교요."

"그래, 원래는 학교였어. 숲 속 초등학교. 주위를 둘러보면 알겠지만 주변에 집이 별로 없잖아. 학생 수가 점차 줄어들어서 결국 폐교가 된 거지. 그래서 눈독을 들이다가 어렵게 학교를 인수했단다."

"어떻게 인수를 다 하셨어요?"

"학교 교육을 돕고자 하는 민샘을 비롯해서 우리의 비전과 진심을 이해한 분들이 후원해 주셨단다."

"그러나 저러나 하샘, 저기 담벼락에 비전 하우스라는 글씨⋯⋯, 멀리서 보면 비닐하우스로 보이기도 하겠어요."

"비닐하우스, 그거 재미있네. 하하하!"

이번 1박2일 워크숍은 주말을 이용하여 하샘이 학교에 허락을 얻어 진로 동아리 학생들을 이곳 비전하우스로 데려온 것이다. 연구실 겸 캠프 장소로 쓰는 비전하우스 안에 들어서자 입구에 캠프의 제목과 시간표가 붙어 있었다.

	전환	오픈 강연	비전을 지탱하는 꿈의 목록	꿈의 목록
1일차	전략 수립	강연 1	300 VS 100	전략의 필요성
		강연 2	골라 먹는 재미	진로와 진학 전략
		강연 3	학습은 살아 있다	진학과 학습 전략
		강연 4	원대한 꿈, 하루의 습관	학습과 습관 전략
2일차	진로 관리	강연 5	재미있는 진로 관리	진로 블로그
		강연 6	꼼꼼한 진로 관리	진로 시트
		강연 7	함께 가는 진로 항해	진로 모임
		강연 8	새로운 터닝 포인트	진로 관리 과정 검증

"야, 하샘. 정말 지독해요. 이렇게 공부를 많이 해요? 1박2일의 정신에 어긋나요."

"걱정하지 마, 교빈아. 여기에는 강의 시간만 넣었어. 나머지 운동, 식사, 캠프파이어는 따로 있어."

"그나마 다행이네요. 그래도 좋아요. 함께 놀고, 강연도 듣고, 진로 박람회 준비도 하니 이번 캠프는 아주 의미 있을 것 같아요. 그런데 샘, 모든 강의를 하샘 혼자 진행하시는 거예요, 힘들지 않으시겠어요?"

"너희들이 있잖니. 일방적인 강의가 아니라 너희들이 토론하며 만들어갈 거야."

하샘은 아이들을 믿고 있었다. 하샘은 이미 민샘과 의견을 모았었다. 어쩌면 민샘의 강력한 의지로 추진된 캠프였다. 민샘은 수희를 통해 동아리 학생들이 진로 박람회를 예정대로 추진한다는 것을 전달받았다. 너무나 고맙고 기특한 마음이 들었다. 그래서 다소 무리가 있지만 더 신경을 써서 이번 1박2일 캠프를 기획한 것이다.

"샘, 목표를 찾고 그런 후에는 목표를 향해 미친 듯이 달려가는 게 맞겠죠? 그런데 목표가 너무 선명하고, 목표를 추구하는 삶이 너무 강하면

때로 피곤하지 않을까요?"

"교빈이가 시간표를 보더니 피곤이 확 밀려 오나 보구나."

"아뇨. 민샘이 떠올라서 한 말이에요. 그 삶의 가치와 간절함은 알겠지만 결국 너무 아프시잖아요. 매일 상담에다 매주 자료 제작과 수업 연구 등, 일하시는 모습을 보면 보람은 있어 보이지만, 무척 힘드실 것 같다는 생각이 들어요."

하샘은 학생들을 비전하우스의 작은 전시관 같은 방으로 데리고 들어갔다. 한쪽 벽에 커다란 패널이 여러 개 전시되어 있었다.

가고 싶은 곳	만나고 싶은 사람	배우고 싶은 것	서고 싶은 강단	이루고 싶은 것
북한	손석희	패러글라이딩	삼성 본관 강당	유창한 영어
7대 불가사의	오카노 마사유키	행글라이더	청와대 강당	마라톤 완주
성지순례	아카타니 아키히로	경비행기 조종	국회 강당	슬라이딩 책장
세계 명문 대학	니시무라 아키라	윈드서핑	세계 지식 포럼	연구소 세팅
아마존 밀림	엘빈 토플러	스카이다이빙	세계 대학 포럼	자전거 일주
남극	최봉오	스쿠버다이빙	한동대학교 강당	저자 사인회
북극	방영혁	암벽 등반	열린 음악회	아침 마당 출연
그랜드캐니언	정진홍	한식 요리	세종문화회관	백분 토론 출연
나이아가라	이지성	양식 요리	연세대학교 강당	합창단 공연
아프리카	이어령	피아노	다보스 포럼	베스트셀러
프랑스	김영세	골프	한국 코칭 대회	학교 설립
영화 촬영지	릭 워렌	포토샵	극동 방송	피아노 연주
홍해	강헌구	일러스트	아침 마당	크루즈 호 횡단
터키 아라라트 산	공병호	인 디자인	명사 특강	축구 주전
토리노 성당	구본형	맥 디자인	관훈 클럽	도서관 서재
어릴 적 살던 곳	박경철	성악	하버드 대학교	영춘권 사범
한국 박물관 20	안상헌	바리스타	예일 대학교	한강 수영 횡단
한국 미술관 50	존 나이스비트	바둑	프린스턴 대학교	박사 학위
크레이지 호스	스펜서 존슨	요트	카이스트	성악 시연
백악관	켄 블랜차드	철인 3종	서울교육청	30명 산 등정
세계 지식 포럼	스티브 코비	수영	지역교육청	교육 정책 입안
다보스 포럼	브라이언 트레이시	코칭 기법	대통령 앞	허리 30인치
지식 콘서트	이시	마술	교육 장관 앞	동화책 저술
뉴스데스크	톰 피터스	영춘권	피닉스 센터	동화책 DB
KTX 관광지	조엘 오스틴	응급 처치 기법	카네기 센터	미디어 도서관
제주도	한홍		리더십 센터	강의 CD 300
군복무 했던 곳	앤디 앤드루스	*배움 이슈	윌리엄 연구소	세계 일주
어릴 적 살던 곳	강준민	날고 싶다		

가고 싶은 곳	만나고 싶은 사람	배우고 싶은 것	서고 싶은 강단	이루고 싶은 것
시선 집중 방송	전쯔단	노래하고 싶다	* 강의 이슈	* 성취 이슈
	로렌 커닝햄	먹고 싶다	정치인 대상	서재의 꿈
* 장소 이슈	폴정	그리고 싶다	성공학 관련	건강의 꿈
유명 관광지	김경섭	생각하고 싶다	종교인 대상	노래의 꿈
원시 문화지	유시민	즐기고 싶다	선교사 대상	여행의 꿈
영화 촬영지		누리고 싶다	대학생 대상	영향력 삶
숨겨진 맛집	* 만남 이슈	쉬고 싶다		집필가의 삶
한국의 명산	종교 지도자	건강하고 싶다		
세계의 명산	방송인	땀 흘리고 싶다		
종교 유적지	언론인			
추억 깃든 곳	작가			
드라이브 코스	성공학 대가			
하이킹 코스	목회자			
마라톤 코스	특별한 일본인			
유명 박물관	정치인			
유명 미술관				
역사 유적지				
유명 휴양림				
세계의 도시				

'이민구의 꿈 목록'

"어, 이거 민샘 이름이잖아요?"

"그렇지, 민샘 것이지. 교빈이가 보기에는 민샘이 한 가지 목표를 추구하
느라 지쳐 보였겠지만, 사실 민샘과 그의 제자들은 삶을 즐기는 방법을
알고 있단다. 여기 내 것도 있고, 다른 학생들의 것도 붙어 있지?"

"정말, 저희 민샘 것 맞아요? 와! 이렇게 하고 싶은 게 많으신가 봐요?"

"민샘과 우리 멘토들은 해마다 연말이 되면 여기 모여 비전 페스티벌을
한단다. 그 가운데는 꼭 이렇게 '꿈 목록'을 만들어 벽에 붙여 놓는 시간
을 갖지."

"꿈 목록이 뭐예요?"

비전을 지탱하는 꿈의 목록

아주 많은 꿈의 목록이 적힌 패널이 있고, 그 옆에는 그 패널의 주인공
이야기가 적혀 있다.

존 고다드 이야기

1944년 미국 로스앤젤레스, 어느 비 내리는 오후, 열다섯 살의 한 소년이 식탁에 앉아 있었습니다. 옆에서는 할머니와 숙모가 차를 마시며 이야기를 나누고 있었는데, 할머니가 숙모에게 "내가 이것을 젊었을 때 했더라면……"이라는 이야기를 하고 있었습니다. 소년은 문득 생각했습니다. '나는 커서 무엇을 했더라면……' 이라는 후회는 하지 말아야지.

그리고 소년은 곧바로 연필과 노란 종이를 꺼냈습니다. 그리고 맨 위에 '나의 꿈의 목록'이라 쓰고, 자신이 평생에 하고 싶은 것, 가고 싶은 곳, 배우고 싶은 것을 하나씩 기록했습니다. 조금만 노력하면 할 수 있는 것들과 불가능해 보이는 것들까지도 개의치 않고 기록했습니다.

드디어 127개의 목록을 작성했습니다. 소년은 그 목록을 항상 가지고 다니면서, 시간이 날 때마다 그 목록을 보았습니다. 그 꿈을 이루는 모습을 상상하면서…….

그는 결국 111개의 꿈을 이루었고, 또다시 꿈은 500개로 늘어났습니다.

지금은 세계에서 가장 유명한 탐험가가 되었으며, 인류학자와 다큐멘터리 제작자로도 알려져 있습니다. 그의 꿈은 결코 실천하기 어렵거나 크고 거창한 것이 아니었습니다. '플루트 배우기, 윗몸 일으키기 200회, 인디언 문화 배우기' 등 때론 엉뚱해 보이기도 하는 작은 꿈들부터 목표를 정하고 차근차근 이루어 나갔습니다.

작은 꿈들은 다시 '나일 강 탐험, 킬리만자로 등반, 비행기 조종하기' 등 이루기 어려운 꿈들로 발전했고, 결국 그는 다섯 살 때부터 꿈꾸던 탐험가가 되었습니다.

「존 고다드 127가지 실제 꿈의 목록」

탐험할 장소

1. 이집트 나일 강

2. 남미의 아마존 강

3. 중부 아프리카 콩고 강

4. 미국 콜로라도 강

5. 중국 양쯔 강

6. 서아프리카 니제르 강

7. 베네수엘라 오리노코 강

8. 니카라과의 리오코코 강

원시 문화 답사

9. 콩고

10. 뉴기니 섬

11. 브라질

12. 인도네시아 보르네오 섬

13. 북아프리카 수단(존 고다드는 이곳에서 모래 폭풍을 만나 산 채로 매장 당할 뻔했음)

14. 호주

15. 아프리카 케냐

16. 필리핀

17. 탕가니카(지금의 탄자니아)

18. 에티오피아

19. 서아프리카 나이지리아

20. 알래스카

등반할 산

21. 에베레스트 산

22. 아르헨티나의 아곤카과 산(안데스 산맥 주의 최고봉)

23. 매킨리 봉(알래스카, 북미 대륙 최고봉인 6,194미터)

24. 페루의 후아스카란 봉

25. 킬리만자로 산

26. 터키의 아라라트 산(노아의 방주가 닿은 곳이라고 알려짐)

27. 케냐 산

28. 뉴질랜드의 쿠크 산

29. 멕시코의 포포카테페틀 산

30. 마터호른 산(알프스의 고산)

31. 라이너 산

32. 후지 산

33. 베수비오 산(이탈리아 나폴리 만 동쪽의 활화산)

34. 자바 섬의 브로모 산

35. 그랜드 테튼 산

36. 캘리포니아의 대머리 산

배워야 할 것들

37. 의료 활동과 탐험 분야에 경력을 쌓는다(원시 부족들 사이에 전해져 오는 치료 요법과 약품을 배웠음).

38. 나바호 족과 호피 족 인디언에 대해 배울 것   39. 비행기 조종술 배우기

40. 로즈 퍼레이드(장미 축제 행렬)에서 말 타기

사진 찍기

41. 브라질 이구아수 폭포

42. 잠베지 강(잠비아의 짐바브웨 국경 지대)의 빅토리아 폭포(이 과정에서 존 고다 드는 아프리카 멧돼지에 쫓김을 당했음)

43. 뉴질랜드의 서덜랜드 폭포   44. 미국 서부 요세미티 폭포

45. 나이아가라 폭포

46. 마르코 폴로와 알렉산더 대왕의 원정길 되짚어 가기

수중 탐험

47. 플로리다의 산호 암초 지대

48. 호주의 그레이트 배리어 대암초 지대(이곳에서 존은 135킬로그램의 대합조개 촬영에 성공했음)

49. 홍해   50. 피지 군도

51. 바하마 군도

52. 오케페노키 늪지대와 에버글레이즈(플로리다 주 남부 습지대) 탐험

여행할 장소

53. 북극과 남극   54. 중국 만리장성

55. 파나마 운하와 수에즈 운하   56. 이스터 섬(거석 문명의 섬)

57. 바티칸 시(이때 교황과 접견)

58. 갈라파고스 군도(태평양상의 적도 바로 아래의 화산섬)

59. 인도의 타지마할 묘   60. 피사의 사탑

61. 프랑스 에펠탑   62. 블루 그로토

63. 런던 탑   64. 호주의 아이어 암벽 등반

65. 멕시코 치첸 이차의 성스런 우물

66. 요르단 강을 따라 갈릴리 해에서 사해로 건너가기

수영해 볼 장소

67. 니카라과 호수

68. 빅토리아 호수(중부 아프리카에 있는 세계에서 두 번째로 큰 호수)

69. 슈피리어 호수(북미 오대호의 하나)

70. 탕카니카 호수(아프리카 중동부)   71. 남미의 티티카카 호수

해낼 일

72. 독수리 스카우트 단원 되기   73. 잠수함 타기

74. 항공모함에서 비행기를 조종해서 이착륙하기

75. 전 세계의 모든 국가들을 한 번씩 방문할 것(현재 30개국 남음)

76. 소형 비행선, 열기구, 글라이더 타기

77. 코끼리, 낙타, 타조, 야생말 타기

78. 4.5킬로그램의 바다 가재와 25센티미터의 전복 채취하기

79. 스킨스쿠버 다이빙으로 12미터 해저로 내려가서 2분 30초 동안 숨 참고 있기

80. 1분에 500 타자하기   81. 플루트와 바이올린 연주하기

82. 낙하산 타고 뛰어내리기   83. 스키와 수상스키 배우기

84. 전도 사업 참여하기

85. 탐험가 존 뮤어의 여행길을 따라 여행할 것

86. 원시 부족의 의약품을 공부해 유용한 것들 가져오기

87. 코끼리, 사자, 코뿔소, 케이프 버펄로(남아프리카 들소), 고래를 촬영할 것

88. 검도 배우기   89. 지압술 배우기

90. 대학교에서 가르치기   91. 해저 세계 탐험하기

92. 타잔 영화에 출연하기

93. 말, 침팬지, 치타, 오셀롯(표범 비슷한 스라소니), 코요테를 키워 볼 것

94. 발리 섬의 장례 의식 참관　　95. 햄 무선국의 회원이 될 것

96. 자기 소유의 천체 망원경 세우기

97. 저서 한 권 갖기(나일 강 여행에 관한 책을 출판했음)

98. 「내셔널지오그래픽」지에 기사 게재

99. 몸무게 80킬로그램 유지

100. 윗몸일으키기 200회, 턱걸이 20회 유지

101. 불어, 스페인어, 아랍어를 배울 것

102. 코모도 섬에 가서 날아다니는 도마뱀의 생태를 연구할 것(섬에 접근하다가
20마일 해상에서 보트가 뒤집히는 바람에 실패했음)

103. 높이뛰기 1미터 50센티　　104. 멀리뛰기 4미터 50센티

105. 1마일을 5분에 주파하기

106. 덴마크에 있는 소렌슨 외할아버지의 출생지 방문

107. 영국에 있는 고다드 할아버지의 출생지 방문

108. 선원 자격으로 화물선에 승선해 볼 것

109. 『브리태니커 백과사전』 전권 읽기(현재까지 각 권의 대부분을 읽었음)

110. 성경을 앞장에서 뒷장까지 통독하기

111. 셰익스피어, 플라톤, 아리스토텔레스, 찰스 디킨스, 헨리 데이비드 소로,
애드가 알렌 포, 루소, 베이컨, 헤밍웨이, 마트 트웨인, 버로우즈, 조셉 콘
래드, 탈 메이지, 톨스토이, 롱펠로우, 존 키츠, 휘트먼, 에머슨 등의 작품
읽기(각 사람의 전작은 아니더라도)

112. 바흐, 베토벤, 드뷔시, 이베르, 멘델스존, 랄로, 림스키 코르사코프, 레스
피기, 리스트, 라흐마니노프, 스트라빈스키, 토흐, 차이코프스키, 베르디
의 음악 작품들과 친숙해지기

113. 비행기, 오토바이, 트랙터, 윈드서핑, 권총, 엽총, 카누, 현미경, 축구, 농
구, 활쏘기, 부메랑 등을 다루는 데 우수한 실력을 갖출 것

114. 음악 작곡

115. 피아노로 베토벤의 월광곡 연주하기

116. 불 위를 걷는 것 구경하기(발리 섬과 남미의 수리남에서 구경했음)

117. 독사에게서 독 빼내기(이 과정에서 사진을 찍다가 등에 마름모 무늬가 있는 뱀
에게 물렸음)

118. 영화 스튜디오 구경   119. 폴로 경기하는 법 배우기

120. 22구경 권총으로 성냥불 켜기

121. 쿠푸(기제의 대 피라미드를 세운 이집트 제4왕조의 왕)의 피라미드 오르기

122. 탐험가 클럽과 모험가 클럽의 회원 되기

123. 걷거나 배를 타고 그랜드 캐니언 일주

124. 지구를 배로 일주할 것(현재까지 네 차례의 일주를 마쳤음)

125. 달 여행(신의 뜻이라면 언젠가는!)

126. 결혼해서 아이들을 가질 것   127. 21세기에 살아 볼 것

목록을 찬찬히 읽어보면서 승헌이가 입을
열었다.

"샘, 이러한 '꿈 목록'이 이전에 우리가 배
운 진로 비전의 결과와는 어떻게 다르죠?"

"꿈 목록은 삶을 재미있게 만드는 요소지. 자칫 하나의 목표를 향해 가는
길이 너무 지치고 메마르지 않게 우리의 삶에 윤활유 역할을 한단다."

꿈 목록 작성법
   1. 하고 싶은 것, 가고 싶은 곳, 만나고 싶은 사람, 이루고 싶은 것 등의
소제목에 따라 쓴다.
2. 각각에 번호를 달면서 쓴다.
3. 다 적은 뒤에는 그 중에서 더 우선되는 목록을 체크한다.
4. 그 중에서도 올해 꼭 하고 싶은 목록을 체크한다.
5. 가지고 다니면서 자주 보고 내용을 추가한다.
6. 이룬 것들을 목록에 체크한다.
7. 매년 업데이트한다.

꿈 게시판의 글로벌 소통

"샘, 미래를 상상하며 만들었던 작품이 이전에도 여러 가지가 있었는데, 여기 와서 보니 꿈 목록이란 게 또 있군요. 앞으로도 더 있나요?"

"수희는 배웠던 내용들이 잘 정리되어 있나 봐. 꿈 목록까지가 결과 상상의 작품이란다. 어쩌면 전체 진로 동아리 수업 중에 목표를 찾아 설정하고, 그 목표를 구체화하고 시각화하는 작업의 핵심은 이미 마무리된 것으로 본다."

"정말요! 그럼 미래 일기, 미래 신문, 미래 이력서, 미래 편지, 미래 인생 시나리오 등은 다른 나라에서도 비슷한 진로 탐색의 결과물인가요?"

"일단 우리가 하지 않은 것들도 있지. 예를 들어 미래 명함을 만들기도 하고, 또는 미래 스케치라는 것도 있고. 그림으로 그리는 작업들이지. 그리고 외국의 경우에는 '꿈 게시판'이라고 해서 이루고 싶은 것들의 사진, 그림, 문구 등을 붙여서 작품을 만들기도 해. 일본의 경우에는 '보물지도 무비'라고 해서 자신의 비전이나 꿈 목록 등을 감동적인 영상을 만들어 노트북이나 휴대폰에 저장하여 가지고 다니기도 한단다."

"약간의 차이는 있지만 전반적으로는 비슷하네요."

"그럼. 진로 비전을 세우고, 꿈을 꾸는 사람은 어디서나 통하는 법이란다."

"샘, 그런데 아까 말씀하셨죠. 진로를 찾는 작업, 진로의 목표를 구체화하고 시각화하는 것은 모두 끝냈다고요. 그럼, 이제 진로 동아리의 배움은 여기서 끝나는 것인가요?"

진로 동아리의 전체 흐름 중에 진로 인식, 존재 발견, 강점 발견, 적성 발견, 직업 발견, 세계 발견, 진로 검증, 비전 선언, 결과 상상은 이렇게 마무리가 되었다. 진로를 탐색하고, 그 결과 한두 가지의 희망 직업을 결정하는 작업을 했으며, 그 희망을 생생하게 상상하여 구체화하는 작업도 마무리했다. 이제 남은 것은 '전략 수립'과 '진로 관리' 등의 작업이다.

이 부분은 진로 결정 이후의 실천 내용을 말한다. 한편, 이러한 모든 과정을 표현하기 위한 마지막 '진로 표현' 활동이 남아 있다.

"지금까지의 활동으로 '진로'를 찾아가는 여행은 거의 끝자락에 온 거야. 이번 1박2일 동안의 여덟 가지 릴레이 강의는 '진로' 이후의 실천을 위한 전략과 관리를 위한 '지혜'를 다룰 거야. 그리고 가장 중요한 한 가지…….."

"가장 중요한 한 가지요?"

"이번 워크숍에서 진로 박람회의 기획을 모두 완성하고 돌아갈 거다."

"와우! 기대돼요."

수희가 기대된다고 이야기한 이유는 당연하다. 수희의 머릿속에는 온통 진로 박람회에 대한 부담으로 가득했다. 민샘을 직접 만난 유일한 학생이기에 그의 부담은 더 클 수밖에 없었다.

학생들은 릴레이 달리기처럼 진행될 1박2일의 비전 강의도 기대가 되지만, 더욱 설레는 것은 진로 박람회 기획을 완성할 수 있다는 것이었다. 마음속에 큰 부담을 덜어낼 수 있기 때문이다. 민샘에게 보여 주고 싶다. 우리 스스로 진로 박람회를 잘 준비해 해냈다는 것을…….

진로는,
한 가지의 '진로 비전'과
수많은 '꿈 목록'이
함께 가는 것이다.

내 인생에 생기를 불어넣는 꿈 목록 작성하기

진로 비전은 한두 가지의 희망 직업을 찾는 여행이었습니다. 그런데 자칫 그런 목표를 추구하는 삶이 너무 강할 때 '재미'의 가치가 낮아질 수도 있습니다. 바로 그럴 때, 우리의 비전을 든든하게 지탱해 주는 것이 바로 '꿈 목록'입니다. 평생의 흥미와 열정을 만들어 줄 꿈 목록을 작성해 봅니다. 아래의 사례와 작성법을 읽고, 다음 페이지에 작성해 봅니다.

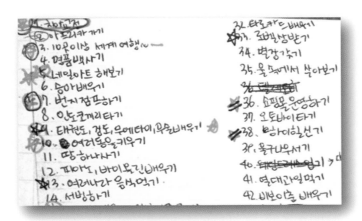

꿈 목록 작성법

1. 하고 싶은 것, 가고 싶은 곳, 만나고 싶은 사람, 이루고 싶은 것 등의 소제목에 따라 쓴다.
2. 각각에 번호를 달면서 쓴다.
3. 다 적은 뒤에는 그 중에서 더 우선되는 목록을 체크한다.
4. 그 중에서도 올해 꼭 하고 싶은 목록을 체크한다.
5. 가지고 다니면서 자주 보고 내용을 추가한다.
6. 이룬 것들을 목록에 체크한다.
7. 매년 업데이트한다.

내 인생에 생기를 불어넣는 꿈 목록 작성하기

가고 싶은 곳	만나고 싶은 사람

내 인생에 생기를 불어넣는 꿈 목록 작성하기

이루고 싶은 것	불가능할 것 같은 도전

내 인생에 생기를 불어넣는 꿈 목록 작성하기
※새로운 제목을 적어서 작성해 보세요.

내친구 포트폴리오 살짝 엿보기

1. 만나고 싶은 사람   2. 가고 싶은 곳   3. 하고 싶은 것   4. 갖고 싶은 것

강동원 ★   1. 영국 런던   하와이   · 강동원
군 퍼트그런트   2. 만리장성   하와이 바닷가   · 카메라
2PM   3. 베를린 장벽   · 놀이기구 타기   · 전자사전
2AM   4. 서울   · 구름 안 지기   · 비행기 운전
원빈   5. 뉴욕   · 킹카스카롤
맴마우슨   6. 로스앤젤레스   옷 등 지반 없이 사기
조앤 K 롤링   7. 알래스카   · 유수여행
톰크루즈   8. 보스턴   · 재벌이랑 결혼
이명박   9. 시애틀   · 남자 차 타기
2NE1   10. 괌   · 자아 보기
원더걸스   11. 하와이   · 방송 출연
유재석   12. 코아   연기
                            13. 태국   합격도
                            14. 요르단   나이트
                            15. 첼시

가고 싶은 곳   배우고 싶은 것   만나고 싶은 사람
프랑스 ☆   1. 기타 (도치려)   1. 슈퍼주니어 ★
2. · 일본   2. 승마   2. 동방신기 ☆
3. · 오스트레일리아 3. 사격   3. 초등학교 때 선생님
4. · 뉴질랜드   4. 해금   4. 김수영
5. · 러시아   5. 가야금
6. · 덜리핀   6. 사진
7. · 캐나다   7. 일렉기타
8. · 이집트   8. 펜싱
9. · 이탈리아   9. 검도   하고 싶은 일
10. · 독일   10. 테니스   1. 기부하기
11. · 인도   11. 노래   2. 내집 설계
                       12. 수영   3. 노래 잘하기

실시간 생방송을 만드는
작가의 세계

방송작가

저는 라디오 방송작가입니다. 청소년들 중에 방송작가를 꿈꾸는 친구들을 종종 보는데 대부분 텔레비전의 드라마 작가를 원하더군요. 저는 그런 친구들에게 새로운 세상을 소개해 주고 싶어요. 바로 라디오 작가입니다.

텔레비전은 아무래도 시각적인 면이 강합니다. 내용의 실수나 부족한 부분 등이 화면을 통해 커버가 되죠. 더욱이 요즘에는 화면에 재미있는 자막을 넣어서 보는 즐거움을 더해 주죠. 이는 녹화방송이기에 가능한 것입니다. 반면 라디오 방송은 실시간 생방송이랍니다. 그리고 눈으로 볼 수 없고 절대적으로 듣는 것에 의존하죠. 그렇기 때문에 작가로서는 더욱 대본에 신경을 쓸 수밖에 없습니다. 방송이 진행되는 2시간 동안은 그야말로 초긴장입니다.

　요즘에는 청취자의 참여가 많아, 청취자가 보내는 문자, 트위터 내용, 게시판에 올라온 글 또는 실시간 전화 통화로 나오는 내용까지 모두 관리하게 됩니다. 작은 부스 안에서 새로운 세상이 펼쳐지는 것이죠. 저는 이것이 라디오 방송의 매력이라고 생각합니다. 라디오 방송에도 많은 전문작가가 필요합니다. 여러분의 눈을 라디오로 돌려보는 것도 창의적인 시도가 될 것입니다.

전략수립

2

비전의
실행전략이
있는가

우리들의 고민 편지

늘 목표를 세우는 것만 잘 하는 중학생 A양. 그의 방은 수많은 목표에 대한 그림과 시나리오로 가득하다. 그것들을 보고 있으면 이미 꿈을 이룬 것처럼 늘 충만하다. 그런데 그렇게 몇 달이 지나고 일 년이 지나도 변화는 없다. 시들해질 무렵 A양은 다시 진로 캠프나 리더십 캠프에 가서 목표를 아름답게 만들어 온다. 그런데 이제는 고민이 된다. 계속 이런 식으로 목표 만들기만 반복할 수는 없기 때문이다. 목표를 실천으로 연결하는 다리 역할이 필요한데 그것이 무엇인지 도무지 모르겠다.

– 온라인 캠프에 올라온 진로 고민 편지

"똑, 똑, 똑!"

"들어오세요."

동아리 친구들이 1박2일 워크숍을 떠난 그때, 누군가 민샘의 병실 문을 두드렸다. 생각지도 못한 사람의 방문에 민샘은 흠칫 놀랐다. 찬형이었다. 잠시 어색한 분위기가 감돌았다. 놀란 마음을 추스르고 민샘은 밝게 웃어 주었다. 찬형이는 웃음이 나오지 않는 모양이었다. 그저 슬픔에 찬 눈으로 민샘을 바라보며 서 있었다. 민샘은 찬형이가 병원으로 찾아올 거라고는 꿈에도 생각지 못했다.

"죄, 죄송해요."

"죄송하다니, 찬형이가 죄송할 건 없다."

"저 때문에 쓰러지신 거잖아요."

찬형이는 수업 중에 자신이 반발을 하고 분란이 일어난 후 민샘이 쓰러진 바로 그날을 한시도 잊지 못했다.

그 누구의 눈치도 보지 않고, 직설적으로 쓴 소리를 내뱉던 찬형이가 자신의 모습을 발견하게 된 결정적인 계기가 있다. 진로 페스티벌 예행연습에서 하영이를 슬프게 만들었던 일과 민샘이 쓰러진 그날의 일이다. 자신의 그런 언행이 다른 사람에게 얼마나 큰 상처를 줄 수 있는지를 절실하게 깨달았다. 그리고 자기 자신도 그만큼 아프다는 것을 뼈저리게 느꼈다. 민샘은 찬형이의 그런 마음을 알고 있었다.

"찬형아, 너는 감성적인 친구가 아니잖니. 샘이 알고 있는 찬형이는 매우 현실적이고 판단이 빠른 친구야. 샘의 말을 들어 보렴. 내가 아픈 것은 10년 넘게 한시도 쉬지 않고 달려온 탓이다. 이미 전부터 병원에 다니면서 간수치를 정기적으로 점검하고 있던 차에 진로 페스티벌을 전후로 스트레스가 극도로 심했단다. 그럼에도 몸을 살피지 않은 채 달렸지. 그런데 바로 그날, 샘이 힘겹게 지탱하던 긴장이 한꺼번에 풀려 버린 탓에 쓰러진 거지, 찬형이 때문은 절대 아니다. 샘은 지금 10년간 밀린 잠을 자고 있을 뿐이야. 어쩌면 찬형이에게 고마워해야 할지도 몰라."

하지만 민샘의 어떤 위로도 찬형이의 귀에 들어오지 않았다. 당장 민샘 자신의 건강 미래도 상상하지 못하는 사람이 학생들에게는 생생한 미래를 상상하라고 했다는 것이 찬형이로서는 답답했다. 지금도 그 생각에는 변함이 없었다. 민샘에게 반발했던 그날의 생각을 찬형은 지금도 바꿀 뜻이 없었다.

"찬형아, 부탁이 하나 있다."

"뭔데요? 한 가지만 빼고 모두 들어 드릴게요."

"그 한 가지를 부탁한다."

"죄송해요. 그건 들어 드릴 수 없어요."

민샘의 부탁이 무엇인지 찬형은 알고 있고, 찬형이가 들어 줄 수 없는 부탁이 무엇인지 민샘도 알고 있다. 다시 동아리로 돌아갈 수는 없다는 찬형이의 생각에는 변함이 없었다. 가끔 다시 돌아가고 싶은 마음이 들 때도 있지만 그때마다 상처받은 자존심과 민샘에 대한 죄책감이 고개를 쳐들었다. 민샘은 진로 박람회를 생각할 때마다 찬형의 역할이 아쉬웠다. 진로 페스티벌 때도 훌륭하게 역할을 해 준 찬형이가 있어야 승헌이의 리더십과 서로 보완이 된다는 것을 누구보다도 잘 알고 있기 때문이다. 그러기에 찬형의 거절은 너무 아팠다. 아픈 몸보다 마음이 더 아팠다.

같은 시각, 1박2일 워크숍에서는 진로 박람회에 대한 기획 미팅이 열리고 있었다. 사방의 벽이 모두 화이트보드로 둘러싸인 교실 안에서 학생들은 실제로 진로 박람회에 전시될 내용을 그리는 작업을 했다.

"와! 신기해요. 이렇게 큰 화이트보드도 있어요?"

"벽지 대신 화이트보드용 시트를 붙인 거야. 이 방의 이름은 '창조의 방'이란다."

"이곳에서 그림을 그리면서 아이디어를 창조하는 거군요."

"그래, 민샘과 함께 진로 동아리의 교육과정을 처음 만들 때도 바로 이 방에서 모든 벽에 그림을 빼곡하게 그렸던 기억이 나……."

하샘과 학생들은 일단 박람회에서 사용할 부스의 형태를 확인해 보았다. 일반 부스 3개 정도의 크기를 쓸 수 있었다. 실제 3개의 부스로 사용할 수도 있고, 칸을 없애고 크게 하나로 사용할 수도 있다. 그리고 바로 옆에 있는 특설 강연장에서 하루 두 번 강연 계획을 잡아 시청각 설명회를 진행할 수 있다.

"하샘, 그냥 크게 하나의 부스로 쓰면 좋겠어요."

"진로 페스티벌 때처럼 미술관 느낌으로 벽을 구성하면 좋겠어요."

"대형 화면을 통해 우리가 수업에서 보았던 화면과 영상들이 계속 반복해서 돌아갈 수 있도록 하면 어떨까요?"

"선물을 준비할 필요가 있어요. 진로 페스티벌 때 메일로나 현장에서 주었던 진로 활동의 자료와 영상을 CD 한 장에 담아 주면 어떨까요?"

많은 학생들이 자발적으로 각자의 의견이 꺼냈다. 결국 전체를 4개의 주제로 나누고, 부스의 4개 벽면을 활용하여 구성하자는 것이었다. 특성 강연장에서는 '진로 콘서트'라는 제목으로 시리즈 강연을 진행하기로 했다. 다만 진로 콘서트의 세부 주제와 강연 담당자는 아직 결정하지 않았다.

A 세션	B 세션	C 세션	D 세션
진로 기초	**진로 설계**	**진로 선언**	**진로 실천**
진로 인식	직업 발견	비전 선언	전략 수립
존재 발견	세계 발견	결과 상상	진로 관리
강점 발견	진로 검증		진로 표현
적성 발견			

목표와 실행을 연결하는 다리

하샘은 진로 박람회 스케치를 어느 정도 진행한 이후, 다시 장소를 정돈

하고 수업을 진행하였
다. 우선 3장의 카드
묶음을 조별로 나눠 주
었다.
"이 3장의 카드에 어떤
공통점이 있는지 찾아보렴."
"샘, 민샘과 했던 것보다 훨씬 쉬워요. 사실 민샘의 미션은 좀 어려웠거
든요."
"어떡하지, 교빈아. 이것도 민샘이 만든 건데."
"우잉, 민망해라!"
『다윗과 골리앗』은 성서에 등장하는 이야기이다. 두 번째 카드에는 『적
벽대전』에서 제갈공명의 지혜로 부족한 화살 10만 개를 얻게 되는 장면
이다. 마지막은 『300』이라는 영화인데, 100만 명에 맞서 싸운 300 전사
의 이야기이다.
"아마 자세한 내용을 확인하려면 검색과 토론을 열심히 해야 할 거야. 가
장 설명을 잘한 조는 저녁 바비큐 파티에 고기 5인분 추가다!"
검색은 쉽다. 하지만 공통점을 찾는 것이 어렵다. 뻔히 아는 '내용'에 담
긴 '의미'를 찾아내야 하기 때문이다.
10여 분이 지난 후, 먼저 카드 내용에 대해 이야기하는 시간을 가졌다.
"여러분, 이 카드는 무슨 영화의 장면일까?"
"『적벽대전』이요!"
"특히 이 장면은 유명한데, 누가 한번 이야기해 볼까? 좋아, 하영이가 말
해 보자."
"제갈량이 3일 안에 조조의 진영에서 10만 개의 화살을 빼앗아 오는 미
션을 수행하는 장면이에요. 안개와 바람의 움직임을 파악하고, 배의 겉
에 볏짚을 가득 붙여서 적진으로 보냈는데, 깜짝 놀란 조조의 군대가 안

개 속에서 희미한 배를 향해 화살을 무진장 쏘았지요. 결국 제갈량은 피를 흘리지 않고 고슴도치처럼 화살이 수북하게 박힌 배를 받을 수 있었습니다.”

“영화를 본 사람은 알겠지만, 제갈량의 지략은 정말 대단하지? 이번에는 『300』이라는 영화야. 이 내용은 승헌이가 얘기해 볼까? 자, 100만 대군이 쳐들어 왔는데 이를 막는 전사가 몇 명이었지?”

“300명이요.”

“어떻게 되었나?”

“100만 명이 300명을 당해 낼 수가 없었어요.”

“어떻게 그게 가능하지? 만약 100만 명이 300명을 둘러싸서 한꺼번에 공격하면 1분 안에 끝날 텐데, 비결이 뭘까?”

“가장 중요한 것은 지형을 잘 이용했다는 거예요. 해안가의 절벽 쪽에 난 길의 좁은 길목에 300명이 자리를 잡은 거죠. 아무리 100만 명이지만 길이 좁으니 한꺼번에 공격할 수가 없었어요. 일대일로 붙으면 300을 당할 재간이 없거든요.”

“좋아. 그러면 『다윗과 골리앗』은 어떤 이야기지? 이번에는 교빈이가 이야기해 보렴.”

“다윗이라는 꼬마가 골리앗이라는 거인을 죽인 이야기입니다.”

“끝인가? 나머지 2개의 카드에는 구체적인 싸움 이야기가 나오는데 다윗 이야기는 너무 싱거운데.”

“자세히 나와 있지 않았어요, 하샘. 그냥 돌멩이를 던져서 맞혔다고 해요. 정말 그게 끝이에요.”

“교빈이가 검색 엔진을 과소평가했군. 다윗이 구체적으로 어떻게 싸웠는지 나와 있단다.”

다윗이 싸운 골리앗은 거인이다. 키가 286센티미터이고, 갑옷의 무게는

58킬로그램, 손에 든 창날의 무게는 7킬로그램이다. 골리앗의 창에 베어 죽는 사람보다 그 창에 맞아서 죽은 사람이 많았다는 소문도 있다. 이런 골리앗을 향해 펼친 다윗의 전술은 '슬링'이라는 오래된 밧줄 무기였다. 줄 끝에 감싸 쥐는 부분이 있고 여기에 직경 5~7센티미터쯤 되는 돌을 넣고 돌리다가 한쪽 줄을 놓으면 돌이 날아간다.

이 무기는 고대 오리엔트 · 그리스 · 로마 등지에서 무기로 사용된 것으로 전해진다. 아메리카 인디언이나 폴리네시아에서 흔히 볼 수 있으며, 티베트의 여러 민족에는 지금도 사냥 용구나 놀이 용구로 남아 있다. 보통 속도가 200~300킬로미터나 되었다고 하니, 당시로서는 치명적인 살인 병기였다. 실제로 다윗이 주군으로 모시던 사울 왕의 직속 부대에는 600명 정도의 슬링 정예 부대가 있었다고 한다.

"와! 하샘, 놀라워요. 얼굴만 예쁘신 줄 알았는데, 정말 박식하세요."

"교빈아, 고마워. 칭찬으로 들을게. 그런데 여기서 한 가지 더 놀라운 사실이 있어. 역사서를 좀 더 살펴보면 당시 골리앗과 싸우던 때에 다윗의 눈에는 골리앗 이외에 4명의 거인이 더 보였다고 해. 이름은 이스비브놉, 삽, 라흐미, 무명의 거인 등이었다. 그 중 라흐미는 골리앗의 동생이야. 자료에는 그 다음 이야기가 나와 있지 않으나 충분히 상상이 되는 이야기이다.

한번 떠올려 보자. 다윗은 돌 다섯 개를 들고 나갔다고 했고, 거인은 모두 5명이고, 다윗이 사용한 무기는 당시 최고의 살인 병기였다. 다윗은 야수로부터 자신의 양들을 지키기 위해 그 무기 사용법을 늘 훈련하고 있었다. 자, 그 다음 이야기를 상상해 보자."

"어, 뭐가 떠오를 것 같은데요. 저는 다윗이 골리앗 앞에 섰을 때 이렇게 외쳤을 것 같아요. You! First!"

"멋있는데, 그럼 골리앗을 죽인 뒤에는 그 뒤에 있는 다른 거인을 보면서 또 얘기했겠네?"

"그렇죠. You! Second!"

학생들은 하샘과 함께 이야기 속에 몰입되었다. 그럼 과연 이 세 가지 이야기의 공통점이 무엇일까? 내용을 알아보았으니 이제 그 속에 담긴 공통점을 찾아야 한다.

"세 이야기 모두 목표가 있어요. 100만 명에 맞서서 길목을 차단하고 나라를 지켜야 한다는 목표, 3일 안에 화살 10만 개를 얻어내야 한다는 목표, 전쟁터에서 상대방 적장과 일대일로 붙어서 이겨야 한다는 목표요."

"승헌이가 잘 얘기했다. 목표가 있다는 것이 공통점이기는 하지만, 이 세 가지 이야기를 묶을 정도의 강한 매력은 아닌 것 같은데? 다른 공통점은 무엇일까?"

"그 목표를 이루기 위한 방법이 탁월했어요. 정말 기가 막힌 지혜와 기술을 사용한 거죠."

"하영이의 보충설명이 그럴싸한걸. 바람, 안개, 해안가, 절벽, 볏짚으로 만든 배, 위치 선정, 2미터 길이의 슬링 도구 그리고 자신감."

"맞아요. 자신감 하면 스파르타죠. 하얀 치아를 보이면서 이렇게요. 스파~르~타으."

"교빈이가 영화를 제대로 보았구나. 하하하!"

"공통점은 바로 '전략'이다. 목표에 날개를 달아 주는 '전략'! 전략은 목표를 실행으로 연결시키는 역할도 한다."

"아, 전략이군요!"

"국가 대표 팀 축구 경기에서 선수들이 너무 열심히 뛰는데도 어떤 날은 경기가 안 풀리는 경우를 보았을 거야. 바로 그때 언론에서 꼭 하는 말이 있지?"

"전략이 부족하다고 해요."

"바로 그거야. 역시 축구이야기에는 철만이가 전문가답다."

학생들은 오늘의 주제가 '전략'이라는 것을 명확하게 깨달았다. 진로의 목표를 다 세웠다면 이것으로 끝이 아니라 이제 전략을 세워야 한다는 것이다. 전략에 대한 더 자세한 이해를 위해 그 다음 활동을 진행했다.

목표 유형	목표	전략	시간	실행	성찰	특 징
목표 유형 A "아무 의욕이 없어요."	×	×	×	×	×	무감각, 무기력,
목표 유형 B "뭔가 열심히 하는데……."	×	×	○	○	×	방향 없는 열심, 스케줄링
목표 유형 C "항상 위축되어 있어요."	×	×	×	×	○	자기 비하, 낮은 자존감
목표 유형 D "꿈이 계속 바뀌어요."	○	×	×	×	×	행동 부재, 변화 부재, 반복
목표 유형 E "지키지 못할 목표만……."	○	○	○	×	○	지키지 못할 기준 제시
목표 유형 F "자꾸 기복이 심해요."	○	×	×	○	×	기복, 지속성 저하, 습관 부재
목표 유형 G "자기만 알아요."	○	○	○	○	×	이기적인 성취자 가능성

하샘은 학생들에게 표 하나를 나눠 주었다. 목표, 전략, 시간, 실행, 성찰이라는 실행의 원리를 보고, 그 가운데 자신의 유형을 체크해 보게 했다.

"그럼, 하나씩 확인해 볼까? 첫 번째 A유형은 아무 의욕이 없는 유형이다. 다행히 여러분 중에는 여기에 해당하는 사람은 없네. 만약 주변의 친구들이 진로에 대한 목표가 없고, 전략에 대한 고민도 전혀 없다면 바로 이러한 상태에 빠질 가능성이 매우 높다."

목표 유형	목표	전략	시간	실행	성찰	특 징
목표 유형 A "아무 의욕이 없어요."	×	×	×	×	×	무감각, 무기력,

첫 번째 유형

"두 번째 B유형은 뭔가 열심히 하는데 이상하게 결과가 잘 나오지 않는 유형이야. 목표가 없으니 전략이 없는 것은 어찌 보면 당연한 결과이다. 이루어야 할 목표가 없는데, 어떻게 이루어야 하는지 고민할 이유도 없다. 그런데 이상한 것은, 목표도 없고 전략도 없는데 시간을 내어 뭔가를 열심히 한다는 것이다."

"하샘, 그야말로 쓸데없이 노력만 하는 거군요. 왜 그런 행동을 반복할까요?"

"그럴 수밖에 없다. 여기 보면 '성찰'이 없기 때문이지. 자신을 돌아보고 자신에게 목표와 전략이 없다는 것을 깨달을 기회가 없다. 그러니 그냥 열심히 뭔가 하는 것에 스스로 위안을 삼는 거야."

"하샘, 부끄러운 이야기지만 진로 동아리에 오기 전에 제가 바로 그런 유형이었어요."

"저도 교빈이와 마찬가지예요."

"샘, 저도 그랬어요."

"교빈이와 다른 친구들이 솔직하게 이야기해 줘서 고맙구나. 물론 지금은 그렇지 않으니 다행이지 뭐."

목표 유형	목표	전략	시간	실행	성찰	특 징
목표 유형 B "뭔가 열심히 하는데……"	×	×	○	○	×	방향 없는 열심, 스케줄링

두 번째 유형

세 번째 유형은 철만이가 손을 들고 발표를 자청했다. 왜냐하면 철만이 자신의 과거 모습에 해당되었기 때문이다. 목표가 없고, 전략도 없으며, 시간에 대한 열정도 없고, 구체적인 노력도 없다. 그러면서도 늘 자신을 돌아보는 습관이 유독 강하여 늘 자신을 자책하고 부끄러워했다. 물론 지금의 철만이는 절대 그렇지 않다는 것을 모두 알고 있다.

목표 유형	목표	전략	시간	실행	성찰	특 징
목표 유형 C "항상 위축되어 있어요."	×	×	×	×	○	자기 비하, 낮은 자존감

세 번째 유형

"앞의 세 가지 유형은 모두 목표가 없는 경우다. 그런 의미에서 현재 여러분과는 약간 거리가 있는 유형들이지. 그래서 발표를 한 친구들도 대부분 과거의 모습이 그랬다고 했던 거야. 그런데 지금부터 살펴볼 세 가지 유형은 모두 목표가 있는 경우란다. 여러분은 지난 시간까지의 활동을 통해 진로의 결과를 상상하고 그것을 시각화하는 활동까지 마무리했다. 진로 동아리가 여기서 모든 활동을 마무리한다면 여러분은 꿈을 이룰 수 있을까?"

"하샘, 그래서 전략에 대한 활동이 추가로 있는 거군요. 꿈을 이루어 가는 과정까지 책임을 지는 거죠. 아주 훌륭해요. '최고의 서비스'라고 자부합니다."

"무슨 말이니? 교빈아. 무슨 상품 후기 같잖아."

"그냥 진로 동아리 활동이 판매만 하고 그만두는 게 아니라, 사후 서비스까지 철저하게 해주는 '정수기 서비스' 같아서요."

목표 유형	목표	전략	시간	실행	성찰	특　징
목표 유형 D "꿈이 계속 바뀌어요."	○	×	×	×	×	행동 부재, 변화 부재, 반복

네 번째 유형

"표현을 참 재미있게 하는구나. 네 번째 유형은 꿈이 계속 바뀌는 유형이다. 진로의 목표를 세웠는데, 전략과 실행은 전혀 없고 그냥 꿈만 계속 살아 있는 경우야. 이런 친구들은 어떻게 도와주면 좋을까? 만약 여러분이 멘토라면 어떤 도움을 주면 좋을지 생각해 보렴."

"초반에 배웠던 '진로 점검표'를 하나씩 확인하게 도와주는 거예요."

	진로 구분			진로 점검				
	직업명	시기	지속	진로 정체감	가족 일치도	진로 합리성	정보 습득률	진로 준비도
1	축구 선수	초등	×	×	×	○	×	×
2	가수	중등	×	×	×	×	○	○
3	작가	중등	×	×	○	○	○	○
4	국어 교사	고등	○	○	○	○	○	○

교빈이가 잘 정리해 놓은 자신의 포트폴리오를 꺼내 네 번째 수업에서 배웠던 진로 점검표의 내용을 보여 주었다. 꿈이 계속 바뀌는 친구에게는 더없이 적절한 자기 성찰 방법임에 틀림없다. 어느덧 학생들은 배운

내용을 바탕으로 다른 사람을 관찰하고 도울 수 있는 준비를 갖춰 가고 있었다.

목표 유형	목표	전략	시간	실행	성찰	특 징
목표 유형 E "지키지 못할 목표만……."	○	○	○	×	○	지키지 못할 기준 제시

다섯 번째 유형

"샘, 이번 유형은 독특한것 같아요. 도무지 이해가 되지 않아요. 목표와 전략, 시간 배치와 실행이 모두 있는데 '실행'만 없어요. 그리고 성찰을 한다면 분명 실천을 하지 않고 있다는 사실도 깨달았을 텐데……. 이러한 상태가 지속되기도 쉽지 않겠어요. 도대체 어떤 유형의 사람이죠?"

"하영이 주변에는 이런 친구가 없니? 많지는 않겠지만 여러분 중에도 앞으로 이런 유형이 나올 수 있다. 이런 사람은 철저하고 꼼꼼하게 계획하고 관리하는 그 자체를 통해 안정감을 얻는 사람들이야. 그런데 문제는 지키지 못할 목표와 전략을 세운다는 것이지. 만약 이런 친구들이 '성찰'을 제대로 한다면 분명히 개선될 거야.

하지만 그렇지 않을 경우에는 성찰 이후에 목표를 낮추지 않고 오히려 떨어진 부분을 더 만회하려고 더 높은 목표와 전략을 수립하지. 그러니 계속 기대치는 높아지게 되고 결과는 나오지 않는 삶이 반복되는 거야."

"우리에게 적용해 본다면, 진로 목표를 수립한 이후에 전략을 짤 때는 현실적으로 가능한 수준으로 해야겠군요."

"그래, 수희가 말한 내용을 다음 카드로 정리해 주마."

하샘은 목표와 전략, 시간 관리의 목표를 지나치게 높이 잡으면 결국 현실적인 실행력이 떨어질 수 있다는 것을 지적하면서 'SMART 원리'를 소개해 주었다. 목표와 전략을 수립할 때 꼭 기억해야 할 원리이다.

목표 설정의 SMART 원리

Simple & Specific: 단순하고 구체적일 것
Measurable: 측정 가능할 것
Ambitious: 도전적일 것
Realistic: 현실적으로 실현 가능할 것
Timed: 달성 시한이 정해진 목표일 것

"이제 두 유형이 남았네. 하나는 승헌이가, 다른 하나는 수희가 설명해 줄래?"

"네, 여섯 번째 유형은 좀 복잡해요. 쉽게 말하면, 목표를 찾은 이후 아무 대책 없이 무작정 달려가는 유형입니다. 섬세한 전략이나 시간 개념도 없고, 게다가 성찰의 힘도 없는 유형이지요. 이때 나타날 수 있는 현상은 결과의 기복이 심하다는 거예요. 어떤 경우에는 열매를 거둘 수도 있겠지만, 지속되지 않고 롤러코스터를 타는 경우가 많습니다. 이런 친구에게는 진로 목표 설정 이후의 전략이 더없이 필요하겠는데요?"

"승헌이는 마치 대학생 선배가 후배들에게 설명해 주는 것 같은 느낌이 드는걸. 민샘이 칭찬을 아끼지 않던 이유가 있었네."

목표 유형	목표	전략	시간	실행	성찰	특 징
목표 유형 F "자꾸 기복이 심해요."	○	×	×	○	×	기복, 지속성 저하, 습관 부재

여섯 번째 유형

"저는 일곱 번째 마지막 유형에 대해 설명할게요. 이 유형은 목표, 전략, 시간, 실행을 모두 갖추고 있습니다. 이런 경우 자신이 원하는 결과를 얻을 수 있을 것 같아요. 단, 성찰이 없다 보니까 자신의 목표는 이루어 가지만 주위에 사람이 없는 경우가 아닐까요? 목표를 성취하되 배려하지 않고 정상에 올랐을 때, 어쩌면 외로울 수 있습니다. 저는 그렇게 이해했어요."

목표 유형	목표	전략	시간	실행	성찰	특 징
목표 유형 G "자기만 알아요."	○	○	○	○	×	이기적인 성취자 가능성

일곱 번째 유형

"역시 수희는 상담을 통해 사람을 돕는 꿈을 가진 친구라서 그런지 유형에 대한 이해도 아주 따뜻하구나. 설명을 제대로 잘 했다."

진로의 목표를 찾은 것이 끝이 아니라는 사실을 깨달은 것만으로도 학생들은 릴레이 강의 첫 시간이 의미 있었다. 그리고 진로 목표를 세운 그 이후에는 '전략'이 필요하다는 사실에 모두 공감했고, 그러한 전략이 바로 시간, 실행, 성찰과 연결된다는 사실도 깨달았다.

진로에서 습관까지

"우리는 1박2일의 릴레이 강의 시리즈를 통해 전략에 눈뜨게 될 거야. 오늘은 전략이 무엇인지, 전략이 왜 필요한지, 전략의 위치가 어디쯤인지, 전략이 목표 이외에 다른 어떤 항목과 연결되어 있는지 알아보았다. 전략의 세부 내용은 크게 세 가지였는데 승헌이가 말해 보렴."

"진학, 학습, 습관이요. 하샘, 진로 활동에서 학습이나 공부 습관도 배우나요?"

"진로 동아리에서 학습 교과목에 대한 공부를 가르칠 생각은 없다. 그 영역은 훌륭하신 선생님들이 많이 계시기 때문이지. 여기서의 전략은 학습의 방향, 습관의 기초 등을 통해 구체적인 공부와 노력의 틀을 만들어 주는 것까지 할 거야. 바로 거기까지가 진로 활동의 울타리가 된다."

진로는, '목표'를 찾은 이후의 '전략'까지를 포함한다.

목표 설정에서 전략으로 넘어가기

오랜 시간의 진로 목표 수립 과정을 마무리하고, 이제 진로의 실천 단계로 넘어가게 됩니다. 진로 목표를 찾는 작업이 끝났지만 이제 실천을 위해서 전략을 수립하게 되죠. 다음은 진로 동아리 학생들이 진로 박람회에서 전시하게 될 전체 그림입니다. 사실 여기에 적힌 4개의 파트와 12개의 모듈은 동아리의 전체 강의과정을 그대로 반영하고 있습니다. 표에 음영이 들어가 있는 부분이 지금까지 진행한 내용인데, 제목을 떠올리면서 가장 기억에 남는 부분 세 가지를 골라 간단하게 점검해 보세요.

A 세션	B 세션	C 세션	D 세션
진로 기초	진로 설계	진로 선언	진로 실천
진로 인식	직업 발견	비전 선언	전략 수립
존재 발견	세계 발견	결과 상상	진로 관리
강점 발견	진로 검증		진로 표현
적성 발견			

참고
내용에 포함할 요소: 3개 항목, 기억에 남는 세부 내용, 자신의 삶이 변화된 점

_____

_____

_____

_____

_____

_____

목표 설정에서 전략으로 넘어가기

오랜 시간의 진로 목표 수립 과정을 마무리하고, 이제 진로의 실천 단계로 넘어가게 됩니다. 진로 목표를 찾는 작업이 끝났지만 이제 실천을 위해서 전략을 수립하게 되죠. 다음은 진로 동아리 학생들이 진로 박람회에서 전시하게 될 전체 그림입니다. 사실 여기에 적힌 4개의 파트와 12개의 모듈은 동아리의 전체 강의과정을 그대로 반영하고 있습니다. 표에 음영이 들어가 있는 부분이 지금까지 진행한 내용인데, 제목을 떠올리면서 가장 기억에 남는 부분 세 가지를 골라 간단하게 점검해 보세요.

A 세션	B 세션	C 세션	D 세션
진로 기초	진로 설계	진로 선언	진로 실천
진로 인식	직업 발견	비전 선언	전략 수립
존재 발견	세계 발견	결과 상상	진로 관리
강점 발견	진로 검증		진로 표현
적성 발견			

참고
내용에 포함할 요소: 3개 항목, 기억에 남는 세부 내용, 자신의 삶이 변화된 점

일단 이렇게 많은 내용을 진행한 것 자체가 신기하다. 한 가지 일을 끝까지 해 본 적이 없는 나로서는 지금까지 진행하여 온 그 자체가 큰 보람이다. 비전 선언이나 결과 상상은 다른 리더십 캠프에서도 조금씩 맛 본 적이 있다. 하지만 앞에서 진행하였던 진로 탐색의 내용은 그야말로 나를 발견하는 흥미진진한 시간 그 자체였다. 특히 존재 발견에서의 인생 그래프가 가장 기억에 남는다. 그리고 진로를 검증하는 과정에서 실제 만남과 인터뷰를 하는 방법을 배우고 실천해 보았던 것이 가장 인상적이었다. 실제로 나는 그때의 활동 결과로 나의 롤모델인 도서관 사서를 만나서 인터뷰를 진행하였다. 그 기억은 아마 내가 어른이 되어서도 잊히지 않을 것이다.

나의 전략 유형은 무엇인가

다음은 전략의 중요성에 대해 다룬 세 가지 이야기입니다. 이 이야기의 내용을 다시 한 번 상기하고, 아래의 목표 전략 유형 중에 자신의 현재까지의 모습에 가장 가까운 유형을 선택한 후, 앞의 이야기 내용과 선택한 유형을 연결하여 간단한 문장을 작성하세요.

목표 유형	목표	전략	시간	실행	성찰	특 징
목표 유형 A "아무 의욕이 없어요."	×	×	×	×	×	무감각, 무기력,
목표 유형 B "뭔가 열심히 하는데……."	×	×	○	○	×	방향 없는 열심, 스케줄링
목표 유형 C "항상 위축되어 있어요."	×	×	×	×	○	자기 비하, 낮은 자존감
목표 유형 D "꿈이 계속 바뀌어요."	○	×	×	×	×	행동 부재, 변화 부재, 반복
목표 유형 E "지키지 못할 목표만……."	○	○	○	×	○	지키지 못할 기준 제시
목표 유형 F "자꾸 기복이 심해요."	○	×	×	○	×	기복, 지속성 저하, 습관 부재
목표 유형 G "자기만 알아요."	○	○	○	○	×	이기적인 성취자 가능성

_____

_____

_____

_____

_____

내친구 포트폴리오 살짝 엿보기

나의 전략 유형은 무엇인가

다음은 전략의 중요성에 대해 다룬 세 가지 이야기입니다. 이 이야기의 내용을 다시 한 번 상기하고, 아래의 목표 전략 유형 중에 자신의 현재까지의 모습에 가장 가까운 유형을 선택한 후, 앞의 이야기 내용과 선택한 유형을 연결하여 간단한 문장을 작성하세요.

목표 유형	목표	전략	시간	실행	성찰	특 징
목표 유형 A "아무 의욕이 없어요."	×	×	×	×	×	무감각, 무기력,
목표 유형 B "뭔가 열심히 하는데……."	×	×	○	○	×	방향 없는 열심, 스케줄링
목표 유형 C "항상 위축되어 있어요."	×	×	×	×	○	자기 비하, 낮은 자존감
목표 유형 D "꿈이 계속 바뀌어요."	○	×	×	×	×	행동 부재, 변화 부재, 반복
목표 유형 E "지키지 못할 목표만……."	○	○	○	×	○	지키지 못할 기준 제시
목표 유형 F "자꾸 기복이 심해요."	○	×	×	○	×	기복, 지속성 저하, 습관 부재
목표 유형 G "자기만 알아요."	○	○	○	○	×	이기적인 성취자 가능성

돌아보면, 나에게는 늘 꿈이 있었다. 그런데 아무런 노력을 하지 않았다. 그리고 꿈은 계속 바뀌었고 그러한 삶이 반복되었다. 이제 와서 보니 나의 목표에는 전략이 없었다. 영화 『300』이나 『적벽대전』의 제갈량처럼 전략을 가지고 나의 목표를 실천으로 옮기려는 노력이 모자랐다. 이제 전략의 중요성을 이해하였으니, 이제는 구체적인 실천 전략을 세워 하나씩 꿈의 과정을 만들어 가 볼 것이다.

나의 목표 설정 유형 점검하기

진로 목표가 선명한 사람은 이제 더 이상 목표가 없는 삶에 대한 두려움은 없습니다. 문제는 그 목표를 구체적인 세부 목표로 바꾸어 실천해야 하는데 쉽지 않습니다. 진로 목표를 이루기 위해서는 다양한 세부 목표, 즉 공부 목표, 습관 목표, 경험 목표 등을 수립해야 하는데, 자신의 목표 설정 유형이 다음의 SMART 원리에 비춰 보았을 때 어떤 부분이 강하고 부족한지 점검하고 개선점을 기록해 봅니다.

 목표 설정의 SMART 원리
Simple & Specific: 단순하고 구체적일 것
Measurable: 측정 가능할 것
Ambitious: 도전적일 것
Realistic: 현실적으로 실현 가능할 것
Timed: 달성 시한이 정해진 목표일 것

_____

_____

_____

_____

_____

나의 목표 설정 유형 점검하기

진로 목표가 선명한 사람은 이제 더 이상 목표가 없는 삶에 대한 두려움은 없습니다. 문제는 그 목표를 구체적인 세부 목표로 바꾸어 실천해야 하는데 쉽지 않습니다. 진로 목표를 이루기 위해서는 다양한 세부 목표, 즉 공부 목표, 습관 목표, 경험 목표 등을 수립해야 하는데, 자신의 목표 설정 유형이 다음의 SMART 원리에 비춰 보았을 때 어떤 부분이 강하고 부족한지 점검하고 개선점을 기록해 봅니다.

목표 설정의 SMART 원리
Simple & Specific: 단순하고 구체적일 것
Measurable: 측정 가능할 것
Ambitious: 도전적일 것
Realistic: 현실적으로 실현 가능할 것
Timed: 달성 시한이 정해진 목표일 것

나는 다이어리의 여왕이고, 목표 설정의 여왕이다. 나는 과도하게 목표를 많이 세우는 특징을 갖고 있다. 늘 꼼꼼하게 기록하고 목표를 세우는데 뭔가 변화가 보이지 않는다. 그래서 늘 답답했는데 이제 그 이유를 알았다. 내가 세운 목표는 SMART의 2가지 원리를 어기고 있었다. 첫째, 측정 가능한 표현을 쓰지 않았다. 늘 추상적으로 목표를 기록한 것이다.

둘째, 달성 기한을 정하지 않았다. 그러다 보니 항상 목표를 뒤로 미루며 살았다. 앞으로는 이 두 가지 문제점을 확실하게 개선하여 구체적이고 실현 가능한 목표를 세울 것이다.

막힌 담을 허무는
트랜스포머가 되세요

통역사

글로벌 세계는 '지구촌'이라는 단어를 만들었습니다. 그리고 이제는 '글로벌'이 '글로컬'로 바뀌었습니다. 국가 대 국가가 아니라, 한 지역 한 기관이 전 세계를 상대로 소통하는 것이죠. 이러한 시대에 저는 아주 매력적인 직업을 갖고 있습니다. 통역사입니다. 원래는 번역가를 꿈꾸었는데, 우연히 통역을 하게 되었다가 아예 이 길로 들어섰답니다. 한번 들어선 뒤에는 빠져 나갈 수가 없게 되었어요. 매력에 빠진 거죠.

저는 가끔 영화 속 트랜스포머가 된 듯 느낍니다. 다양한 통역의 상황에서 여러 가지 모습으로 변신하거든요. 국제회의에 가게 되면 헤드셋을 끼고 동시통역을 합니다. 이때의 긴장감은 정말 최고조에 이릅니다. 중요한 국제회의에 가게 되면 '위스퍼링 통역'을 하죠. 속삭인다는 뜻의 영어인데요. 중요한 국제 미팅의 대화에 방해가 안 되게 귀에 대고 조용히 통역을 해 주는 것입니다. 연설장에 가서는 '순차통역'을 합니다. 제가 제일 부담 없이 즐기는 통역이죠. 한 문장의 연설을 듣고 통역하는 것입니다. 저는 이때 그 사람의 몸짓과 표정까지 살려서 최대한 느낌을 전달하려고 합니다. 싱크로율 100퍼센트랍니다. 기업에 가서 통역할 때는 국제화상회의를 통역하는 '원격통역'을 주로 합니다.

어때요. 정말 흥분되지 않나요? 자신의 전문영역에서도 상황에 따라 트랜스포머처럼 변신하는 것이 중요합니다. 꼭 통역사를 꿈꾸는 사람이 아니더라도 이것을 기억한다면 정말 멋진 직업인이 될 수 있을 거예요.

진로와 진학을 연결 했는가

우리들의 고민 편지

동해바다가 보이는 강원도의 끝자락의 K중학교에 다니는 O군. 그는 바다를 보면서 늘 자신의 꿈을 상상하고 키워왔다. 중학교에 올라와서 시작한 진로 활동을 통해, 초등학교 때의 막연했던 꿈이 보다 구체적으로 그려지는 것 같았다. 이제 어느 정도 목표가 구체화되니 새로운 고민이 생겼다. 원대한 진로의 꿈을 이루기 위해서는 무엇보다 당장 고등학교를 잘 선택해야 하는 '진학'이 중요할 것 같다. 그런데 도대체 어떤 고등학교를 선택해야 할까? 기준도 모르겠고, 정보를 찾는 방법도 모르겠다.

– 온라인 캠프에 올라온 진로 고민 편지

소포에 담긴 민샘의 진심

병실에 누워 있는 민샘은 잠을 이루지 못하고 뒤척였다. 한 장면이 머릿속에서 떠나지 않는다. 아픈 몸 때문이 아니라 아픈 마음 때문이다. 또 같은 장면이다. 며칠 동안 계속 그 장면이 머릿속을 꽉 채우고 있다.

"자신의 비전을 꿈꾸는 것은 좋아요. 그런데 왜 꼭 자신의 꿈을 이루어서 다른 사람을 도와주어야 하는 거죠? 도저히 이해가 되지 않아요. 슈바이처나 테레사 수녀 같은 사람은 특별한 경우라고 생각해요. 그런 삶을 우리에게도 강요하는 것은 옳지 않아요."

지난번 경수가 했던 이야기……. 자신이 어렵게 이룬 성공을 타인과 세상을 위해 사용해야 한다는 것을 끝까지 부정하던 경수의 모습이 지금까지 민샘의 마음을 아프게하고 있다.

'정말 모를까. 정말 그 느낌을 모르는 것일까, 넘치는 사랑을 받은 적이 없다면, 사랑을 나누는 것이 불가능한 것일까. 경수의 재능이 민샘은 너무 아까웠다. 마틴 루터 킹의 연설문을 영어로 유창하게 말하는 실력인데, 그 재능을 세상을 위해 쓸 수만 있다면 얼마나 아름다울까.'

결국 민샘은 침대에서 일어나 앉았다. 그리고 의사가 절대로 꺼내지 말라고 한 노트북을 조심스레 꺼냈다.

며칠 뒤, 경수의 책상 위에 소포가 하나 놓여 있었다. 보낸 이가 민샘이었다. 경수는 한국에 들어온 이후 짧은 만남 동안 그래도 가장 많은 대화를 나눈 사람이 민샘이었다. 소포를 열어보니 CD 두 장과 편지가 있었다. 경수는 왠지 편지를 읽기가 부담스러웠다. 그래서 CD를 먼저 컴퓨터에 넣어서 실행했다. 『여섯 명의 시민들』이라는 영상이었다. 원래 자막에 민샘이 추가로 더 넣어서 내용을 만든 것이었다.

헤드십(Headship)이 있고, 리더십(Leadership)이 있다. 목표를 성취하여 다른 사람들보다 높은 위치에 있다면 헤드십이 있는 사람이다. 하지만 다른 사람들이 그를 존경하지 않는다면, 껍데기와 같은 헤드십만 있을 뿐 리더십은 없다. 진정한 리더십은 "내가 리더야!"라고 외칠 때 생기는 것이 아니라 "저 사람을 따르고 싶다!"라는 사람들이 있을 때 생겨나는 것이다.

만약, 어떤 학생이 세상을 위한 '미션'은 없고 자기를 위한 '찬란한 비전'만 갖고 있을 경우, 그 상태로 그가 꿈을 이룬다면 '헤드십'이 될 가능성이 높다. 비전에 더하여 미션까지 선명한 학생은 존경받는 리더로 성장할 가능성이 높다.

영상과 함께 보이는 자막

프랑스와 영국의 백년전쟁(1337~1453) 당시, 영국의 에드워드 3세는 프랑스 북부에 있는 작은 항구 도시 '칼레'라는 마을 때문에 무척 화가 난 상태였다. 무려 1년 동안이나 그 작은 도시를 함락시키지 못하고 고전했기 때문이다. 그러나 칼레 시민들은 프랑스 정부의 지원이 끊기자 항복을 선언했다. 하지만 이미 자존심을 구긴 에드워드 3세는 도저히 그냥 항복을 받을 수 없다며 칼레에서 대표자 6명을 뽑아 교수형에 처하겠다고 했다. 그러면서 다음날 아침까지 그 6명은 속옷 차림과 맨발로 교수대 앞에 서라고 명령했다. 칼레 시민들은 광장에 모여 과연 누가 죽을지를 두고 난상 토론을 벌이지만 답이 쉽게 나오지 않았다. 바로 그때 한 사람이 조용히 일어났다. 시끄럽던 광장은 그가 일어나자 일순간 조용해졌다. 그는 그 도시에서 가장 부유한 유스타슈 드 생 피에르

(Eustache de St. Pierre)로, 가장 부유하면서도 존경받는 인물이었다. 그가 천천히 입을 열었다.

"여러분! 이런 비극적인 사태를 막을 수 있는 가능성이 있다는 사실에 감사합시다. 제가 먼저 이 한 목숨 바쳐 영국 왕께 용서와 자비를 구하겠습니다. 기꺼이 속옷 차림과 맨발로 목에 밧줄을 두르고 나가 영국 왕의 뜻을 따르겠습니다."

그러자 도시의 또 다른 부자인 장 데르가 일어났다. 그리고 유명한 사업가 자크 드 위쌍이 일어났다. 자크 드 위쌍 역시 상속 받은 재산과 사업을 통해 번 재산이 상당했다. 또한 옆에 있던 자크의 사촌인 피에르 드 위쌍이 자크의 선택에 감동하며 자기도 함께 가겠다고 일어섰다. 그리고 뒤따라 쟝 드 피엥스와 앙드리에 당드르도 일어나 모두 여섯 명이 되었다. 그들은 모두 사업가, 법률가, 시장이었고, 귀족 출신이었다. 그들이 그렇게 할 수 있었던 것은, 성공에 대한 비전을 이룬 것을 넘어 자신이 이룬 성공이 타인과 세상을 위해 사용되어야 한다는 철저한 미션 의식을 가지고 있었기 때문이다. 그리고 그러한 미션 의식을 어린 시절부터 품고 자랐기에 그런 위대한 결정을 내릴 수 있었던 것이다.

경수는 말없이 다른 CD를 넣어 실행했다.

"이렇게 넘어지면 어떻게 하죠?(실제로 그는 넘어짐.) 여러분이 모두 알다시피 다시 일어나야 하죠. 하지만 가끔 살다 보면 넘어졌을 때 다시 일어날 수 있는 힘이 없다고 느낄 때도 있어요. 여러분! 팔다리가 없는 저에게도 희망이란 게 있다고 생각되나요? 제가 다시 일어서는 것은 불가능하겠죠? 하지만 그렇지 않아요. 저는 백 번이라도 다시 일어나려고 시도할 거예요. 만약에 백 번 모두 실패하고 제가 일어나기를 포기한다면 저는 다시는 일어서지 못할 거예요. 하지만 실패하더라도 다시 시도한다, 그리고 또다시 시도한다면 그것은 끝이 아닙니다."

그렇게 말한 뒤, 닉은 몸으로 기어가서 머리를 바닥에 비비면서 몸을 비틀어 일어섰다.

그 이후의 영상에는 닉 부이치치(Nick Vujicic)의 사진들에 배경 음악을 넣었고, 다음과 같은 자막이 쓰여 있었다. 경수는 무표정하게 자막을 읽어 갔다.

우리 주위에는 남보다 열악한 환경에서 살아가는 사람이 많다. 여기서의 열악한 환경은 경제적인 여건이나 주변 환경일 수도 있고, 아니면 몸이 불편한 장애일 수도 있다.

장애인들의 경우 전체의 90퍼센트가 후천적인 이유(질병 56퍼센트, 사고 34퍼센트)로 장애자가 된다고 한다(2010년 2월 국립재활원 발표). 정상인으로 살다가 장애가 시작되었기에 그 어려움을 받아들이기는 무척 어렵다. 아름다운 세상을 못 보게 되거나, 마음껏 뛰는 행복을 경험해 본 사람이 더 이상 걸을 수 없게 되는 아픔은 말로 표현할 수 없을 것이다. 한편, 선천적인 장애를 가지고 태어난 사람들은 더 큰 고통을 받아들여야 한다. 다른 사람과 다르게 처음부터 불완전하고 불편한 상태로 태어났다는 그 자체를 받아들이기 어렵다. 성인이 되어서 장애를 경험하면 그래도 의식의 성숙함이 있지만, 어린아이가 받아들이기에는 너무 큰 상실감을 겪게 된다.

여기서 이런 아픈 사람들의 이야기를 꺼낸 것은, 오히려 희망을 이야기하기 위해서이다. 선천적이든 후천적이든 자신의 장애와 불편함을 있는 그대로 받아들이고 자신의 삶을 통해 이 땅의 많은 청소년들에게 희망을 주는 삶이 있기 때문이다. 이들의 대부분은 자신의 장애와 불편함을 통해 아름다운 미션을 이루어 가고 있다.

희망의 사람 '닉 부이치치는 공을 찰 수 있는 다리도, 물살을 가르며 헤엄을 칠 수 있는 팔도 없는 1급 중증 장애인이다. 8세 때 이미 인생을 끝내고 싶을 만큼 절망적인 삶을 살았다. 그는 넘어질 때마다 절망했다. 신체적 결함이 그의 의지를 제한할 때마다 아픈 가슴을 쓸어 내렸다. 하지만 지금 그는 누구보다 행복하다. 자신을 있는 그대로 인정해 주고 사랑해 주는 가족과 친구가 있고, 무엇보다 사람들에게 희망과 용기를 전하는 자신의 사명을 발견했기 때문이다. 이제 그는 더 이상 절망 앞에 머무르지 않는다. 그는 전 세계를 다니며 한창 자라나는 청소년들에게 열정적으로 희망의 메시지를 전하고 있다.

그는 어떻게 하면 좀 더 편하게, 좀 더 정상인처럼 살아갈 수 있을지에 대해 고민하지 않는다. 그리고 처음부터 세계적으로 유명해져서 사람들에게 영향력과 인기가 있는 강사가 되어야겠다는 생각을 하지도 않는다. 다만, '아무런 희망도 없어 보이는 내가 할 수 있다면, 당신들도 할 수 있다'는 희망의 메시지를 전하고자 한다. 절대 포기하지 마라는 격려의 메시지를 전하는 것을 자신의 사명으로 정하고 그 사명을 실천했을 때 그는 팔다리로 할 수 없는 수많은 일을 할 수 있었다. 자신의 온몸을 던져 강연하는 닉의 몸짓은 강연을 들은 수많은 청소년들의 마음에 남아서 그들을 움직이게 한다.

닉 부이치치처럼 신체의 불편함을 인정하고, 많은 사람들에게 희망을 주는 사람은 세상에 분명 존재한다. 그들 대부분은 자신의 삶 자체가 다른 이들을 위해 존재한다는 사명 의식을 가지고 있다. 바로 그 사명이 그들에게 극복의 힘을 선사한 것이다. 그들은 오늘도 자신의 몸부림을 통해 우리에게 말하고 있다.

"불편한 것이 불행한 것은 아닙니다. 또 편안한 것이 곧 행복을 말하지도 않습니다. 행복은 자신의 삶이 다른 사람을 행복하게 만들어 줄 때, 하늘이 내려 주는 선물입니다."

영상이 끝났다. 아주 부유한 사람인데 남을 위해 희생한 사람들의 이야기, 아주 불편한 장애인인데 남을 위로하는 삶을 사는 닉의 이야기. 경수의 머릿속은 복잡했다. 자신이 민샘에게 대들듯이 말한 내용이 머리에 떠오른다.

"왜 꼭 자신의 꿈을 이루어서 다른 사람을 도와주어야 하는 거죠? 도저히 이해가 되지 않아요. 그런 삶을 저에게 강요하는 것은 옳지 않아요."

경수는 CD와 함께 들어있던 편지를 그제서야 꺼냈다. 그런데 민샘의 편지가 아니라 한비야 씨의 편지를 각색한 내용이었다.

긴급 구호 팀장 한비야입니다. 모든 사람들이 꿈을 가지라고 말하죠? 하지만 그 꿈이 자신만을 위한 것이라면, 저는 그런 이기적인 꿈은 싫어요. 제가 전 세계를 돌며, 많은 세상을 접하고 사람들을 만날 수 있었던 것은, 이것이 저의 꿈이기 때문입니다. 저의 비전은 이렇게 지구촌의 사람을 돕고 살리는 것입니다. 어쩌면 이것은 제 인생을 위한 비전이라기보다는 제가 이 땅에 태어난 목적, 그리고 제가 이 세상을 위해 꼭 해야 할 '미션', 즉 '사명'이라는 생각이 들었어요. 제가 영문학을 ○○대학교에서 공부한 것도, 어쩌면 이러한 미션을 위한 준비 작업이 아니었나 싶습니다. 대학에 가야 하는 이유, 공부를 해야 하는 이유가 이처럼 '따뜻한 세상'을 만들기 위한 것이라면 이보다 아름다운 일이 어디 있겠어요? 세계의 빈민국과 오지를 걸어서 왕래하며 그 사람들과 친구가 되는 저의 삶이 쉽지만은 않았어요. 하지만 저는 지금까지 잘 버티고 있습니다. 그것은 저의 '미션' 때문입니다. 그런데 그 미션이 무조건 '해야 하는' 무거운 짐이라고 여겼다면 아마 오래하지는 못했을 거예요. 그러나 '미션' 안에 '사랑'이라는 가치가 꼭꼭 새겨져 있습니다.

당신도 비전을 움직이는 미션을 만나고, 그 미션 안에 사람과 세상에 대한 따뜻함을 담아 보세요. 바로 그 순간 인생의 새로운 눈이 떠질 것입니다.

편지의 끝자락에 작게 민샘의 글도 들어 있었다.

경수야, 한비야 씨의 강연을 듣고 간단하게 편지글로 바꿔서 보낸다. 경수의 삶은 다른 사람을 도울 때 더 행복해질 수 있다. 동아리 진로 박람회에 꼭 구경 오렴.

진로에 필요한 진학의 목표

비전하우스에서 연속 강의 두 번째 시간이 시작되었다.

"사실은 미대에 정말 가고 싶은데, 이제 와서 미대 입시를 준비하는 것은 늦은 것 같아요."

"체육 교사를 하고 싶은데, 갑자기 입시 체육을 하려니 겁이 나요."

"소프트웨어 개발 및 게임 기획의 실무 경험이 가산점으로 있다는데 몰랐어요."

"정말 입학하고 싶은 곳이 있는데, 자기주도 학습 전형이라고 해요. 포트폴리오도 없고요."

"마이스터 고등학교만 나와도 바로 취업이 된다고 하는데, 몰랐어요."

"그냥 집 앞에 있는 학교이니까 들어 온 건데, 내신 관리에 실패한 것 같아요."

"선배들 이야기를 들어 보고 결정할 것을, 그냥 고등학교에 입학했더니 후회가 돼요."

하샘은 다양한 인터뷰 영상들을 보여 주었다. 모두 고등학생들로 하나같이 후회하는 내용이었다. 동아리 학생들은 마치 자신들의 미래를 보는 것 같아 마음이 불편해졌다.

"하영아, 영상을 보니 어떤 공통점이 있는지 알겠니?"

"모든 학생들이 후회하고 있어요."

"또?"

"미리 충분히 알아보지 않은 것 같아요."

"그럼 이 친구들의 고민은 진로의 문제일까, 진학의 문제일까?"

"진학이요."

진로 목표가 생기더라도, 그 다음의 진학에 대한 전략이 없다면 후회할 가능성이 높다. 왜냐하면 우리 인생의 장기적인 진로는 중기적인 진학의 영향을 받기 때문이다.

"자, 그럼 지금부터 3편의 신문 기사를 조별로 나눠 줄 거야. 함께 읽어 보고 고등학교 진학에 대해 우리가 알아야 할 것이 무엇인지 고민해 보자."

신문 기사 1

"항공기 제작 '명장의 꿈' 실현해 줄 학교" 마이스터고 신준용 군

중학교 2학년 때 서울에서 경기도 광주로 전학한 신준용(16) 군은 커서 항공기 제작 기술자가 되기로 마음먹었다. 아버지와 담임선생님이 신군이 항공기 제작에 관심이 많다는 걸 눈여겨보고 꾸준히 격려해 주었기 때문이다. 마침 그의 꿈을 펼칠 학교를 찾았다. 경남 사천시에 있는 삼천포공업고등학교였다. 올해부터 마이스터고(산업 수요 맞춤형 고등학교)로 지정된 삼천포공업고등학교는 전국 단위로 항공산업과 40명, 조선산업과 60명을 선발했다. 신군은 학교가 멀어 고민이 되었지만 '학비 전액 무료, 실무 외국어 교육, 해외 연수 및 취업 보장' 등을 내건 마이스터고의 매력에 끌려 지난해 10월 이 학교에 지원했다. "심층 면접을 앞두고 면접 관련 책들을 3권 가량 섭렵했어요. 예상 질문도 뽑아 봤죠." 신군의 면접 전략은 '영어'였다. 기술 명장을 길러 내기 위한 마이스터고가 실무 영어 능력을 중시한다는 걸 미리 알았기 때문이다. "두 번째 면접 질문이 '이 학교에 오면 어떻게 공부할 것이냐?' 였어요. 제가 예상했던 질문이었죠. 저는 항공기 제작 관련 자격증 취득과 토익 점수 600점 이상 얻는 걸 목표로 열심히 공부하겠다고 답했습니다." 그의 면접 전략은 주효했다. 3대 1의 경쟁률을 뚫고 그가 원하는 고등학교에 들어갈 수 있게 되었다. '추락해도 사람이 죽지 않는 항공기'를 만들고 싶은 신군은 이제 막 항공기 제작 기술 명장의 출발선에 들어섰다.

신문 기사 2

"기숙사 생활로 학교생활 적응에 도움" 기숙형 공립고 남은솔 양

강원도 원주에 사는 남은솔(16) 양은 중학교 생활이 순탄치 않았다. 원래 다니

던 학교에 적응하지 못한 나머지 다른 학교로 옮기기도 했다. 남양은 고등학교 진학을 앞두고 신중해졌다. 그때 남양의 아버지가 경기도 여주에 있는 여주여고를 소개했다. 여주여고는 경기도 교육청 지정 자율학교로 중학교 졸업 예정자면 누구나 지원할 수 있다. 또 올해부터 기숙사가 생겨 학교 밖 생활에 대한 부담도 덜게 되었다. 남양은 학교 성적 우수자로 31명을 선발하는 특별전형 지원 대신 125명을 선발하는 일반전형에 지원했다. 다소 불안했기 때문이다. 일반전형은 교과 활동과 출결 상황, 봉사 활동 실적과 수상 실적 등으로 학생을 선발했다. 남양은 봉사 활동 실적에 경쟁력이 있다고 생각했다. "중학교 다닐 때 양로원이나 면사무소 등에 봉사 활동 다니는 걸 좋아했어요. 점수 따러 다닌 건 아닌데 이번 진학에 큰 도움이 됐죠." 제약 회사에 들어가 신종플루와 같은 치명적인 바이러스를 예방하는 백신을 개발하는 게 꿈인 남양은 입학 전에 영재반 시험을 봐서 합격한 상태다. "기숙사 생활에 대한 부담이요? 새롭게 사귀게 될 친구에 대한 기대감이 더 큰걸요."

신문 기사 3
"과학에 대한 열정 일반고서도 쑥쑥" 과학 중점 일반고 김범진 군
서울 지역 고교 선택제 1단계 지원 결과, 구로구 신도림동에 위치한 신도림고는 17대 1의 경쟁률을 기록해 서울 지역 중학생들이 가장 가고 싶은 일반계 고등학교가 되었다. 지난해 3월에 개교해 아직 졸업생도 배출하지 않은 신도림고의 경쟁력은 뭘까? 도서관, 자율학습실 등 친환경 첨단 시설에 찬조금을 일체 받지 않기로 한 학교의 교육 방침, 교과교실제 실시, 과학 중점 고등학교로 선정된 점 등이 학생과 학부모의 관심을 끌었다. 지난해 12월 1지망으로 신도림고를 적어 낸 후 지난 2월 12일 이 학교에 배정되었다는 소식을 듣게 된 김범진(16) 군 또한 "신도림고가 과학 중점고라는 점이 가장 끌렸다"고 말했다. 과학 중점고는 고교 3년간 이수하는 교과목의 40~50퍼센트(수업 시간 기준)를 과학·수학으로 편성해 과학적 소양이 풍부한 인재를 길러 내기 위한 학교로,

올해부터 전국 53개 고교에서 운영되고 있다. 인근 과학고에 지원했다 아깝게 떨어진 김군은 커서 전기·전자 분야 연구원이 되고 싶어 한다. 그에게 과학 중점고인 신도림고 선택과 진학은 새로운 기회이자 도전이다.

－《한겨레》(2010. 3.)

"하샘, 막상 고등학교 진학 자료를 보니까 약간 한숨이 나와요. 1학년 때 이런 정보를 알고 있었더라면 얼마나 좋았을까, 하는 생각이 들어요."

"지금도 늦지 않았다, 교빈아."

"그래도 아쉬워요. 조금 전 인터뷰 영상에서 본 후회가 어떤 것인지 약간 알 것 같아요."

"그래도 교빈이와 동아리 친구들은 나은 거야. 그 인터뷰의 영상들은 대부분 고등학생이었어. 너희들은 아직 중학교 2학년이니까 지금부터 준비해도 충분해."

"샘, 정말 중요한 것은 역시 정보예요. 고등학교의 종류가 생각보다 많아요. 먼저 다양한 고등학교의 유형을 알아야 할 것 같아요. 그 다음에는 자신의 진로 비전과 관련 있는 학교를 찾는 거죠. 그 다음에는 실제로 몇 개의 학교에 대해 알아봐야 할 것 같아요."

"교빈이가 선생님이 말할 결론을 다 이야기해 버렸네. 자, 아래 표를 보면서 정리해 보자."

단계 구분	내　용
1단계	다양한 고등학교의 유형을 파악한다.
2단계	자신의 진로 비전에 맞는 유형의 학교를 몇 개 선정한다.
3단계	선정한 학교 유형 중에 적합도를 위해 탐색한다.

진로를 위한 진학의 탐색 단계

진학을 위한 정보 탐색의 단계를 설명한 뒤, 하샘은 줄긋기 게임을 할 수 있는 활동지를 나눠 주었다. 게임 내용 안에는 11개의 고등학교 유형과 내용을 연결하는 활동이 들어 있다.

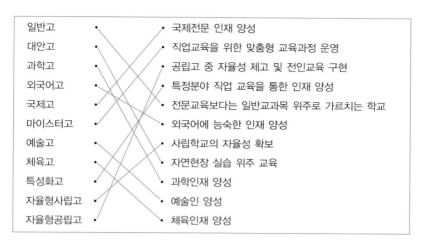

일반고	•	• 국제전문 인재 양성
대안고	•	• 직업교육을 위한 맞춤형 교육과정 운영
과학고	•	• 공립고 중 자율성 제고 및 전인교육 구현
외국어고	•	• 특정분야 직업 교육을 통한 인재 양성
국제고	•	• 전문교육보다는 일반교과목 위주로 가르치는 학교
마이스터고	•	• 외국어에 능숙한 인재 양성
예술고	•	• 사립학교의 자율성 확보
체육고	•	• 자연현장 실습 위주 교육
특성화고	•	• 과학인재 양성
자율형사립고	•	• 예술인 양성
자율형공립고	•	• 체육인재 양성

하샘은 학생들이 조별로 줄을 다 그은 뒤 화면에 고등학교의 일반 유형 구분을 보여 주었다.

구분	일반고	특수목적고				특성화고		자율고	
		과학고	외국어고 국제고	예술고 체육고	마이스터고	특성 (직업)	체험 (대안)	자율형 사립고	자율형 공립고
설립 목적	중학교 교육의 기초 위에 중등교육 실시	과학인재 양성	외국어에 능숙한 인재 및 국제전문 인재 양성	예술인 및 체육인 양성	전문적인 직업 교육을 위한 맞춤형 교육 과정 운영	소질과 적성 및 능력이 유사한 학생을 대상으로 특정 분야 인재 양성	자연 현장 실습 등 체험 위주 교육	학교별 다양한 교육 실시, 사립 학교의 자율성 확보	교육과 정과 학사 운영의 자율성 제고 및 전인 교육 구현

다음 화면에서는 이런 각각의 학교 유형이 학생을 어떻게 선발하는지 정보를 보여 주었다.

학교유형		모집단위	입학전형	사회적배려대상자
일반고		지역/광역	평준화 : 추첨, 배정 비평준화 : 내신+선발고사	–
특수목 적고	과학고	광역	자기주도학습 전형+과학창의성 전형	자기주도학습 전형의 20%
	외국어고 국제고	광역	자기주도학습 전형	20%

학교유형		모집단위	입학전형	사회적배려대상자
특수목 적고	예술고 체육고	전국	내신, 면접, 실기 등	–
	마이스터고	전국	내신, 면접, 실기 등	–
특성 화고	특성(직업)	광역/전국	내신, 면접, 실기 등	–
	체험(대안)	광역/전국	내신, 면접, 실기 등	–
자율고	자율형사립 고	광역	평준화 : 교육감결정(내신, 면접–추첨) 비평준화 : 자기주도학습 전형 (필기고사 금지)	모집정원의 20%
	자율형공립 고	광역	평준화 : 선 지원 후 추첨 비평준화 : 자기주도학습 전형 (필기고사 금지)	–

"아유 하샘, 정말 오랫동안 진로 탐색을 거쳐 진로 비전을 겨우 결정했는 데, 그게 정말 끝이 아니었네요. 이런 전략까지 고민해야 하는지는 전혀 몰랐어요."

"교빈아, 이제 알았니? 생소한 정보가 많이 나와서 부담스럽겠지만, 걱 정하지 마. 샘이 이 자료들을 잘 정리해서 너희들의 포트폴리오에 넣도 록 도와줄게."

"친절한 하샘, 정말 고마워요!"

"이제 정말 중요한 한 가지가 남아 있어. 무엇을 말하는지 알겠니, 수희야?"

구분	입학 가능	사회적 평판	대학 진학	부모 기대감	흥미 적성	학업 성적	가정 환경	합계
일반고	★		★		★	★	★	5
특성화고		★			★	★	★	4
특목고		★	★					2
자율고		★	★	★				3
대안학교	★					★	★	3

"학교 유형 중에서 자신에게 적합한 학교를 점검하고 좁혀 가는 과정 아 닐까요? 그런데 학업 성적은 왜 다른 색깔이에요?"

"모든 것의 기본이 되기 때문에 일부러 구분해 준 거란다. 종류가 다양하지만 공부만큼은 모든 기회의 기본이니까 꼭 열심히 해야 해. 알겠지? 성적이 어느 정도 기본이 되어 있으면 정말 기회는 많다."

진학을 위한 정보 수첩 만들기

"이런 과정을 거쳐 자신이 희망하는 몇 개의 학교를 정한 뒤에는 지속적으로 점검해야 한다. 그러기 위해 선생님이 '진학을 위한 정보 수첩'을 추천할게."

하샘은 수첩에 넣어 두고 지속적으로 학교를 알아보고 기록할 활동지를 소개해 주었다. 그리고 앞에서 소개한 기본적인 고등학교 유형도 모두 준비하여 수첩과 함께 선물로 주었다.

"샘, 정말 고마워요. 감동했어요. 이 수첩 들고 다니면서 조금씩 채워 볼게요. 든든해요. 나만의 정보가 쌓인다고 생각하니까 너무 든든해요!"

"수희가 마음에 들어 하니 고마워. 다른 친구들의 표정도 나쁘지는 않네."

"하샘, 그런데 궁금한 게 있어요. 어떤 방법으로 이런 정보를 모을 수 있을까요?"

고등학교명	
정보수집 방법	
학습 분위기	
학교까지 가는 방법과 거리	
진학 이후의 장래성	
대학 진학 상황	
학교의 장점	
학교의 단점	
기타 궁금한 사항	

"그 방법은 다른 친구들이 자연스럽게 의견을 말해 볼래?"

"학교로 직접 찾아가요."

"졸업한 선배에게 물어봐요."

"학교에 전화해 봐요."

"인터넷으로 검색해요."

하샘은 학생들이 학교 정보를 더 쉽게 찾아볼 수 있도록 3개의 사이트를
화면에 소개해 주었다.

(www.careernet.re.kr)

커리어넷의 학교 정보

(www.sen.go.kr)

서울특별시교육청의 학교 안내

학생들은 머리가 조금 얼얼했다. 그래도 마음속 깊은 곳에서 뭔지 모를
뿌듯함이 올라왔다. 포트폴리오와 정보 수첩을 함께 가지고 다니면 어딜
가도 든든할 것 같은 믿음이 생겼다.

진학진로정보센터의 고교학과 정보

"자, 그럼 맛있는 간식을 먹고, 그 다음 활동을 시작하자."
"네, 샘!"

동아리 친구들은 전략을 찾아가는 활동에서 이전과는 또다른 희망을 보
았다. 자신의 꿈을 찾았을 때는 방향을 찾은 기쁨이었지만, 지금은 방법
을 찾아서 기쁜 것이다. 이제 진짜 변화가 조금씩 보인다.

진로는,
'진학'의 전략을
통해 후회 없이
갈 수 있다.

고등학교 유형 파악하기

다음은 고등학교의 다양한 유형을 줄긋기의 형태로 확인해 보는 것입니다. 아래에 있는 정보를 보지 않고 줄긋기를 한 뒤에 내용을 확인하세요. 그리고 자신이 호감을 가지고 있던 학교 유형을 3개 적어 보세요.

일반고	•	•	국제전문 인재 양성
대안고	•	•	직업교육을 위한 맞춤형 교육과정 운영
과학고	•	•	공립고 중 자율성 제고 및 전인교육 구현
외국어고	•	•	특정분야 직업 교육을 통한 인재 양성
국제고	•	•	전문교육보다는 일반교과목 위주로 가르치는 학교
마이스터고	•	•	외국어에 능숙한 인재 양성
예술고	•	•	사립학교의 자율성 확보
체육고	•	•	자연현장 실습 위주 교육
특성화고	•	•	과학인재 양성
자율형사립고	•	•	예술인 양성
자율형공립고	•	•	체육인재 양성

구분	일반고	특수목적고				특성화고		자율고	
		과학고	외국어고 국제고	예술고 체육고	마이스터고	특성 (직업)	체험 (대안)	자율형 사립고	자율형 공립고
설립 목적	중학교 교육의 기초 위에 중등교육 실시	과학인재 양성	외국어에 능숙한 인재 및 국제전문 인재 양성	예술인 및 체육인 양성	전문적인 직업교육을 위한 맞춤형 교육 과정 운영	소질과 적성 및 능력이 유사한 학생을 대상으로 특정분야 인재 양성	자연 현장 실습 등 체험 위주 교육	학교별 다양한 교육 실시, 사립 학교의 자율성 확보	교육 과정과 학사 운영의 자율성 제고 및 전인 교육 구현

고등학교 유형 파악하기

다음은 고등학교의 다양한 유형을 줄긋기의 형태로 확인해 보는 것입니다. 아래에 있는 정보를 보지 않고 줄긋기를 한 뒤에 내용을 확인하세요. 그리고 자신이 호감을 가지고 있던 학교 유형을 3개 적어 보세요.

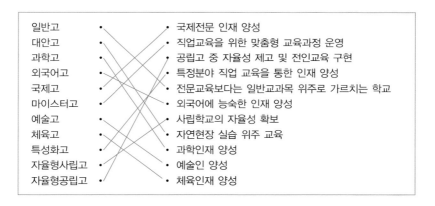

구분	일반고	특수목적고				특성화고		자율고	
		과학고	외국어고 국제고	예술고 체육고	마이스터고	특성 (직업)	체험 (대안)	자율형 사립고	자율형 공립고
설립 목적	중학교 교육의 기초 위에 중등교육 실시	과학인재 양성	외국어에 능숙한 인재 및 국제전문 인재 양성	예술인 및 체육인 양성	전문적인 직업교육을 위한 맞춤형 교육 과정 운영	소질과 적성 및 능력이 유사한 학생을 대상으로 특정분야 인재 양성	자연 현장 실습 등 체험 위주 교육	학교별 다양한 교육 실시, 사립 학교의 자율성 확보	교육 과정과 학사 운영의 자율성 제고 및 전인 교육 구현

1. 마이스터 고등학교

2. 체육 고등학교

3. 자율형 공립 고등학교

나에게 맞는 유형의 학교 점검하기

다음은 7개의 기준에 따라 대표적인 고등학교 유형을 평가할 수 있는 표입니다. 샘플을 보고 자신의 경우를 생각하여 별표를 넣고, 합계를 기록해 주세요. 그리고 그 결과를 바탕으로 현재 시점에서 자신의 희망하는 고등학교 1위, 2위, 3위의 순위를 기록해 보세요.

구분	입학 가능	사회적 평판	대학 진학	부모 기대감	흥미 적성	학업 성적	가정 환경	합계
일반고	★		★		★	★	★	5
특성화고		★			★	★	★	4
특목고		★	★					2
자율고		★	★	★				3
대안학교	★					★	★	3

구분	입학 가능	사회적 평판	대학 진학	부모 기대감	흥미 적성	학업 성적	가정 환경	합계
일반고								
특성화고								
특목고								
자율고								
대안학교								

_____

_____

_____

_____

_____

_____

_____

_____

학교 정보 관리하기 연습

커리어넷의 학교 정보 사이트를 통해 자신이 선호하는 유형과 지역의 학교를 확인하고, 나름의 조사를 통해(방문, 전화, 선배, 검색) 아래의 정보를 채워 봅니다. 이렇게 정보를 탐색해 본 결과에 대한 느낌을 아래에 기술합니다.

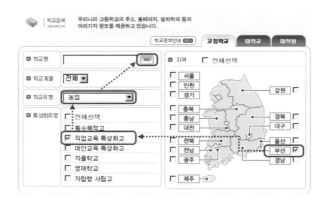

고등학교명	
정보수집 방법	
학습 분위기	
학교까지 가는 방법과 거리	
진학 이후의 장래성	
대학 진학 상황	
학교의 장점	
학교의 단점	
기타 궁금한 사항	

학교 정보 관리하기 연습

커리어넷의 학교 정보 사이트를 통해 자신이 선호하는 유형과 지역의 학교를 확인하고, 나름의 조사를 통해(방문, 전화, 선배, 검색) 아래의 정보를 채워 봅니다. 이렇게 정보를 탐색해 본 결과에 대한 느낌을 아래에 기술합니다.

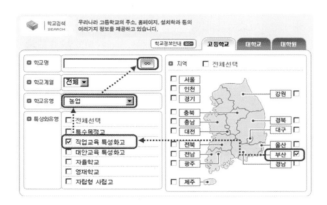

고등학교명	드림고등학교
정보수집 방법	선배에게 물어보기, 인터넷으로 확인하기, 검색엔진
학습 분위기	반에 따라 차이가 나지만, 특히 이과 계열은 상당히 열공모드
학교까지 가는 방법과 거리	버스로 20분
진학 이후의 장래성	동문체육대회 및 축제 때 오는 학교출신 유명인들이 꽤 많다.
대학 진학 상황	대학 진학률이 높으며, 특히 이과 계열 진학률이 높다.
학교의 장점	전교생이 들어갈 수 있는 도서관, EBS강사 선생님 많음
학교의 단점	다소 자율적이지 않고 무섭게 관리하는 분위기
기타 궁금한 사항	교복, 두발자율 토론이 진행 중인 것으로 아는데, 결론이 궁금

한 번도 이런 방식으로 고등학교 진학 정보를 확인해 본 적이 없었다. 이제라도 이런 방식으로 진학 정보를 스스로 모을 수 있다는 게 신기할 따름이다. 처음이라 시간이 약간 오래 걸렸는데 이후로는 더욱 효과적으로 정보를 모으고 정리할 수 있을 것 같다. 목표가 좀 더 구체적으로 정리되는 느낌이 든다. 이제 이 목표를 바탕으로 열공 모드에 돌입해야겠다.

노벨문학상이 나오는 그날까지

번역가

'올 해도 또!' 아쉽습니다. 노벨문학상을 받지 못한 것이죠. 저는 번역가입니다. 지금은 외국의 작품을 우리말로 번역하는 일을 하고 있지만, 저는 꿈을 꾸고 있습니다. 우리나라의 정말 좋은 문학작품을 외국어로 번역하는 일을 할 것입니다. 그래서 우리 민족이 작품을 통해 느끼는 아름다운 정서를 외국 사람들에게도 전하고 싶습니다.

사실 노벨문학상에서 우리나라가 아직 성과를 내지 못하는 것은 이런 번역의 문제가 있기 때문입니다. 그래서 언젠가 방송에서 '올해의 노벨문학상은 한국의 ○○○'라는 말을 꼭 듣고 말 겁니다. 그러기 위해서는 더욱 노력해야겠지요.

우리의 언어인 한글은 너무나 과학적이고 섬세합니다. 그래서 우리가 작품을 읽으면서 느끼는 이 깊은 울림을 외국어로 번역하는 것이 어려운 작업임에 **틀림이** 없습니다. 혹시 번역가를 꿈꾸는 후배들이 있다면, 저는 기꺼이 환영합니다. 함께 **이러한** 위대한 작업을 할 수 있으니까요.

나의 현재 수준을 아는가

우리들의 고민 편지

중학교 3학년 C양은 학교의 진로 활동에 참여하는 것이 행복하다. 그런데 문제가 있다. 일주일에 한 번 있는 진로 활동은 행복한데, 나머지 수업시간은 행복하지 않다. 예전에는 학교 공부의 스트레스를 진로 활동을 통해 풀었다. 그런데 진로 활동에 깊이 들어가 보니, 자신의 진로와 자신의 공부가 밀접하게 관련이 있다는 것을 느끼기 시작했다. 하지만 구체적으로 학습과 진로를 어떻게 연결시켜야 하는지 방법은 아직 모르겠다.

– 온라인 캠프에 올라온 진로 고민 편지

격차, 그 냉정한 현실

"원래는 의사가 꿈이었는데 지금은 접었어요. 성적이 오르지 않아서요."

"꿈을 점점 끌어내리는 중이에요. 성적이 계속 내려가고 있어서요."

"제 비전이요? 부모님이 꿈도 꾸지 말래요. 제 성적으로는 불가능하대요."

영상에는 3명의 고등학생이 인터뷰를 한다. 꿈이 있었지만 현재는 없거나 그 수준을 많이 끌어내린 학생들에 대한 인터뷰이다. 동아리 친구들은 영상을 보면서 저마다 내심 이런 인터뷰는 절대 하지 않으리라 생각하면서 보고 있다.

하샘은 동아리 리더들 중에 성적 때문에 가장 고민이 많을 것 같은 교빈이에게 물어 보았다.

"3명의 선배들 인터뷰에 등장하는 공통점은 무엇이지?"

"꿈이 지속되지 않았어요."

"꿈의 내용이 바뀐 것일까?"

"아뇨. 꿈을 포기하거나 수준을 끌어내린 거예요."

"그럼, 새로운 흥미가 생기거나 강점 지능이 바뀐 것일까?"

"문제는 똑같아요. 성적 때문이에요."

"이상하네. 혹시 교빈이는 자기 발견 과정에서 직업을 탐색할 때 어떤 기준으로 탐색했지?"

"강점, 흥미, 재능, 성향, 가치, 적성 등이요."

"그럼 그때 혹시 성적도 영향을 미친 것이니?"

"그렇지 않아요. 탐색 과정에서 성적 때문에 꿈을 제한하지는 않았어요."

"그럼, 왜 이제 와서 성적이 새롭게 등장한 거지?"

"음, 그건 잘 모르겠어요. 그래서 답답해요. 왜 지금에 와서 성적이 갑자기 전략으로 등장했을까요? 너무 불편해요. 진로 비전을 찾았을 때는 하늘을 날 것 같았는데, 성적 얘기가 나오니까 적잖이 위축이 돼요."

정말 공부를 하지 않는 친구들이 있었다. 3년 전 여름, 기말 고사를 마치고 하샘은 한 학교의 요청으로 특별한 아이들을 만나러 갔었다. 그 아이들과 1개월간의 여름 프로그램을 진행하기 위해서였다.

도착해서 첫 만남을 가졌는데 아이들의 표정이 모두 어두웠다. 진로, 공부, 그 어떤 것도 제대로 채우지 못한 채 그저 학교를 마지못해 다니는 친구들을 모아서 방학 특별반을 만든 것이다. 생각했던 것보다 더 마음을 열기가 어려웠다. 당시 기말고사를 끝마치고 바로 방학을 준비하던 시점이라, 하샘은 기말고사를 주제로 계획에 없던 독특한 활동으로 진행해야 했다.

"지금부터 솔직하게 한번 얘기해 보자. 선생님이 준비해 온 강의가 오늘은 정말 맞지 않는 것 같아서 그 대신 여러분에게 필요한 것을 하려고 해. 자신이 이번 기말고사를 포함하여 평상시 시험을 치를 때 보통 며칠 전부터 시험공부를 제대로 시작하는지 평균적인 시간을 한번 이야기해 보자. 여기 아래의 기준은 21일 그러니까 시험 3주 전부터 시작할게. 그럼 앞에 있는 친구부터 시작해 볼까?"

"저는 시험 하루 전에 시작해요."

"저는 하루 전도 아니고 전날 밤부터 시작해요."

"저는 시험 이틀 전이요."

"저는 아예 안 해요."

아이들은 의외로 솔직하게 이야기를 꺼냈다. 서로 다 아는 처지이니 창피할 것도 없이 오히려 자신이 공부를 더 안 하는 것을 자랑스러워하는 느낌이 들 정도로 떳떳하게 이야기하는 친구들도 있었다. 실시간으로 발표를 들으면서 그래프를 그렸다. 다 그리고 보니 매우 충격적인 공부 현황표가 나왔다. 그런데 이 결과를 보더니 학생들도 조금씩 느낌을 갖기 시작했다. 자신들이 정말 공부를 안 하고 있다는 사실을 눈으로 확인한 것이다.

보통 자기주도학습을 하는 학생들은 21일 전 혹은 28일 전부터 시험에 대비한다는 말을 해 주고, 그 친구들의 그래프도 보여 주었다. 그랬더니 살짝 자존심을 상해하는 것 같았다.

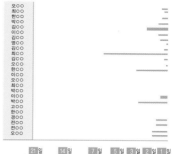

시험공부 현황표

"여러분, 변화의 시작은 냉정하게 자신의 모습을 볼 때부터 시작됩니다. 병원에 갔는데 부끄럽다고 자신의 아픈 부위를 보여 주지 않거나 말을 하지 않으면 결코 치료를 받을 수 없습니다."

학생들은 처음 시작했을 때와는 달리 점차 수업에 집중하는 모습을 보였다. 당시 기말고사를 막 치른 뒤였기에, 기말고사를 중심으로 과목별 시험 준비도 그래프를 그려 보았다.

당시 수업에 참여한 한 친구의 그래프는 다음과 같다.

이 학생은 2과목을 제외한 다른 모든 과목을 시험 2~3일 전에 시작했다. 그런데 유일하게 일찍 시작한 2과목 중 위에 있는 과목은 이상하게 공부를 하면 할수

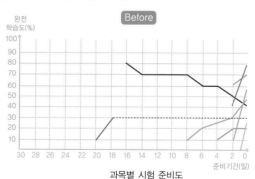

과목별 시험 준비도

록 이해도가 떨어지는 것을 경험했다고 한다. 그 얘기를 하자 교실은 웃음바다가 되었다. 그리고 또 한 과목은 일찍 시작했지만 시작하자마자 포기했기 때문에 점선으로 표시했다. 그러던 이 친구가 그로부터 3개월 후에 시험을 치르고 하샘의 메일로 그래프를 보내 왔다.

After 그래프와 내용을 본 진로 동아리 학생들은 탄성을 질렀다.

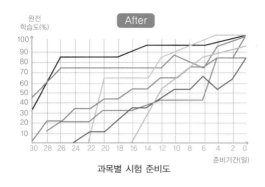

과목별 시험 준비도

"와! 샘, 정말 멋져요. 이렇게 바뀔 수도 있군요. 비결이 뭐예요? 저희도 도와주시면 안 돼요?"

"교빈이가 가장 놀라는구나. 비결은 이미 이야기했다. 비결은 냉정하게 현실을 직시하는 것이야."

목표치와 자신의 현재 수준의 격차를 냉정하게 인식하는 방식은 다양한 형태로 적용된다. 하샘은 한 학생의 자료를 더 보여 주었다. 기말 고사를 계획할 때 이전 중간고사의 점수를 기준으로 삼아 목표 점수를 적는다.

과목	이전 점수	목표 점수	실제 점수	도구	시험 준비 달성률(%)										3회 반복		
					10	20	30	40	50	60	70	80	90	100	1회	2회	3회
국어	65	100		교과서													
				우공비													
				최종 준비													
과학	80	90		교과서													
				학교 프린트													
				EBS 교재													
				클주													
				최종 준비													
수학	65	90		교과서													
				익힘 책													
				공부의 신													
				쎈													
				내신 플러스													
				최고 득점											★		
				최종 준비													
영어	88	100		교과서													
				프린트													
				비상 문제집													
				최종 준비													
국사	70	90		교과서													

과목	이전 점수	목표 점수	실제 점수	도구	시험 준비 달성률(%)										3회 반복		
					10	20	30	40	50	60	70	80	90	100	1회	2회	3회
국사	70	90		프린트													
				투탑													
				최종 준비													
사회	70	90		교과서											★		
				프린트											★		
				투탑											★		
				최종 준비													
중국어	70	90		교과서													
				프린트													
				최종 준비													

시험 전략표

그리고 실제 점수 칸은 당연히 비워 놓는다. 오른쪽에는 각 과목별, 교재
별로 시험 준비 달성률을 기록한다.

"교빈아, 이런 표를 책상 앞에 붙여 놓고 3주 전부터 시험공부를 하면 어
떤 느낌이 들 것 같니?"

"이전 점수와 목표 점수의 차이를 보면 긴장감이 생길 것 같아요. 실제
점수 칸은 더 신경 쓰일 것 같고요."

"하샘, 사실 이런 표 본 적 있어요. 하영이는 이미 이것과 비슷하게 만들
어서 공부하고 있더라고요."

"그렇구나. 역시 하영이네!"

기준과 수준 그리고 내용

진로는 진학과 연결되어 있고, 진학은 현재의 학습과 연결되어 있다. 바
로 이것이 이번 활동의 핵심이며, 진로 비전 이후 전략의 주요 내용이다.
그리고 학습에서는 목표치와 자신의 현재 수준 간의 격차를 냉정하게 인
식하는 것이 그 출발이다.

"진로와 진학, 학습을 연결하는 전략을 배워 보자. 전체를 7단계로 나눠
서 알아볼 거야."

진로와 진학에서 학습으로 넘어오는 7단계 전략
1단계: 인생 로드맵의 공부 수준
2단계: 입학사정관 및 인재상의 세부 학습 수준
3단계: 진로를 위한 진학 과정의 고등 입학 학업 수준
4단계: 나의 현재 수준
5단계: 목표와 현재 수준의 격차 인식
6단계: 나의 공부 목표 세우기
7단계: 공부 이외의 체험영역 관리하기

가장 중요한 점은 지금의 단기적인 학습 중심으로만 보는 것을 경계해야 한다. 물론 장기적인 진로를 무작정 장기적인 것으로만 보면서 현재의 학습을 무시하는 것도 문제일 수 있다. 이 둘 사이의 경계를 항상 생각해야 한다. 학습은 현재 느낄 수 있는 것이기에 늘 생각하기 쉬우나 장기적인 진로 비전은 그렇지 않다.

따라서 진로와 학습을 연결하는 첫 번째 단계는 장기적인 진로와 단기적인 학습의 중간 단계인 '진학'을 통해 끊임없이 장기와 중기, 단기를 연결하는 것이 중요하다.

〈1단계: 인생 로드맵의 공부 수준〉

	20세	25세	32세	40세	55세
목표	이화여자대학교 신문방송학과	졸업과 동시에 아나운서 합격	프리랜서 선언 방송사 휘젓기	시청률 1위 예능 MC	아나운서 아카데미 설립

"인생 로드맵 기억나지? 거의 로드맵의 첫 번째에 대학 입학을 썼을 거야. 가고 싶은 대학을 보는 순간, 이미 목표와 현재의 격차가 자연스럽게 느껴질 거야."

대학을 목표로 정했다면 당연히 대학의 인재상과 인재 선발의 기준을 알고 있어야 한다. 이것은 기본 중의 기본이다.

<2단계: 입학사정관 및 인재상의 세부 학습 수준>

인재 기준	검증하는 항목	검증하는 방법 예측	준비 항목
자기 주도력	비전, 진로, 진학 목표	자기소개서 표현 검증, 면접의 답변 검증	직업 체험 롤모델 탐색 인생 로드맵핑 공부 로드맵핑
수학 능력	교과 성적, 학습 역량	학생부 검증, 학업 성취 경험, 면접의 답변 검증	성적 추이 축적 학습 유형 분석
조직 리더십	조직화 경험, 이끈 경험	학급·단체 리더십 증빙 서류, 프로젝트 진행 경험, 면접의 답변 검증, 캠프를 통한 검증	학습 간부 임명장 공모 참여 결과
사회 기초력	봉사 활동, 동아리 활동	교내외 활동 증빙, 면접을 통한 검증	봉사 증빙 축적 동아리 활동 결과
문제 해결력	좌절, 문제 상황 극복 경험	면접을 통한 검증, 에세이 제출을 통한 검증	에세이 기록장 일기장 관리
국제화 역량	해외 활동, 어학 성취	어학 인증 증빙, 영어 발표 및 토론, 면접 검증	해외 경험 결과물 어학 인증 결과물
혁신 창의성	창의적 기획, 해결 경험	면접 시 예상외 질문과 답변 검증, 입상, 공모 증빙	창의적 시도 결과 기획 참여 결과
인간 관계력	인성, 태도, 관계, 소통	인성 검사 결과 증빙, 토론을 통한 소통 역량 체크, 캠프를 통한 협응력 검증	인성 진단 결과 토론 모임 참여 테마 캠프 참여
지식 성찰력	독서를 통한 성찰	독서 이력철, 터닝 포인트, 독서 경험과 의미 답변	독서 이력 관리 독서 토론 참여

입학사정관의 인재상별 준비 전략

"대학마다 차이가 있지만, 여러분이 대부분 꿈꾸는 대학의 공통적인 인재상과 선발 기준을 보면 위의 표와 같아. 이 중에서 가장 중요한 것은 무엇일까? 승헌이가 대답해 볼까?"

"학습이요."

"아쉽지만, 아니다. 지금 우리가 학습 전략을 말하고 있다고 무조건 학습을 외치는 것은 곤란해."

"자기 주도력이요. 그게 기본이죠."

"그렇지, 자기 주도력이 제일 중요해."

"나머지 요소들은 '더하기'이다. 그러니까 있거나 없으면 '더하기' 또는

'빼기'로 점수 차가 나는 것이지. 주도력에 대해서는 승헌이가 마저 이야기해 주겠니?"

"자기 주도력은 '곱하기'네요. 그러니까 자기 주도력이 '0'이라면 나머지를 모두 더한다 할지라도 전체 값이 '0'이 되는군요."

"그렇지. 그래서 자기 주도력이 제일 중요한 거야. 여기서 자기 주도력은 이미 우리가 완성한 '진로 비전'으로 충분히 해결이 되었다. 우리가 지금 고민하는 것은 바로 '학습' 부문이야. 어느 대학이나 입학 전형에 학습 부문이 들어 가 있다는 거야. 대학 진학을 위한 학습은 크게 두 가지로 나뉜다. 무엇일까?"

"내신과 수능이요."

"그래. 내신은 얼마나 성실하게 고등학교까지의 교육 과정을 이수했는지를 말해 준다. 그리고 수능은 대학에 진학한 이후에 교육 과정을 얼마나 잘 소화할 수 있는지를 확인하는 거야. 그렇기 때문에 내신은 정답이 있는 공부이다. 그리고 수능은 주로 정답이 없는 공부야. 그래서 내신과 수능에서 차이가 나는 학생들이 많단다."

"하샘, 그럼 논술은요?"

"주로 수시를 통해 인재를 선발하는 대학이 논술을 치르는데, 논술은 학습 능력이라기보다는 사고 능력, 지식 능력, 통찰 능력 등을 확인하는 거란다. 여기까지가 2단계이다. 진학의 목표에 대한 정확한 기준을 알아야 한다는 것이다. 아마 승헌이 네가 갈 대학은 거의 논술을 보지 않을까 싶다. 논술은 상위권 대학들이 주로 치르거든."

〈3단계: 진로를 위한 진학 과정의 고등입학 학업 수준〉

"3단계는 이제 대학 진학에서 고등학교 진학 단계로 내려오는 거야. 대학 진학의 인재 선발 기준 안에 학습 수준이 있고, 그 학습 수준의 하나인 내신이 고등학교의 공부 수준이다. 그런 고등학교에 입학하기 위한 중학교의 내신 수준을 보면 점점 더 기준이 현실로 내려오는 것이다."

"샘, 점점 수사망이 좁혀 들어 올 때 범인이 느끼는 불안감이 지금 저에게도 느껴지는데요."

"그래, 교빈아. 멀리 있던 진로가 진학을 거치면서 자연스럽게 현실로 접근하는 게 느껴지지? 그렇지만 그렇게 불안감을 느낄 필요는 없어."

학교유형		모집단위	입학전형	사회적배려대상자
일반고		지역/광역	평준화 : 추첨, 배정 비평준화 : 내신+선발고사	–
특수목 적고	과학고	광역	자기주도학습 전형+과학창의성 전형	자기주도학습 전형의 20%
	외국어고 국제고	광역	자기주도학습 전형	20%
	예술고 체육고	전국	내신, 면접, 실기 등	–
	마이스터고	전국	내신, 면접, 실기 등	–
특성 화고	특성(직업)	광역/전국	내신, 면접, 실기 등	–
	체험(대안)	광역/전국	내신, 면접, 실기 등	–
자율고	자율형 사립고	광역	평준화 : 교육감결정(내신, 면접–추첨) 비평준화 : 자기주도학습 전형 (필기고사 금지)	모집정원의 20%
	자율형 공립고	광역	평준화 : 선지원 후추첨 비평준화 : 자기주도학습 전형 (필기고사 금지)	–

〈4단계: 나의 현재 수준〉

드디어 4단계에서는 자신의 현재 '학력'을 분석하게 된다. 학년별·과목별 성적표의 점수 추이를 분석한 다음, 현재의 수준을 바탕으로 5단계의 '격차 인식'을 해 본다.

<5단계: 목표와 현재 수준의 격차 인식>

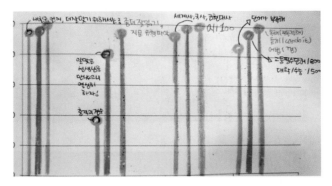

과목별로 파랑색은 목표치, 초록색은 현재 수준이고, 주황색은 노력해서 1년 안에 끌어 올릴 수준을 표시하고 있다.

<6단계: 나의 공부 목표 세우기>

이제 모든 단계를 종합해서 과목별로 자신의 이번 학년과 학기 공부 목표를 세운다. 공부 목표는 학년을 기준으로 학기로 나누고, 학기는 평상시 공부와 시험 공부로 구분한다. 공부 목표를 세울 때는 공부의 결과인 점수로 목표를 세울 수도 있고, 과정의 목표를 세울 수도 있다. 과정의 목표는 과목별 공부 체계나 영역 또는 교재의 유형으로 구분할 수 있다. 예를 들어 문학, 비문학 등으로 나누거나 교과서, 자습서, 개념 문제, 유형 문제, 심화 문제, 기출문제, EBS 문제 등으로 교재를 구분하여 공부 목표에 넣을 수 있다.

<7단계: 공부 이외의 체험 영역 관리하기>

마지막 단계에서는 공부 이외의 학습 영역을 확인하게 된다. 이것은 7가지 단계 중에 2단계에서 살폈던 대학 진학이나, 3단계에서 다룬 고등학교 진학에서 살피는 자기주도학습 전형 중에 학습 이외의 독서 지식이나 체험 등의 결과에 대한 수준을 말한다. 그런데 이 부분은 학습 영역이라

기보다는 다음 활동에서 다룰 습관 차원으로 관리하는 것이 더 적절하기에 진로에서 진학, 진학에서 학습 그리고 학습에서 습관으로 넘어가는 과정의 연결고리에 가깝다.

학습에 대한 스타일 이해

"우리는 보통 자기만의 스타일이 있다. 옷 입는 스타일, 말하는 스타일 등등. 진로 동아리에서 옷 입는 스타일이 가장 세련된 사람은 누구지?"

"저요!"

"아니에요. 교빈이는 더울 때 춥게 입고, 추울 때 덥게 입는 이상한 스타일이에요."

"야, 승헌. 네가 진정한 스타일을 몰라서 그래. 원래 멋쟁이는 여름에 더워 죽고, 겨울에 얼어 죽는 거야. 알아?"

"그래, 교빈이 스타일 멋있지! 마찬가지로 학습에도 자기만의 스타일이 있다. 학습에 대한 전략을 세울 때 자신의 학습 스타일을 정확하게 아는 것도 매우 중요하단다."

"정확히 알면 어떤 도움이 되는지 궁금해요?"

"좋아. 그럼 한번 예를 들어 볼까? 다음 두 가지 스타일 중에 교빈이 너의 스타일을 말해 봐."

읽기형 VS 쓰기형

"저는 읽기형이요."

읽으면서 공부할 때 공부가 잘 되는 스타일이 있고, 쓰면서 공부할 때 공부가 잘 되는 스타일이 있다. 2개의 스타일로 그룹을 나누고 각각의 장점과 단점을 찾아보도록 했다.

"읽기형은 시간을 오래 끌지 않죠. 건너뛰기를 잘합니다. 그래서 기본 개념에 대한 정확한 이해를 놓칠 때가 있어요. 스스로의 머리를 믿다가 실수하는 경우가 많아요."

"쓰기형은 꼼꼼한 게 자랑이죠. 풀이 과정이 잘 정리되어 있고요. 그런데 때로는 시간 조절에 실패하여 전체를 골고루 다 공부하지 못할 때가 있어요."

이런 스타일을 미리 알면 자신에게 가장 잘 맞는 환경을 선택할 수 있다. 또 자기 스타일에서 부족한 부분을 보완하고 강점을 강화시킬 수도 있다. 하샘은 학생들의 학습 스타일 중 가장 기본이 되는 유형으로 구분해서 도움을 주었다.

렌쥴리, '종합 재능 포트폴리오' 참고

구 분	기 준	질 문
언어 사고 유형	주의 집중	교사와 친구의 말에 집중하는가?
	인내	다른 사람의 말 중간에 끼어드는가?
	이타성	다른 사람이 말하도록 격려하는가?
	적절성	간단하고 요점에 맞게 말하는가?
	존중	의견을 말한 친구를 기억하여 이름을 불러 주는가?
	건설성	다른 친구의 생각을 더 발전시키려 하는가?
	관용	자신과 다른 생각에도 귀 기울이는가?
	개방성	자신의 생각을 기꺼이 바꾸려 하는가?
교수 선호 유형	강의	교사의 구두 강의 방식을 선호하는가?
	토론	토론의 소통 방식을 선호하는가?
	또래 교수	학생 서로가 가르치는 방식을 선호하는가?
	흥미 센터	다양한 소재와 자료를 수집하는 것을 선호하는가?
	학습 게임	게임 형식의 수업 진행을 선호하는가?
	매체 이용	멀티미디어 수업 방식을 선호하는가?
	시뮬레이션	역할 놀이를 통한 학습 방식을 선호하는가?
	독립 연구	프로젝트 형식의 팀별 독립 연구를 선호하는가?
환경 선호 유형	개인 배치	개인별로 활동하는 수업 모형을 선호하는가?
	집단 배치	집단으로 묶여 활동하는 모형을 선호하는가?
	상호 배치	어른(교사)과 함께 배치된 그룹을 선호하는가?
	결합 배치	다양한 그룹이 결합된 배치를 선호하는가?
사고 선호 유형	입법적 (기획자)	만화 그리기를 통한 표현을 선호하는가?
		글쓰기를 통한 사고 표현을 선호하는가?
		기획하는 방식의 사고 표현을 선호하는가?
	행정적 (촉진자)	타인을 도와주는 사고 표현을 선호하는가?
		타인에게 설명해 주는 사고 표현을 선호하는가?
		이유를 밝혀 증명하는 사고 표현을 선호하는가?
	사법적 (평가자)	결과에 대해 평가하기를 선호하는가?
		방향을 결정하는 사고 표현을 선호하는가?

구 분	기 준	질 문
표현 선호 유형	문어적	글로 표현하는 방식을 선호하는가?
	구어적	토론 방식으로 표현하기를 선호하는가?
	드라마	역할극을 통해 표현하기를 선호하는가?

진로는,
학습의 전략을 통해
격차를 좁히는
것이다.

냉정하게 학습의 현실 알기(1) 시험 달성률

아래의 그래프는 한 학생이 일반적인 시험공부의 달성률을 그래프로 그린 것입니다. 자신의 최근 가장 마지막에 본 시험을 떠올려, 과목별로 시험 4주 전부터의 공부 진행도를 그려 봅니다. 그리고 그린 이후에 간단하게 느낌을 기술해 봅니다.

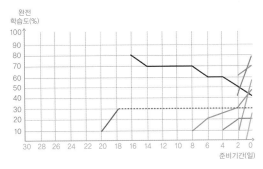

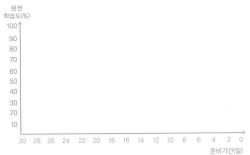

냉정하게 학습의 현실 알기(1) 시험 달성률

아래의 그래프는 한 학생이 일반적인 시험공부의 달성률을 그래프로 그린 것입니다. 자신의 최근 가장 마지막에 본 시험을 떠올려, 과목별로 시험 4주 전부터의 공부 진행도를 그려 봅니다. 그리고 그린 이후에 간단하게 느낌을 기술해 봅니다.

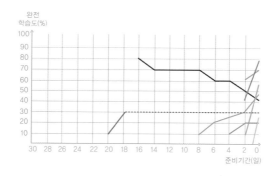

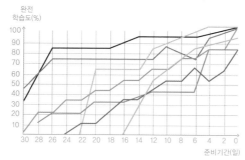

사실 지난 시험부터 시험 한달 전에 공부를 시작했다. 계획을 세우는 방법을 배웠고 그대로 적용해 보았다. 하지만 이렇게 그래프를 그려보지는 않았다. 그때의 공부 과정을 이렇게 그래프로 그려보니 과목별로 내가 어떻게 공부를 시작하고 진행하였는지 한눈에 보인다. 이 시험의 결과를 이미 알고 있기 때문에 달성률과 시험 결과의 연관성도 어느 정도 보인다.

뭐랄까, 나의 시험을 내가 주도한다는 느낌이 든다. 앞으로는 시험 준비 기간에 이 그래프를 주 단위로 그리면서 시험공부를 해야겠다.

냉정하게 학습의 현실 알기(2)
목표와 현실 격차

다음은 진로 비전을 세운 한 학생의 인생 로드맵을 통해 대학 진학의 학습 수준과 이를 이루는 과정에서 고등학교 진학의 수준을 확인하는 기초 자료입니다. 자신의 인생 로드맵과 고등 진학 목표를 참고하여 목표 학습 수준과 현재 학습 수준을 비교하는 글을 써 봅니다.

	세	세	세	세	세
목표					

학교유형		모집단위	입학전형	사회적배려대상자
일반고		지역/광역	평준화 : 추첨, 배정 비평준화 : 내신+선발고사	–
특수목 적고	과학고	광역	자기주도학습 전형+과학창의성 전형	자기주도학습 전형의 20%
	외국어고 국제고	광역	자기주도학습 전형	20%
	예술고 체육고	전국	내신, 면접, 실기 등	–
	마이스터고	전국	내신, 면접, 실기 등	–
특성 화고	특성(직업)	광역/전국	내신, 면접, 실기 등	–
	체험(대안)	광역/전국	내신, 면접, 실기 등	–
자율고	자율형사립고	광역	평준화 : 교육감결정(내신, 면접–추첨) 비평준화 : 자기주도학습 전형 (필기고사 금지)	모집정원의 20%
	자율형공립고	광역	평준화 : 선지원 후추첨 비평준화 : 자기주도학습 전형 (필기고사 금지)	–

_____

_____

_____

_____

_____

냉정하게 학습의 현실 알기(2) 목표와 현실 격차

다음은 진로 비전을 세운 한 학생의 인생 로드맵을 통해 대학 진학의 학습 수준과 이를 이루는 과정에서 고등학교 진학의 수준을 확인하는 기초 자료입니다. 자신의 인생 로드맵과 고등 진학 목표를 참고하여 목표 학습 수준과 현재 학습 수준을 비교하는 글을 써 봅니다.

	20 세	25 세	32 세	40 세	55 세
목표	이화여자대학교 신문방송학과	졸업과 동시에 아나운서 합격	프리랜서 선언 방송사 휘젓기	시청률 1위 예능 MC	아나운서 아카데미 설립

학교유형		모집단위	입학전형	사회적배려대상자
일반고		지역/광역	평준화 : 추첨, 배정 비평준화 : 내신+선발고사	–
특수목적고	과학고	광역	자기주도학습 전형+과학창의성 전형	자기주도학습 전형의 20%
	외국어고 국제고	광역	자기주도학습 전형	20%
	예술고 체육고	전국	내신, 면접, 실기 등	–
	마이스터고	전국	내신, 면접, 실기 등	–
특성화고	특성(직업)	광역/전국	내신, 면접, 실기 등	–
	체험(대안)	광역/전국	내신, 면접, 실기 등	–
자율고	자율형사립고	광역	평준화 : 교육감결정(내신, 면접-추첨) 비평준화 : 자기주도학습 전형 (필기고사 금지)	모집정원의 20%
	자율형공립고	광역	평준화 : 선지원 후추첨 비평준화 : 자기주도학습 전형 (필기고사 금지)	–

나는 아나운서를 꿈꾸고 있다. 나의 인생 로드맵 출발은 이화여대 신문방송학과에 입학하는 것으로 시작된다. 전형요소를 확인해 본 결과 내신과 수능이 거의 최상위 수준이다. 수시로 들어가는 전략을 짤 때에 내신의 중요성은 더 올라가며 여기에 논술준비가 포함된다. 글쓰기는 대회 수상 실적도 있고 해서 어느 정도 자신이 있지만 내신은 목표치의 60퍼센트 정도이다. 지금부터 내신시험과 수행평가 등에 더욱 집중하여 한 단계 한 단계 벽돌을 쌓는 마음으로 준비할 것이다. 적어도 고등학교에 진학할 즈음까지는 목표의 90퍼센트를 이룰 것이다.

도서관에서 꿈을 만나도록 도와줍니다

사서

안철수, 에디슨, 워렌 버핏, 이런 사람들의 공통점을 아세요? 도서관을 통째로 읽어 버린 사람들입니다. 대단하죠. 교실보다 도서관을 더 즐겁게 드나들고 서점에서도 주저 없이 바닥에 앉아 책 한 권을 읽어 버리는 아이들을 보면 저는 심장이 터질 것 같은 희열을 느낍니다. 저는 도서관 사서입니다.

이 시대의 위대한 인물들은 도서관에서 자랐습니다. 컴퓨터 대출 시스템이 본격화된 1990년대 중반 이전까지는 종이로 만든 대출 카드를 썼는데, 그 카드가 시커멓게 변해 몇 번이나 다시 만들었던 인물들이죠.

여러분 생각에 도서관은 왠지 '정숙 모드' 또는 '엄숙 모드'라서 숨 막히지 않나요? 어쩌면 우리는 세상을 살면서 너무나 많은 볼거리와 소음 속에서 생각할 시간, 꿈 꿀 시간을 놓치고 있는지도 모르겠어요. 30초 단위로 자신의 스마트폰을 보는 습관이 있다고 하니 도대체 언제 상상을 하겠어요. 저는 제가 꿈꾸던 사서가 되었습니다. 그리고 이제는 아이들이 꿈꿀 수 있는 도서관 문화를 만들 겁니다. 여러분, 저처럼 도서관에서 살고 싶은 사람 또 있나요?

08 꿈은 원대하게! 하루는 치밀하게!

하루의
실천
전략이
있는가

우리들의 고민 편지

요즘 들어 부쩍 초등학교 시절을 그리워하는 Y양. 뭐든 잘 할 수 있었고, 노력한 만큼 결과를 만들어 낼 수 있었던 시절이었다. 그런데 중학생이 된 자신의 모습은 더없이 초라하다. 이제 부모님도 자신에게 크게 기대하지 않는 눈치여서 슬프다. 그래서 학교에서의 진로 활동에 더욱 집중하였고 멋진 결과를 만들어 부모님께 보여 드렸다. 그걸 보신 아버지의 한마디가 아직도 잊혀지지 않는다. "아름다운 목표를 세운 것에는 박수를 보낸다. 그런데 먼 미래의 꿈이 이루어지려면, 우선 너의 하루하루를 바꾸어야 할 것 같다. 목표는 너의 마음속에 두면 되고, 아빠에게는 너의 일상습관으로 보여 주렴." 이게 무슨 말인가. 목표와 습관이 도대체 무슨 관계란 말인가.

– 온라인 캠프에 올라온 진로 고민 편지

결과를 바꾸는 습관의 구조

1박2일의 묘미는 역시 바비큐 잔치이다. 신나게 먹고, 강변 산책까지 하고 돌아온 아이들은 오늘의 마지막 워크숍을 준비하고 있다. 학생들은 하샘과 함께 고기를 굽고 식사를 하면서 더욱 친해졌다. 특히 수희는 하샘의 전화번호까지 받아 놓았다. 하샘의 존재 그 자체가 수희의 롤모델이었기 때문이다. 수업을 할 때의 꼼꼼하고 탁월한 전문성에 더하여 학생들과 친해지는 순간에는 소탈하게 자신을 드러내어 주는 모습이 매력적이다.

"수희야, 너는 어쩌면 그렇게 나의 중학교 시절과 비슷하니?"

"정말 그래요? 그럼 제가 나중에 크면 하샘처럼 될 수 있겠네요?"

"그렇게 되는 건가. 그렇다면 아주 장래가 기대되는 학생인데, 하하하!"

목표 의식은 사람의 마음에 긴장감을 불어 넣고, 사람의 생각에 집중력을 높여 준다. 오늘 오프닝 강연까지 포함하면 다섯 번째 워크숍인데, 학생들은 모두 집중을 잘 하고 있다. 이들에게는 동일한 목표가 있기 때문이다. 바로 진로 박람회라는 공동의 목표이다. 더군다나 이번 1박2일 동안 배우는 내용들이 고스란히 진로 박람회에 사용되는 전시 항목이라 학생들은 집중할 수밖에 없다.

"화면에 보이는 빙산은 매우 유명해. 빙산의 층마다 퍼센트가 적혀 있는데, 그것은 영향력의 크기를 말하는 거야. 자, 여기 감성, 행동, 습관 등 5개의 단어 카드가 있다. 토론한 뒤에 순서를 배열해 보도록. 그럼, 시작!"

빙산은 보이는 부분과 보이지 않는 부분이 있다. 보이는 부분은 보이지 않는 부분의 끝자락일 뿐이다. 진짜 모습은 물속에 잠겨 있다. 과연 어떤 연결 구조가 있는 것일까? 학생들은 토론에 몰입했다.

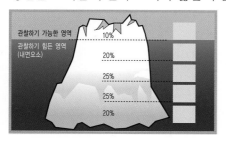

"어떤 행동을 했을 때 감성이 생기
잖아. 그러니까 행동이 감성보다
아래겠지."

"아닌 것 같아. 어떤 감성에 영향을 받아서 행동을 일으키는 게 맞지 않
을까?"

"결과가 수면 위에 올라오는 거야. 그렇다면 결과를 만들어 내는 것은 무
엇일까?"

"어떤 행동을 통해 결과를 만드는 게 아닐까, 행동은 사고에 영향을 받기
도 하잖아. 너무 어렵네."

동아리 친구들은 갑론을박, 서로 의견이 분분했다. 학생들의 의견이 너
무 갈리자 하샘은 시간을 아낄 겸 카드 2개의 위치를 정해 주었다.

"가장 위에는 '결과' 카드고, 밑에서 세 번째는 '행동' 카드다. 이제 정
리가 좀 되겠지?"

결과를 바꾸는 것은 습관이다.
오랜 시간이 지난 뒤, 우리의
진로 비전은 현실로 나타날 것
이다. 그것이 바로 빙산이 드러
난 10퍼센트이다. 그런데 결과
를 만드는 것은 바로 우리가 오

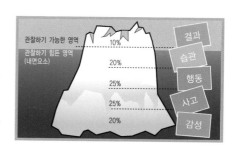

랜 시간 가지고 있던 '습관'이라는 것이다.

"수희야, 보이지 않는 부분은 오랜 시간이 걸린다."

"왜 그렇죠?"

"내면적인 부분이기 때문이야. 어떤 습관이 형성되려면 오랜 시간 어떤
행동이 반복되는 과정이 필요하지. 행동이 반복되기 위해서는 특정한 사
고의 자극이 필요해. 그런데 우리의 생각을 움직이게 하는 자극 중에 가

장 강력한 것은 감성적인 것들이다."

"하샘, 이 구조에서 우리의 진로 비전을 위한 '전략'으로 꼭 기억해야 할 것은 무엇이죠?"

"습관이다."

"습관이라면 우리가 매일매일 살아가는 과정에서 보이는 그 습관인가요?"

"정확하게 이해했다. 가장 멀리 있는 진로에서 출발하여, 진학을 거쳐, 학습 전략을 만난 뒤, 이제 마지막으로 하루의 습관으로 건너온 거야. 장기적인 진로, 중기적인 진학, 단기적인 학습, 그리고 가장 마지막은 하루하루의 '습관'이다."

시간을 정복하는 비전의 강자

"혹시 '습관'이라는 단어를 한자로 본 적이 있니?"

"아뇨."

하샘은 5분 정도의 시간을 주고 인터넷 사전을 통해 검색을 하도록 했다.

"샘, 습(習)은 새 날개 모양의 글자(羽)와 둥지(白) 모양이 합쳐져 만들어진 거래요. 그러니까 둥지 위에 있는 새의 모양으로 만들어진 글자죠."

"그래, 좀 더 이해를 확장시켜서 만들어진 원리를 말하는 것인데, 바로 거기서 어떤 의미가 파생되어 지금의 '익힐 습'자로 쓰이게 되었다고 한다."

"둥지 위에 있는 새의 모습이 지금의 '익히다'라는 뜻이 된 것을 살펴야 할 문제군요. 이러면 어떨까요? 둥지 위에 있는 어린 새의 모습이고요. 아직 어리기에 둥지 위에 있지만, 점차 자라면서 날기를 연습할 거고, 그래서 나는 법을 익히게 되었다. 어때요, 그럴 듯하죠?"

"샘, 교빈이가 나름 논리를 잘 만들었는데, 제가 검색한 사전에는 약간

다르게 나왔는데요?"

어원에 대한 설명이 약간씩 차이가 났다. 하영이가 찾은 어원은 '어린 새가 날갯짓(羽)을 하여 스스로(自→白) 날아오르기를 연습하다'라고 나와 있다. 그러고 보면 교빈이의 풀이가 잘 맞아떨어진 것이다. 교빈이는 자신의 의견이 일리가 있다는 분위기가 형성되자 어깨에 힘을 주었다.

"교빈이도, 하영이도 모두 잘 찾았다. 그리고 해석도 잘 했어. 습관의 '습'이라는 글자는 말 그대로 일상에서 반복적으로 익히는 것을 말한다. 자, 그럼 습관을 좀 더 정확하게 이해하기 위해서 그 옆의 '관'자를 같은 방식으로 한자 어원으로 풀어 보렴. 그리고 이번에는 승헌이가 대답해 보자."

"마음(心)이라는 글자와 꿰다(貫)라는 글자가 합쳐진 거예요."

"그래, 선생님이 좀 더 보충하자면 貫이라는 글자는 옛날에 사용하던 동전인 엽전의 모양에서 나온 것이다."

"엽전이요? 가운데 구멍이 있는 그 엽전이요?"

"그래, 보통 엽전은 가운데에 줄을 넣어 꿰어서 다니잖니. 사극에서 보았지? 바로 그 모양을 말한다."

"그럼, 어떻게 해석이 될까요?"

"다양하게 해석이 되겠지. 한번 의미를 만들어 볼까?"

"제가 한번 해 볼게요. 어떤 것을 반복적으로 훈련하면 습관이 되는데, 그런 습관은 먼저 마음을 뚫고 지나가는 감성의 울림이 있어야 가능하다."

"저도 한번 해 볼게요. 습관은 한번 제대로 형성이 되면, 평생을 꿰뚫고 지나가듯 일평생의 습관으로 자리를 잡는다."

승헌이의 답변을 듣고, 수희도 한 줄을 거들었다. 학생들은 주어진 정보를 바탕으로 자유롭게 상상하면서 이야기를 확장하고 있었다. 다양한 이야기가 나오지만 중요한 공통점은 습관이 우리의 일상에서의 반복과 관련이 있다는 것이다. 그리고 그러한 습관이 쌓여서 우리의 일생에 영향을 줄 수 있다는 것이다. 그래서 우리의 진로 비전은 원대함으로 표현하지만, 우리의 습관 전략은 일상의 치열함으로 표현된다.

"그런데 여기서 한 가지 문제가 있다. 도대체 무엇을 습관으로 들여야 우리의 진로 비전에 도움이 될 것인가이다. 그 습관을 찾기 위해 독특한 실험을 해보자."

본인이 읽은 책 중에서 중요하게 생각하는 두 권을 선정하여 내용과 감상을 적어 주십시오.(600자 이내)

본인이 ○○고의 해당학과에 지원하게 된 동기에 관하여 기술하십시오.(600자 이내)

본인이 스스로 학습계획을 세우고, 학습하고, 평가해 온 자기주도학습 과정과 이를 통해 느꼈던 점에 관하여 기술하고, 고등학교 입학 후 본인의 학습계획과 고등학교 졸업 후 진로계획에 관하여 구체적으로 기술하십시오.(600자 이내)

봉사 및 체험활동 중 2가지 사례를 선택하여 그 활동 경험의 내용과 어떤 점을 가장 인상 깊게 느꼈는지에 대해 구체적으로 기술하십시오.(600자 이내)

하샘은 각 조별로 2명씩 짝을 지었다. 화면에 보이는 4개의 질문 중에 하나를 골라 상대방에게 물어 보고 답변을 듣는 활동이었다. 말로 하는 것이라 단어 수를 정할 수 없으니 시간을 1분으로 제한했다. 작은 쪽지를 나눠 주고 거기에 각 질문마다 점수를 적게 했다. 10점을 만점으로 주게 했다. 점수 쪽지를 나눠 주기 전까지는 그저 즐겁게 활동하려 했는데, 쪽지를 받는 순간 다들 자세가 달라졌다. 이게 바로 평가의 무서움이라는 사실을 하샘은 실감했다.

"제가 이 학교에 가고 싶은 이유는, 저의 꿈을 이루기 위해서입니다. 사회복지사 겸 상담가가 되고 싶은데……."

"저는 노숙자들에게 식사를 대접하는 밥 퍼 주기 봉사 활동에 참여했습니다. 그 활동은 특히 추운 겨울에 노숙자들이 가장 많이 모이는 역으로 가서 뜨거운 국밥을 대접하는 일이었습니다. 처음에는 지나가는 시민들이 쳐다보는 바람에 좀 창피했지만, 국밥을 받아 들고 가는 분들이 진심으로 고마워하는 모습을 보면서 말할 수 없는 보람을 느꼈습니다."

수희가 발표를 하는 동안 같은 조의 친구들은 쪽지에 점수를 적었다. 갑자기 전체 분위기가 사뭇 진지한 면접 분위기로 바뀌고 있었다. 시간이 지나자 하샘은 서로 입장을 바꿔 교대하도록 했다. 면접관처럼 팔짱을 끼고 들으면서 점수를 적던 학생들은 이번에는 자세를 가다듬고 어떤 질문이 나올지 긴장하는 모습을 보였다. 4개의 질문 중에 하나를 말하는 것이지만 미리 준비한 내용이 아니기에 학생들의 긴장감은 높았다.

"어때, 얘기가 잘 나오니. 점수는 잘 나왔어? 수희는 어때?"

"새로운 경험이었어요. 발표를 할 때는 너무 긴장이 되어서 알고 있던 내용도 잘 안 떠오르더라고요. 그런데 제가 말할 때는 몰랐는데 질문을 하고 답변을 듣는 입장이 되니까 상대방의 생각이 정리되어 있는지 그렇지 않은지 바로 느껴졌어요."

"좋은 경험 했지? 사실 이 내용은 대학에 입학할 때 제출하는 자기소개서와도 거의 같다. 자기소개서의 항목은 아무 생각 없이 살다가 막판에 갑자기 쓸 수 있는 내용이 아니다. 거의 모든 내용이 오랜 시간 축적되어 온 경험과 생각, 성찰의 결과를 물어 보는 거란다."

"하샘, 조금 느낌이 오는데요. 우리가 일상의 습관 속에서 채워야 할 것이 무엇인지 살피면서 자기소개 항목을 보았잖아요. 그런데 자기소개서의 항목 그 자체가 오랜 시간 쌓인 생각이니, 바로 이 내용들을 평상시의 습관 속에서 축적해 가야 하는 것이죠?"

역시 하영이가 깔끔하게 정리를 해주었다. 평상시에 꾸준히 독서를 통해 사고하는 습관을 쌓아야 한다. 인생의 진로 비전을 계획하고 그 진로 비전을 진학의 차원에서 끊임없이 점검해야 한다. 일상 속에서 봉사 및 체험 활동을 해야 하며, 그런 활동을 통해 건강한 감성을 만들어 가야 한다. 바로 이런 모든 과정을 통해 '습관'이 형성되고, 그 쌓인 습관이 자기소개서의 내용으로, 진로 비전의 결과로 드러나게 된다.

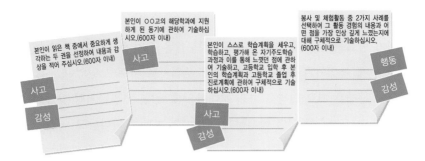

본인이 읽은 책 중에서 중요하게 생각하는 두 권을 선정하여 내용과 감상을 적어 주십시오.(600자 이내)

사고

감성

본인이 ○○고의 해당학과에 지원하게 된 동기에 관하여 기술하십시오.(600자 이내)

사고

사고

감성

본인이 스스로 학습계획을 세우고 학습하고, 평가를 통해 느꼈던 자기주도학습 과정과 이를 통해 느꼈던 점에 관하여 기술하고, 고등학교 입학 후 본인의 학습계획과 고등학교 졸업 후 진로계획에 관하여 구체적으로 기술하십시오.(600자 이내)

봉사 및 체험활동 중 2가지 사례를 선택하여 그 활동 경험의 내용과 어떤 점을 가장 인상 깊게 느꼈는지에 대해 구체적으로 기술하십시오.(600자 이내)

행동

감성

"샘, 정리가 되었어요. 그러니까 일상의 습관을 채우는 것들은 '계획 · 체험 · 지식 · 감성' 등이고, 이 항목은 진로 비전을 이루기 위한 중요한 진학의 관문에서 꼭 필요한 것들이군요."

"그런데 하샘, 이런 것들을 모두 하기에는 우리의 하루가 너무 짧아요. 너무 바쁘고 시간이 모자라요!"

하샘은 시간이 부족하다고 하는 학생들을 위해 공부, 경험, 습관 등을 골고루 유지하는 ○○학생의 바쁜 시간 속에서 공부 이외에 진로를 위한

2학기 목표		목표	전략			
			도구	시간	방법	비용
공부	1	단어&문법	해커스 어휘, 능률 VOCA	매일 아침 6시~7시 30분	두 권 하루에 1회씩- 누적 방법 시도!!!	0
	2	듣기 잡아 버리기	외고듣기 final, 듣기 특강, 추가 문제집	학원 숙제는 밤 10시~12시30분 까지 일짜로!!!	학원 진도, 미정	추가 문제집
	3	과학 미리 잡아버리기	완자, 오투	학원에서 틈틈이 해결	학원 진도 – 예복습	10,000원
	4	어휘력 잡아 버리기	1등급 어휘력	숙제, 복습 – 매일 아침 단어 외우고 남는 시간 – 부담감 0	과외쌤 진도+ 처음부터 1바닥씩	0
	5	시, 비문학 분석 잡기	시의 원리, 비문학 독해의 원리, 단비	시 – 월요일, 비문학 – 수요일	둘 책다 처음부터 소단원 1개씩, 단비=이동중	0
	6	심도 있는 시사 상식	최신 이슈, 시사 상식	되도록 매일 한글 – 아침 식사 후	이하 생략	0
경험	1	롤모델과의 만남 추가	세계 발견 블로그 제작	틈틈이 블로그 관리 및 도전	멘토에게 자료 문의	부모님이,,,, ㅋㅋ

170

2학기 목표		목표	전략			
			도구	시간	방법	비용
경험	2	꿈관련 도서 10권읽기	롤모델 저서 목록	자투리 시간 활용 독서(이동)	미리 목록 짜서 엄마에게 토스	부모님이.... ㅋㅋ
	3	꿈관련 영상 5편 보기	강의영상 리스트	잠이 올때, PMP로 조금씩 보기	네이버 강연 목록 서칭	
	4	꿈 관련 대학 탐방 2회	대학탐방 프로그램	놀토이용	친구들과 함께 계획잡고 실행	
습관	1	단어 매일 외우기	계획대로	• 2번과 3번은 주 단위 피드백 항목에 넣는다. • 매일 플래닝은 전날 저녁 12시 • 주간 피드백은 일요일 밤 9시 • 6시 기상을 위한 1시 이전 취침		
	2	게임 하루로 잡기	붙어있는 종이로			
	3	6시 기상	알람			
	4	매일 플래너 쓰기	플래너			
	5	주말에 피드백하기	플래너			

경험 목표와 습관 목표 등을 포함하여 전략을 수립한 사례를 보여 주었다. 그럼 도대체 어떻게 하루의 시간을 지혜롭게 사용할 수 있을까? 그것이 오늘 살펴야 할 또 하나의 주제이다. 하샘은 차근차근 시간을 관리하는 방법을 설명해 주었다.

〈1단계: 시간을 바라보는 시야 넓히기〉

하샘은 먼저 뒤죽박죽 창고와 엉망진창 공부 시간 관리를 비교해 놓은 표를 보여 주었다. 학생들은 공감 백배의 눈빛으로 내용을 훑었다.

	뒤죽박죽 창고	엉망진창 공부 시간 관리
공통점 1	공간이 제한되어 있다.	시간이 제한되어 있다.
공통점 2	공간보다 많은 물건이 쌓여 있다.	한정된 시간보다 많은 일정이 있다.
공통점 3	원칙이나 질서 없이 물건을 쌓아 둔다.	원칙과 계획 없이 남는 시간에 공부한다.
공통점 4	어디에 뭐가 있는지 알 수 없다.	언제, 무엇을 해야 할지 전략이 전혀 없다.

〈2단계: 나의 시간 관리는 어떤지 시간 일기 제작〉

'시간 일기'는 자신의 일주일이 어떻게 지나가고 있는지, 일주일의 시간 사용을 그대로 채워 보는 것이다. 다소 부정적인 시간 사용도 모두 솔직하게 적어야 한다.

〈3단계: 나의 시간을 잡아먹는 시간 도둑 찾기〉
시간 일기를 보면 자신의 시간 도둑이 보인다. 반복적으로 시간을 빼앗아 가는 나쁜 습관들이 보인다.

바로 그것들을 제거하는 게 우선이다. 자신의 시간 일기에서 보이는 표면적인 시간 도둑은 무엇인가? TV 시청, 무절제한 인터넷 사용, 실시간 문자 주고받기, 게임, PMP로 강의 시청하다가 영화로 빠지기, 학교 끝나고 돌아오는 길에 PC방 출석하기, 친구들 생일이나 온갖 경조사 챙기기, 그것도 아니면 멍 때리기……. 그 어떤 것이든 시간 도둑을 발견하는 것으로 첫 발을 내딛지만, 도둑을 잡으려면 어떻게 해야 할까? 깨달은 날부터 '그거 안 하기!' 라고 쓰면 될까?

그렇지 않다. 보다 근본적인 원인이나 환경, 자신의 태도 등을 파악하고 고쳐 나가야 한다. 시간 도둑을 체포하기 위해 먼저 '자기진단'을 해 본다.

*거의 그렇다(0)/ 자주 그렇다(1)/ 가끔씩 그렇다(2)/ 거의 아니다(3)

	내 용	점수
1	친구에게 전화가 자주 오고, 통화 시간이 길다.	
2	독서실, 공부방 그리고 집에서 공부할 때도 친구들이 자주 불러낸다. 전반적으로 외부 환경 때문에 공부 집중 시간이 짧다.	
3	공부할 때 자꾸 다른 생각이나 습관이 끼어들어 공부 시간이 길게 늘어지고 실제 공부 양은 얼마 안 되는 경우가 많다.	
4	생각을 많이 하는 공부, 오래 걸리는 공부는 귀찮다는 생각이 먼저 든다.	
5	혼자 공부하는 시간이나 개인적인 삶에 우선순위가 없다. 그냥 닥치는 대로 한다.	
6	항상 예기치 않는 약속이나 일이 생겨 계획대로 되지 않아 꼭 미루게 되고, 과제나 시험공부를 벼락치기로 한다.	
7	책상이 항상 어질러져 있다. 책과 문제집이 항상 쌓여 있다.	

	내 용	점수
8	의사전달이 잘 안 된다. 정보를 늦게 얻거나 이해를 잘 못하여 부모님, 친구, 선생님과 갈등이 자주 일어난다.	
9	모든 일은 내가 다 해야 한다. 내 공부뿐 아니라 친구들의 생일, 미팅이나 사소한 일까지 내가 다 챙겨야 직성이 풀린다.	
10	다른 친구가 부탁을 하면 무슨 일이 있어도 거절을 못 한다.	
11	삶이나 공부에 대해 뚜렷한 목표나 계획이 없다. 그래서 하루 종일 뭔가 꽉 차고 바쁘게는 살았는데, 뿌듯한 의미나 보람이 없다.	
12	늘 계획을 세우지만 의지가 약하여 번번이 실천에 옮기지 못하는 생활이 반복된다.	
	합계	

나의 시간을 도둑질하는 12가지 유형의 자기진단 목록

표시가 끝났으면 오른쪽 하단에 합산 점수를 기록한다. 그리고 다음의 기준에 따라 간단하게 진단을 내려 본다.

합산 점수 0~17점: 당신은 시간 계획과는 거리가 먼 사람이다. 따라서 다른 사람들, 다른 친구들의 계획에 좌지우지된다. 이런 경우 자신의 공부를 올바른 방향으로 주도해 가기 어렵다. 이러한 학생은 이 책을 읽고 가장 열심히 실천해야 할 사람이다.

합산 점수 18~24점: 이런 학생은 시간을 관리하기 위해 노력하지만 끈기가 없어 번번이 실패한다. 이런 친구들에게는 시간 관리 도구가 절실하다.

합산 점수 25~30점: 이 친구는 시간 관리 상태가 양호한 편이다. 물론 아직 개선해야 할 점은 충분히 있다.

합산 점수 31점 이상: 이 점수에 속한 친구는 자신의 시간 관리 방법을 다른 친구에게 소개해 주고 가르칠 수 있을 정도이다. 자신의 시간 관리 방법을 최대한 많은 친구들에게 보급하는 일을 해야 한다.

이러한 시간 도둑의 12가지 유형은 다시 외부 환경적인 이유와 내면적인 요인으로 정리해서 이해할 수 있다. 이처럼 원인을 다각도로 분석하면

시간 도둑이 발생하는 외적인 요인	시간 도둑이 발생하는 내적인 요인
• 시간 관리에 대한 정보 부족 • 주변에 문제를 볼 수 있도록 돕는 사람 부재 • 서로 시간 관리를 점검해 줄 협력자 없음 • 친구와의 빈번한 전화 • 예상보다 길게 늘어지는 식사 • 친구들의 잦은 호출 • 시간의 우선순위 없음 • 공부 환경의 열악함 • 친구들에 대한 지나친 배려 • 공부 이외의 지나친 야외 활동 • 의사 전달 소통 부족	• 한정된 시간에 많은 공부를 하려는 과욕 • 자신의 시간을 분석하기 싫어하는 귀차니즘 • 잦은 미루기 태도 • 시간 관리를 돕는 자기만의 방법(도구) 없음 • 남의 조언을 귀담아 듣기 싫어함 • 친구의 요청에 거절 못함 • 다른 사람과 어려움을 나누지 못함 • 다른 사람을 탓하는 습관 • 지나친 간섭 습관 • 계획에 없던 즉흥적인 결정 • 다른 사람에 대한 잦은 비난 습관

더욱 정확하게 문제의 본질을 발견하고 해결할 수 있는 힘이 생긴다.

"다소 어려울 수 있지만 흐름은 간단하다. 우선 드러난 시간 도둑을 잡아야 하고, 드러난 시간 도둑이 있게 된 외적 · 내적 요인을 찾아 제거하는 거지. 이 정도면 시간 도둑의 본질에 대해 뭔가가 보이기 시작하지?

실제 자신의 시간 도둑을 분석한 어느 중학교 여학생의 사례를 살펴보자. 예전 같으면 단순히 자신의 드러난 시간 도둑만 나열해 보았을 테지만, 쉽게 개선이 안 되는 것을 발견하고 이번에는 외적 · 내적 요인까지 모두 분석해 보았다고 한다."

드러난 시간 도둑		외적 요인		내적 요인
정기적인 PC방 출입 전화 통화 및 문자 잦은 친구 모임	←	시간 관리의 정보 부족 시간의 우선순위 없음 도움 구할 사람이 없음 의사전달 소통 부족	←	친구의 요청에 거절 못함 지나친 간섭 습관 계획에 없는 즉흥적 결정 잦은 미루기 태도

"하샘, 이런 방법으로 시간 도둑을 잡은 다음에 여유로워진 시간 활용방법도 가르쳐 주세요."

하샘은 수희의 요청을 듣고 한 가지 자료를 찾아 보여 주었다. 일주일 단위로 시간 사용을 성찰한 결과 샘플이다. 비전을 추구하는 과정에서 '평가'가 없다면 긴장감은 사라진다. 삶의 기복이 생기고, 똑같은 실수를 반복하게 된다. 그래서 주 단위로 자신의 삶에 대해 점검을 해야 한다.

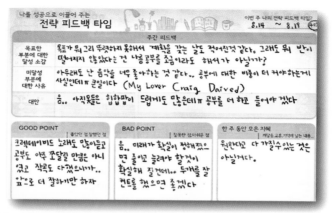

또 하루 단위로 자신의 핵심 목표를 점검해야 한다.

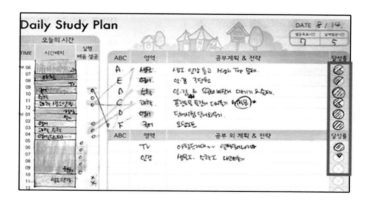

우리가 매일 실천해야 할 습관 중에 지식, 행동, 감성 등이 있다. 하샘이 추가로 보여준 계획표에는 그러한 내용을 채우고 있다. 매우 간단하지만 규칙적으로 점검하다 보면 자연스럽게 그 기준이 내면화되어 행동이 강화된다.

또 감성 역시 민감하게 드러나는 효과가 있다. 별도의 기록 칸에는 하루의 중요한 정보나 간단한 감성 이야기와 사건을 기록할 수 있다. 일기를 쓰지 않는 학생이 많으므로 이렇게 간단하게 계획표에 기록하는 것도 좋다.

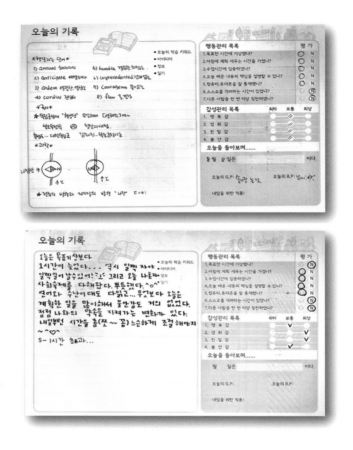

하루 또 하루 그리고 하루

2장의 카드에 그리이스 로마 신화의 캐릭터가 들어 있다. 학생들은 조별로 자료조사에 들어갔다. 크로노스와 카이로스라는 이름만으로도 학생들은 기대 이상의 정보를 모으고 정리할 수 있었다. 하샘이 이번 활동을 마무리하며 꼭 들려주고 싶었던 이야기라고 한다.

"하영이가 크로노스에 대해 한번 설명해 볼까?"

176

"크로노스는 시작과 끝이 있는 물리적인 시간이에요. 아들 제우스에게 죽임을 당한 신이죠. 바로 거기서 시간은 '시작'과 '끝'이 있게 되었대요."

"카이로스는 승헌이가 설명해 보렴."

"오른쪽의 카이로스는 기회의 신이라고 해요. 앞머리가 무성해서 카이로스를 잘 못 알아본대요. 우리가 시간의 기회를 잘 모르는 것처럼 말예요. 뒷머리는 대머리입니다. 그래서 카이로스를 발견한 사람이 손을 뻗어 잡으려 해도 뒷머리가 반질거려 놓친다고 해요. 그리고 등과 발에는 날개가 있어 금방 사라져 버립니다. 이처럼 우리에게 기회는 잘 발견하고 만드는 사람의 것입니다."

"두 사람 모두 잘 조사했다. 여러분의 하루 시간을 어떤 습관으로 채우는가에 따라 여러분의 시간은 크로노스가 되기도 하고 카이로스가 되기도 해. 아름다운 진로 비전을 위해 자기에게 주어진 시간을 균형 잡힌 지식, 경험, 감성, 공부로 채우길 바란다."

진로는, 원대한 꿈과 치밀한 하루 습관의 만남이다.

원대한 결과를 바꾸는 일상의 요소

아래의 빙산 모형에 들어갈 단어를 골라 기입한 뒤, 진로 비전이라는 결과를 바꾸는 습관의
요소 및 습관을 바꾸는 내면의 요소를 순서대로 정리하여 간단하게 설명하세요.

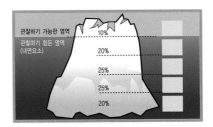

_____

_____

_____

_____

_____

_____

원대한 결과를 바꾸는 일상의 요소

아래의 빙산 모형에 들어갈 단어를 골라 기입한 뒤, 진로 비전이라는 결과를 바꾸는 습관의
요소 및 습관을 바꾸는 내면의 요소를 순서대로 정리하여 간단하게 설명하세요.

결과는 수면 위에 올라 온 빙산의 일각이다. 빙산의 일각이 중요하지 않다는 것은 아니다.

다만 보이지 않는 90퍼센트의 더 큰 요소가 숨겨져 있다는 것이다. 어쩌면 결과가 나의 꿈의

성취일 수도 있다. 그런데 꿈의 성취를 만드는 것은 수면 아래의 습관이다. 결국 결과를 만드는

것은 습관이다. 그러니 드러난 결과를 붙잡고 보이는 것들을 바꾸려하기보다는 습관을 점검하

고 개선하는 것이 지혜로울 것 같다. 그 습관을 만드는 것은 반복적인 행동, 행동에 영향을 주는

것은 사고, 사고에 결정적인 자극을 주는 것은 바로 감성이다.

진학의 이슈를 지금의 준비 상태로 답변해 보기

진로 비전의 핵심 관문인 진학의 과정에서 공통적으로 물어 보는 질문이 나열되어 있습니다. 이 중에 한 가지를 골라서 그 내용에 맞게 아래에 기술하세요. 그런 뒤, 그 아래에 지금의 준비 상태로 질문에 답변한 소감을 기록합니다. 이를 통해 우리의 중요한 결과를 위해 매일의 순간에 준비해야 할 요소를 확인하게 됩니다.

본인이 읽은 책 중에서 중요하게 생각하는 두 권을 선정하여 내용과 감상을 적어 주십시오.(600자 이내)

본인이 ○○고의 해당학과에 지원하게 된 동기에 관하여 기술하십시오.(600자 이내)

본인이 스스로 학습계획을 세우고, 학습하고, 평가해 온 자기주도학습 과정과 이를 통해 느꼈던 점에 관하여 기술하고, 고등학교 입학 후 본인의 학습계획과 고등학교 졸업 후 진로계획에 관하여 구체적으로 기술하십시오.(600자 이내)

봉사 및 체험활동 중 2가지 사례를 선택하여 그 활동 경험의 내용과 어떤 점을 가장 인상 깊게 느꼈는지에 대해 구체적으로 기술하십시오.(600자 이내)

소감

진학의 이슈를 지금의 준비 상태로 답변해 보기

진로 비전의 핵심 관문인 진학의 과정에서 공통적으로 물어 보는 질문이 나열되어 있습니다. 이 중에 한 가지를 골라서 그 내용에 맞게 아래에 기술하세요. 그런 뒤, 그 아래에 지금의 준비 상태로 질문에 답변한 소감을 기록합니다. 이를 통해 우리의 중요한 결과를 위해 매일의 순간에 준비해야 할 요소를 확인하게 됩니다.

나는 환경운동가를 꿈꾸고 있다. 환경 관련학과에 진학할 것이며, 연구소에서 일을 하고 싶다. 이후에는 환경단체에 들어가서 국토를 보존하는 연구와 활동을 할 것이다. 궁극적으로 국회의 원 환경정책 보좌관을 거쳐, 나도 국회로 진출하고 싶다. 그래서 환경을 위한 법을 꼭 만들고 싶 다. 이를 위해 초등학교 6학년 때부터 환경보존 국토순례를 참가하고 있다. 국토를 종단하며 환 경 문제를 눈으로 보고, 기록하며, 자료를 수집하는 체험이다. 이미 3회째 참여하는 동안 나는 어느덧 환경문제에 대해 발표를 하거나 토론이 가능한 수준이 되었다.

실제 체험을 통해 얻은 지식은 내가 고등학교나 대학에 가서도 도움이 될 것이다.

소감

나의 비전과 나의 체험이 하나로 연결되는 느낌이 든다. 공부, 체험, 봉사, 독서 등 내가 할 수 있는 모든 활동이 나의 꿈과 관련이 있다는 확신이 든다. 어떤 목적에 의해 내 삶이 정리되는 느낌은 나에게 말할 수 없는 확신과 안정감을 준다.

습관을 관리하는 나의 시간 도둑 찾기

공부, 체험, 지식, 감성 등을 채우는 습관이 우리의 진학과 진로에 필요하다는 것을 배웠지만 막상 시간을 사용하려고 하면 부족한 경우가 많습니다. 다음 표에 표시하고 결과를 분석한 뒤 문제점과 개선점을 기록하세요.

○ / △ / X

	내　용	점수
1	친구에게 전화가 자주 오고, 통화 시간이 길다.	
2	독서실, 공부방 그리고 집에서 공부할 때도 친구들이 자주 불러낸다. 전반적으로 외부 환경 때문에 공부 집중 시간이 짧다.	
3	공부할 때 자꾸 다른 생각이나 습관이 끼어들어 공부 시간이 길게 늘어지고 실제 공부 양은 얼마 안 되는 경우가 많다.	
4	생각을 많이 하는 공부, 오래 걸리는 공부는 귀찮다는 생각이 먼저 든다.	
5	혼자 공부하는 시간이나 개인적인 삶에 우선순위가 없다. 그냥 닥치는 대로 한다.	
6	항상 예기치 않는 약속이나 일이 생겨 계획대로 되지 않아 꼭 미루게 되고, 과제나 시험 공부를 벼락치기로 한다.	
7	책상이 항상 어질러져 있다. 책과 문제집이 항상 쌓여 있다.	
8	의사전달이 잘 안 된다. 정보를 늦게 얻거나 이해를 잘 못하여 부모님, 친구, 선생님과 갈등이 자주 일어난다.	
9	모든 일은 내가 다 해야 한다. 내 공부뿐 아니라 친구들의 생일, 미팅이나 사소한 일까지 내가 다 챙겨야 직성이 풀린다.	
10	다른 친구가 부탁을 하면 무슨 일이 있어도 거절을 못한다.	
11	삶이나 공부에 대해 뚜렷한 목표나 계획이 없다. 그래서 하루 종일 뭔가 꽉 차고 바쁘게는 살았는데, 뿌듯한 의미나 보람이 없다.	
12	늘 계획을 세우지만 의지가 약하여 번번이 실천에 옮기지 못하는 생활이 반복된다.	

습관을 관리하는 나의 시간 도둑 찾기

공부, 체험, 지식, 감성 등을 채우는 습관이 우리의 진학과 진로에 필요하다는 것을 배웠지만 막상 시간을 사용하려고 하면 부족한 경우가 많습니다. 다음 표에 표시하고 결과를 분석한 뒤 문제점과 개선점을 기록하세요.

○ / △ / X

	내 용	점수
1	친구에게 전화가 자주 오고, 통화 시간이 길다.	○
2	독서실, 공부방 그리고 집에서 공부할 때도 친구들이 자주 불러낸다. 전반적으로 외부 환경 때문에 공부 집중 시간이 짧다.	○
3	공부할 때 자꾸 다른 생각이나 습관이 끼어들어 공부 시간이 길게 늘어지고 실제 공부 양은 얼마 안 되는 경우가 많다.	○
4	생각을 많이 하는 공부, 오래 걸리는 공부는 귀찮다는 생각이 먼저 든다.	○
5	혼자 공부하는 시간이나 개인적인 삶에 우선순위가 없다. 그냥 닥치는 대로 한다.	○
6	항상 예기치 않는 약속이나 일이 생겨 계획대로 되지 않아 꼭 미루게 되고, 과제나 시험 공부를 벼락치기로 한다.	○
7	책상이 항상 어질러져 있다. 책과 문제집이 항상 쌓여 있다.	△
8	의사전달이 잘 안 된다. 정보를 늦게 얻거나 이해를 잘 못하여 부모님, 친구, 선생님과 갈등이 자주 일어난다.	○
9	모든 일은 내가 다 해야 한다. 내 공부뿐 아니라 친구들의 생일, 미팅이나 사소한 일까지 내가 다 챙겨야 직성이 풀린다.	△
10	다른 친구가 부탁을 하면 무슨 일이 있어도 거절을 못한다.	○
11	삶이나 공부에 대해 뚜렷한 목표나 계획이 없다. 그래서 하루 종일 뭔가 꽉 차고 바쁘게는 살았는데, 뿌듯한 의미나 보람이 없다.	△
12	늘 계획을 세우지만 의지가 약하여 번번이 실천에 옮기지 못하는 생활이 반복된다.	○

문제를 읽고 점검하는 동안 매우 심각하다는 생각과 함께 한숨이 나왔다. 거의 모든 문항이 부정적인 질문을 하고 있는데, 전부 동그라미 또는 세모이다. 내 삶의 시간은 나를 위한 알찬 시간이 없다. 가장 심각한 문제는 매우 바쁜데 실속이 없다는 것이다. 그 이유를 생각해 보니, 2가지 문제점이 보였다. 하나는 내 삶에 구체적인 계획이 없다는 것이다.

또 하나는 내 삶의 상당 부분이 친구들과의 관계로만 채워져 있다는 것이다. 특히 친구들의 생일과 온갖 고민 상담까지 다 챙기고 있어서 더더욱 내 삶은 나를 위한 시간이 없다. 2가지 문제 중에 계획을 세우는 부분을 먼저 실천하면 그 다음 문제는 자연스럽게 해결될 것이다.

속을 준비를 하는 이상한 관객

마술사

이상한 사람들이 한 곳에 모입니다. 남에게 속겠다고 작정한 사람들입니다. 그리고 저는 그 사람들을 반드시 속여야 합니다. 무슨 범죄를 조장하는 것이 아닙니다. 저는 마술사입니다.

사람들이 참 이상하죠. 자기 돈을 내면서 속고 싶어 합니다. 그리고 정말 속았을 때에 웃음을 터뜨립니다. 그리고 박수를 보내죠. 그러고 보면 저는 아름다운 속임수를 펼치는 것입니다. 사람들의 마음속 스트레스를 날려 주니까요. 아이들에게는 상상의 날개를 달아 주기도 하니까요. 어때요, 이만하면 돈 받고 속일만 하죠?

마술은 정교한 예술입니다. 컴퓨터그래픽을 사용하는 마술이 아닌 경우에는 순전히 민첩한 손놀림과 시선처리 등의 방법으로 관객을 속여야 합니다. 오랜 시간 정교하고 치밀하게 구성을 하고 연습에 연습을 반복해야 합니다. 그래서 저는 저 자신을 무대연출가라고 부릅니다.

아직은 우리나라에 마술문화가 다양하지 않습니다. 슬프기도 하지만 어쩌면 이것은 기회일 것입니다. 더 많은 마술사가 등장할 수 있으니까요. 아름다운 속임수로 사람들을 행복하게 하고 싶은 사람은 마술사의 꿈을 함께 꾸어도 좋을 듯합니다.

진로 관리

3

09 진로 블로그, 로그인

진로를 꾸준히 관리하는가

우리들의 고민 편지

가족보다 친구보다 컴퓨터를 좋아하는 중학생 P군. 진로 활동의 결과 컴퓨터 보안전문가라는 목표를 세워서 이제 달려가려 한다. 그런데 목표를 세웠지만, 그 목표를 차근차근 관리하는 방법은 모르겠다. 특히 자신이 컴퓨터를 좋아하니 컴퓨터를 통해 자신의 목표를 더 구체적으로 관리하고, 정보를 체계화하는 방법은 없을까?

– 온라인 캠프에 올라온 진로 고민 편지

이제는 스스로 가야 한다

"지금과 같은 상태로 일정을 강행하신다면, 아무리 좋은 약으로도 이제
도와 드릴 수 없습니다. 휴식을 취하셔야 합니다."

민샘은 병실에 우두커니 앉아 오래되지 않은 과거의 그날을 떠올리고 있
었다. 드림 중학교로 오기 훨씬 전의 일이다. 진로 상담가로, 대학에 출
강하는 교수로, 기업과 학원의 조직을 컨설팅하는 조직 전문가로 그의
삶은 상상을 초월하는 강행군의 연속이었다.

일 년 전에 피를 토하며 한 번 쓰러진 이후 정기적으로 간수치를 체크하
며 병원에서 관리해 오고 있었는데, 이번 검사결과는 최악의 몸 상태를
나타냈다. 급기야 의사와 주변 모든 사람들이 경고 사인을 보냈다.

'아, 할 일을 저리 쌓아 두고 어찌 쉴 수 있단 말인가?'

하지만 어쩔 수 없이 며칠 휴가를 내야 했다. 일단 고민을 좀 해 보자는
것이다. 병원에서 링거를 맞으며 휴식을 취하기로 했다. 단기간에 몸 상
태를 끌어올리기에 링거만큼 좋은 게 없다. 중요한 일정을 미루고 급한
결재를 처리한 뒤 바로 병원으로 향했다. 차 안에 들어가 앉는 순간, 지
금까지 힘겹게 붙잡고 있던 삶의 긴장이 풀리기 시작했다. 자신의 몸 하
나 건강하게 관리하지 못하면서 그동안 수많은 청소년들의 교육을 책임
지겠다고, 조국의 교육을 변화시키겠다고 달려온 삶이 그에게는 너무 버
거웠다. 이 흐름을 끊고 잠시 쉬어가야겠다는 생각이 밀려 왔다. 바로 그
순간 그는 택시 기사에게 차를 돌리라고 했다. 갑자기 가야 할 곳이 떠올
랐기 때문이다. 인생의 고비마다 그가 찾는 곳이 있었다. 그곳에는 그가
만나야 할 사람이 있다.

"갑자기 연락드려 놀라셨죠? 죄송합니다."

"괜찮네. 자네 바쁜 거 내가 잘 알고 있는데 뭐. 허허! 괜찮아, 괜찮아."

"학교 수업은 하실 만하세요? 정년도 얼마 남지 않으셨잖아요. 무리하지
마세요."

"난 아직 팔팔하니 자네 걱정이나 하게. 건강해야 멀리 갈 수 있네."

"선생님, 늘 그렇듯이 함께 걷고 싶었습니다."

"그러세. 함께 걸으면서 얘기 나누는 것도 무척 오랜만이네."

민쌤은 오랜 추억이 깃든 모교를 찾았다. 인생의 멘토인 은사를 찾은 것이다. 그는 인생의 결정적 고비가 있을 때마다 이곳을 찾는다. 그리고 은사님과 함께 학교 뒤 숲속 오솔길을 걷곤 했다. 말없이 한참을 나란히 걸었다. 뭘 묻고 답하는 것도 없이 그저 편하게 산책을 하면서 이심전심의 말없는 대화를 나누었다. 민쌤에게는 이 시간이 세상에서 가장 편안하게 느껴졌다. 산책에서 돌아와 두 사제는 찻잔을 두고 마주앉았다. 그윽하게 우러난 차를 한 모금 마시고 잔을 놓자 스승이 먼저 입을 열었다.

"세상을 다 구할 수는 없네. 자신에게 맡겨진 사람들에게 집중해야 해."

"너무 무리하게 달리는 것을 경계하라는 말씀이시죠?"

"자네가 가진 꿈의 크기를 나는 알고 있어. 하지만 만날 때마다 조금씩 건강이 나빠지는 것 같아 걱정이야."

"제가 처음부터 너무 큰 도화지를 폈나 봐요. 그리기가 벅찹니다."

"누구에게나 더 부담이 가는 대상이 있는 법이야. 슈바이처 의사는 아프리카 원주민에 대한 부담을 떨칠 수가 없었어. 테레사 수녀의 눈에는 빈민들이 들어 왔고, 안철수 교수는 늘 기업가들을 생각하지. 이는 청소년들도 마찬가지야. 어떤 학생은 유독 결손 가정의 아이들에게 관심이 많고, 또 어떤 학생들은 홀로 사는 노인에 대한 관심으로 그쪽 분야로 봉사활동을 하지."

"또 그 말씀이시군요. 사실 선생님의 그 가르침을 제가 학생들에게 그대로 전하고 있어요. 오프라 윈프리의 말이 떠오르네요. '부담이 가는 사람들이 있다면 그것은 당신에게 맡겨진 사명'이라는……."

"그럼 자네에게 사명의 대상은 누구인가?"

"……."

말문이 막혔다. 그는 스승 앞에서 한없이 작아졌다. 스승의 결정적인 질문 앞에서 그는 당연히 '인생의 목표를 모르고 달려가는 청소년들이요'라고 대답해야 하는데, 그만 말문이 막히고 만 것이다. 요즘의 삶은 마치 이 나라의 모든 청소년을 다 구원할 것처럼 달려가느라 정작 예전처럼 청소년들을 직접 만날 기회를 거의 갖지 못하고 있는 형편이다. 그래서 떳떳하게 그 대답을 드릴 수가 없었던 것이다. 그렇게 차 한잔의 대화는 흘러갔다. 그는 백발이 하얀 스승을 뵈며 오래도록 건강하게 곁에 계셔 주시기를 빌었다. 그는 저물녘에야 스승에게 작별 인사를 하고 나왔다.

"화분이야. 언젠가 자네가 오면 주려고 정성들여 키웠다네."

"선생님……."

차로 돌아와 화분을 바닥에 내려놓는데 줄기 사이에 작은 종이가 끼워져 있다. 선생님이 직접 쓰신 메모인데 영국 성공회 대주교가 죽기 전에 지은 자신의 묘비명을 적어 놓은 글이었다.

내가 젊고 자유로워서 상상력이 한계가 없었을 때,

나는 세상을 변화시키겠다는 꿈을 꾸었다.

내가 성장하고 현명해질수록

나는 세상이 변하지 않으리라는 걸 발견했다.

그래서

내 시야를 약간 좁혀 내가 사는 나라를 변화시키겠다고 결심했다.

그러나 그것 역시 불가능해 보였다.

내가 황혼의 나이가 되었을 때 나는 필사적인 한 가지

마지막 시도로 나와 가장 가까운 가족을 변화시키겠다고 결정했다.

그러나 아아,

아무도 변화를 받아들이지 않았다.

그리고 이제 죽음의 자리에 누워 나는 문득 깨달았다.

만일 내가 자신을 먼저 변화시켰더라면

그것이 거울이 되어 내 가족을 변화시켰을 텐데,

그것의 영감과 용기로부터 나는

내 나라를 더 좋아지게 할 수 있었을 텐데,

그리고 누가 아는가.

내가 세상까지도 변화시켰을지!

한참 시간이 흐른 지금 민쌤은 병원 침대에 앉아 그때를 떠올리고 있다. 결국 욕심을 버리고 작은 학교의 진로 상담 교사로 새로운 시작을 했지만, 여기서도 욕심이 과했나 보다. 스승이 하신 말씀을 떠올리며 그는 자신도 모르게 경직되어 있던 몸에 힘을 뺐다. 병실에 누워서도 동아리 아이들과 진로 박람회를 걱정하며 몸과 마음을 혹사시키고 있었던 것이다.

'이제 믿고 맡기자. 아이들은 충분히 잘할 수 있을 거야. 아이들을 나의 그늘 아래 두면 안 돼. 이제 그들은 스스로 갈 수 있어야 해. 놓아 주자. 놓아 주자……'

범주를 관리하라

"잘 잤니? 1박2일의 마지막 날이다. 오늘은 좀 특별한 방법으로 활동을 진행할 거야. 조별로 흩어져서 동시에 큰 미션을 수행하고 다시 모인다. 강의 강사는 각 조의 조장이 될 거야. 쌤이 조를 재구성했는데, 교실 앞에 붙은 명단별로 다시 한 번 모여 볼까."

하영, 승헌, 수희를 중심으로 3개 조가 만들어졌다. 조장들은 사뭇 진지했다. 예정된 강연의 주제를 조장이 진행한다는 것 자체가 부담으로 다가왔다.

"1조 승헌이네 조는 '진로 블로그 방'으로 들어가면 돼. 2조 하영이네 조는 '진로 점검 방'으로 들어가고, 3조 수희네 조는 '진로 네트워크 방'으로 들어간다."

"샘, 방 이름이 독특해요. 강의 주제와 방 이름이 비슷해요."

"그래, 맞아. 아까 얘기했던 것처럼 이번 강의는 각각 3개 조가 동시에 준비한 뒤, 한 조씩 각 방에서 순서대로 발표할 거야. 진로 박람회에서 보여 줄 내용의 마지막 수업이라고 생각하면 돼. 조별 세부 활동 내용은 방에 들어가면 '미션 페이퍼'가 있을 거야. 아자!"

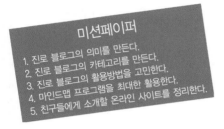

미션페이퍼
1. 진로 블로그의 의미를 만든다.
2. 진로 블로그의 카테고리를 만든다.
3. 진로 블로그의 활용방법을 고민한다.
4. 마인드맵 프로그램을 최대한 활용한다.
5. 친구들에게 소개할 온라인 사이트를 정리한다.

미션 페이퍼 내용을 함께 읽은 승헌이네 조는 90분이라는 짧은 시간을 최대한 활용하여 미션을 완성했다. 오늘은 승헌이네 조부터 발표를 한다고 했다. 들어서 자마자 승헌이는 역할 분담을 하고 시간을 부여한 뒤, 바로 미션 수행에 돌입했다. 하영이도 진로 체크리스트라는 새로운 도구를 개발하는 작업을 시작했고, 수희는 진로 네트워크라는 방법론을 개발했다. 그러고 보니 3개 조의 미션이 주제는 같지만 성격이 모두 다르게 구성되었다. 진로 비전의 목표를 세운 이후, 이제 스스로 자신의 진로를 실천하고 관리하는 과정에서 사용할 수 있는 '셀프 시스템'을 만드는 것이다.

진로 블로그는 온라인상에서 자신의 진로 정보를 꾸준히 관리해 나가는 것이다. 진로 체크리스트는 자신의 방 벽에 붙여 놓고 계속 보면서, 자신의 진로 활동을 체크하는 도구를 말한다. 진로 네트워크는 진로를 추구하는 과정에서 함께 교류하고, 멘토링을 할 수 있는 관계를 형성하는 무형의 네트워크를 만드는 방법을 말한다. 블로그와 체크리스트는 눈에 보이는 도구이지만, 네트워크는 무형의 결과물을 만드는 것이라 수희의 부담은 더 클 수밖에 없었다.

어느 덧 90분이 지나고 하쌤은 각 방의 문을 열어 보았다. 첫 번째 발표는 승헌이네 조가 준비한 진로 블로그이다.

"와, 얼마나 열심히 준비했는지 열기가 느껴진다. 1번인데 준비됐니?"

"네, 준비됐어요!"

"얘들아! 1조의 진로 블로그 방으로 모여라. 자기 조의 작업 결과물은 제자리에 그대로 두면 돼. 모두가 이동할 거니까."

승헌이는 하얀색 벽 전체를 화면으로 사용했다. 먼저 마인드맵 프로그램을 열어서 실시간으로 진로 블로그의 아이템을 시연해 주었다.

"지금부터 진로 블로그 조와 함께 온라인 블로그를 통한 진로 관리 과정을 하나씩 배워 보도록 하겠습니다. 참고로 이번 발표는 제가 일방적으로 강의를 하는 것이 아니라 여기 계신 분들이 모두 함께 참여하는 방식으로 진행하겠습니다.

자, 그럼 이렇게 마인드맵 프로그램을 띄워 보겠습니다. 1단계로는 '브레인스토밍'을 해 볼 거예요. 혹시 브레인스토밍과 마인드맵의 차이를 누가 이야기해 주실까요?"

"브레인스토밍은 한 주제에 대해 뭐든 떠오르는 것을 나열하는 방식입니다. 반면 마인드맵은 상위 구조와 하위 구조의 방식으로 뿌리가 뻗어 나가고 생각을 발전시키는 방식입니다."

"감사합니다 하영 학생. 그럼 제가 제목을 '진로 블로그'라고 먼저 넣을 테니 여러분께서 떠오르는 것을 편안하게 외쳐 주세요."

참가자들은 정말 편안하게 떠오르는 대로 말했다. 승헌이는 직접 마인드맵에 내용을 입력하면서 참가자들의 참여를 유도했다. 참가자들은 자신이 말한 내용이 화면에 실시간으로 보이게 되니 너무 즐거워서 더욱 열심히 생각을 꺼내기 시작했다.

자, 그럼 이제 '브레인스토밍'에서 '마인드맵으로 넘어가 볼까요? 이번에도 여러분이 함께 참여해 주셔야 합니다. 여기에 보이는 많은 단어들

중 같은 종류를 묶어 주시면 됩니다. 묶은 것들을 하나로 부를 수 있는 단어가 떠오르면 말해 주십시오. 우리는 그것을 '상위 주제'라고 부르겠습니다. 상위 주제에 따른 내용은 '하위 내용'이라고 하겠습니다. 여러분이 무엇을 말씀하시든 제가 바로 화면상에서 조정할 것이니 여러분은 실시간으로 눈앞에서 자신의 생각이 정리되는 것을 보게 될 것입니다."

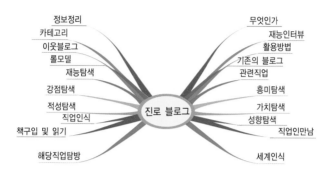

"재능 탐색, 강점 탐색, 적성 탐색, 흥미 탐색, 성향 탐색, 가치 탐색 등을 하나로 묶으면 좋겠어요. 같은 하위 내용으로요."

"수희 학생 고마워요. 좋은 의견이에요. 그렇다면 이 내용으로 묶을 상위 주제를 뭐라고 하면 좋을까요?"

"자기 발견으로 하면 어떨까요?"

"알겠습니다. 추후에 수정할 수도 있으니 일단 '자기 발견'에 묶도록 하겠습니다."

"자기 발견을 만든다면, 다른 동등한 상위 주제로 '직업 발견'을 넣으면 좋겠어요."

이번에는 하영이가 의견을 꺼냈다.

"하영 학생, 그럼 직업 발견이라는 상위 주제에 대해, 여기에 나온 것 중 하위 내용으로 들어갈 것이 있으면 말씀해 주세요. 없다면 추가로 얘기해 주셔도 됩니다."

"여기에 없지만 직업 발견에는 한국의 직업, 세계의 직업이라고 들어가면 좋겠어요."

"거기에 과거 직업, 현재 직업, 미래 직업 등을 추가하면 어떨까요?"

"그건 좀 성격이 다른 것 같아요. 이 부분은 매우 민감한 관찰 항목이니 별도의 상위 주제로 빼면 좋겠어요. 제목은 '직업 변화'로 하면 어떨까요?"

"하영 학생의 소중한 의견 감사해요. 직업 변화라는 상위 주제가 생긴다면, 직업 생성, 직업 소멸, 직업 예측도 하위 내용으로 포함하면 잘 어울리겠는데요."

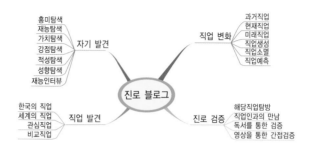

마치 마술을 부리듯 눈앞에서 단어들을 마우스로 움직이는 승헌이의 손놀림에 친구들은 넋을 잃고 빠져들었다. 어느새 브레인스토밍 화면은 마인드맵의 구조로 바뀌어 있다. 친구들은 누가 시킨 것도 아닌데 자연스럽게 박수를 치기 시작했다.

"와! 진로 박람회에서도 이런 방식으로 시연을 하면 정말 대박 날 것 같아요."

"승헌이를 진로 블로그 조장으로 세운 것은 정말 잘하신 거예요, 샘."

"맞아요, 맞아!"

교빈이가 승헌이를 칭찬하니, 다른 친구들도 합세하였다. 승헌이는 실시간으로 인터넷을 열어서 검색창에 진로 블로그라고 입력해 보았다. 과연 진로 블로그라는 이름이 이미 존재하는 것인지, 아니면 다른 청소년들이 진로 블로그를 만들고 있는지 확인하기 위해서다. 눈에 띄는 결과물이 보이지는 않는다.

"여러분, 보시다시피 진로 블로그는 아직 온라인에서도 생소한 단어입니다. 이 얘기는 곧 우리가 새로운 영역을 개척하고 있다는 것이죠. 여기서 중요한 점은 단어에 대한 의미를 정리할 필요가 있다는 것입니다. 일단 진로 블로그에 대한 의미를 우리 스스로 의미를 만들어 보죠. 떠오르는 대로 한번 이야기해 주실까요?"

"진로 블로그란, 자신의 진로를 탐색하기 위한 자료를 정리하는 블로그입니다."

"수희 학생 고마워요. 다른 분들의 의견도 듣고 싶습니다."

"우리가 용어를 섞어 쓰는 것 같아요. 수희가 말한 내용 중에 '탐색' 이라는 것은 흥미, 재능, 강점, 성향, 가치 등을 탐색하는 것으로 통일하면 좋겠어요. 탐색의 결과로 결정한 희망 직업군이 나오면, 그것을 다양한 방법으로 더 알아보는 과정이 있잖아요. 그때는 '진로 검증' 이라는 단어가 적합하지 않을까요?"

"하영 학생, 의견 감사합니다. 그럼 하영 학생이 그 두 가지를 합쳐서 진로 블로그의 새로운 의미를 만들어 주실까요?"

"진로 블로그란, 진로 탐색을 거쳐 찾아낸 자신의 희망 직업군을 지속적으로 검증하기 위해 정보를 관리하는 블로그를 말합니다."

"역시, 하영 학생! 깔끔합니다. 여러분 어때요?"

"짱입니다!"

"그럼 그 내용을 여기에 이렇게 넣어 드릴게요. 혹시 이 상위 주제들이 실제 블로그 화면으로 바뀌면 제목을 바꿀 수도 있어요. 너무 딱딱한 느낌이 든다면 충분히 바꿀 수 있습니다."

"자기 발견은 '나는 누구일까?' 로 하면 어떨까요?"

"철만 학생, 창의적인 제목이에요. 그렇다면 '진로 검증' 은 무엇으로 바꿀까요?"

"진로 검증은 '정말 그럴까?' 로 하면 짝이 잘 맞을 것 같아요."

"좋습니다. 여러분, 한 가지 기억할 것은 지금 우리가 함께 작업하는 것은 방법을 이해하기 위한 것이고, 여러분의 개인 진로 블로그를 만들 때는 더 창의적인 제목을 지어 주세요."

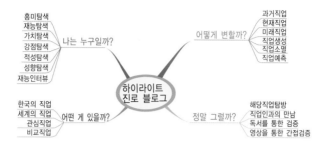

승헌이는 마인드맵을 저장하고 이번에는 슬라이드 화면을 열어 주었다. 이미 구성 작업을 다 해 놓았다.

"여러분, 우리가 방금 함께했던 작업은 '진로 블로그의 의미를 규정하는 것'과 '범주를 구성하는 것'을 진행한 과정입니다. 이제 이러한 내용을 바탕

으로 실제 블로그의 화면 구성을 함께 진행해 보도록 하죠. 역시 이번에도 여러분이 저와 함께 진행해 주셔야 합니다."

슬라이드 안에 앞에서 작업한 범주를 넣은 뒤, 승헌이는 4개의 추가할 만한 범주를 추천해 주었다. 그것은 '진로 에세이' '진로 포트폴리오' '이웃 블로그' '참고 사이트' 이다.

 Tip. 진로 블로그 운영의 주의 사항
  1. 매일 꾸준히 조금씩 진행한다.
 2. 인터넷 검색을 하다가 관련된 정보가 들어오면 블로그에 담는다.
 3. 자신의 진로 포트폴리오 내용은 하나씩 옮기는 작업을 진행한다.
 4. 희망 직업군의 관련 직업군을 우선으로 검색하여 검증을 진행한다.
 5. 희망 직업군의 롤모델을 찾아 그 인물의 모든 것을 블로그로 가져와서 관찰한다.

언제든지 내 블로그와 연결하기

인터넷의 바다에서 검색하다가 관련 정보가 나왔을 때 이 정보를 자신의 블로그로 옮기는 방법은 간단하다. 승헌이는 화면을 띄워 주면서 정보를 블로그로 모으는 과정을 시연해 보였다.

이렇게 마음에 드는 사이트가 나오면, 하단에 다음과 같은 마크를 확인하고 '보내기'에 마우스를 대면 다음과 같은 항목이 뜨고, 여기서 '내 블로그에 담기' 버튼을 누르면 된다.

또한 아래와 같은 사이트를 정리한 페이지의 모든 과정을 승헌이는 마인드맵과 슬라이드 프로그램을 통해 실시간으로 시연해 보였다. 참가자들은 단순히 강의를 듣는 것이 아니라 직접 참여하면서 내용을 익힐 수 있었다. 진로 블로그의 의미를 만들고, 다양한 아이디어를 꺼낸 뒤, 그것들을 질서 정연하게 범주를 만들고, 이를 바탕으로 블로그의 화면 구성으로 옮기는 과정을 배울 수 있었다. 그리고 인터넷에서 정보를 발견했을 때 블로그로 모으는 방법도 확인했다.

198

제목	대문 이미지

카테고리

해당직업 탐방
직업인과의 만남
독서를 통한 검증
영상을 통한 검증
진로 에세이
진로 포트폴리오
이웃 블로그
참고 사이트

진로는,
웹블로그를 통해
더 깊어질 수 있다.

나의 진로 블로그 구상하기

다음은 진로 동아리에서 함께 작업한 진로 블로그의 범주 구성입니다. 내용을 참고하여 자신만의 진로 블로그 범주를 마인드맵 형식으로 그려 보세요. 그리고 자신의 진로 블로그 개념과 이름을 짓고, 이를 설명해 주세요.

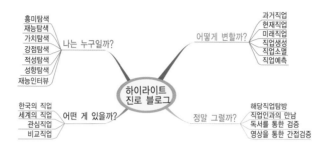

나의 진로 블로그 구상하기

다음은 진로 동아리에서 함께 작업한 진로 블로그의 범주 구성입니다. 내용을 참고하여 자신만의 진로 블로그 범주를 마인드맵 형식으로 그려 보세요. 그리고 자신의 진로 블로그 개념과 이름을 짓고, 이를 설명해 주세요.

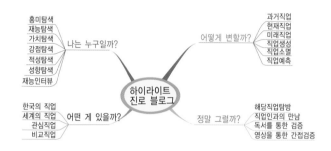

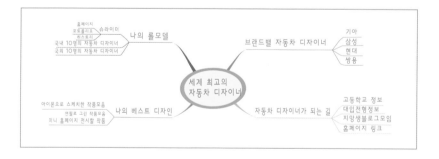

나의 블로그 이름은 '아반떼 m15'이다. 내가 가장 좋아하는 자동차 디자인이 아반떼 m16인데, 뒤에 숫자는 현재의 나이를 말한다. 어릴 적부터 자동차에 푹 빠져 살았다. 한 번도 꿈을 바꾸지 않고 오직 자동차 디자이너만을 꿈꾸며 살았다. 내 스마트폰에는 벌써 50개 정도의 자동차 스케치 작품이 들어 있다. 이 이미지를 블로그에도 전시할 것이다. 이런 습작들을 별도로 작품집으로 만들어 대학 전형과정에 제출할 생각도 하고 있다.

저의 이미지는 그 자체가 브랜드입니다

모델

저는 전문 모델입니다. 주로 패션쇼에서 의상을 입고 워킹을 하죠. 그리고 잡지 모델도 겸하고 있습니다. 많은 청소년들은 모델을 생각할 때 그저 예쁘고 날씬하게 키가 큰 사람을 떠올리는 것 같아요. 하지만 정작 이 세계에서 중요한 것은 자신의 외모를 드러내는 것이 아닙니다. 자신이 입고 있는 옷의 강점이 가장 잘 드러나게 자신을 표현하는 사람이 최고의 모델이죠.

그래서일까요. 세계적인 패션모델들은 아주 표준형의 미인이라기보다는 매우 개성 있는 외모를 가진 경우가 많습니다. 물론 거기에 저도 포함됩니다. 쑥스럽네요. 남자 모델의 경우에도 울퉁불퉁한 근육질은 별로 없어요. 정작 중요한 옷을 강조하지 못하게 하는 근육은 거절한답니다. 만약 모델을 꿈꾸는 학생이 있다면, 일단 패션 잡지와 패션 케이블 채널 등을 통해서 제가 말한 특징들을 한번 확인해 보시기 바랍니다.

그리고 또 한 가지 강조하고 싶은 게 있어요. 세계무대로 나가고 싶은 사람이라면 한 가지 질문을 스스로에게 던져 보아야 합니다. '나는 가장 한국적인 사람인가?' 가장 한국적인 외모가 가장 세계적인 모델로 통한답니다. 우리 것이 좋은 것이고, 가장 세계적인 것입니다.

10 체크! 체크! 긴장감을 지속하라

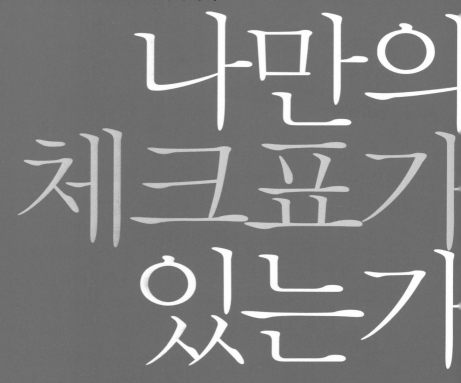

나만의
체크표가
있는가

동영상 강의

우리들의 고민 편지

진로 활동을 통해 포트폴리오를 차곡차곡 모은 D군. 컴퓨터를 통해 진로 블로그까지 다 만들어 놓
았다. 이제 남은 것은 세운 목표대로 한 땀 한 땀 노력하는 것뿐이다. 그런데 이 모든 준비를 다
했음에도 불구하고, 자꾸 잊어버린다. 진로 포트폴리오를 보는 것 자체를 잊어버리고, 진로 블로그
관리도 잊어버린다. 머릿속이 완전 지우개이다. D는 이런 자신이 한심하다. 그런데 어쩌랴. 건망증
심한 머리만 탓하고 있을 수는 없다. 보다 더 쉽게 나의 일과를 체크하며 잊지 않고 갈 수 있는 방
법은 없을까?

– 온라인 캠프에 올라온 진로 고민 편지

청문회를 시작하겠습니다!

미션페이퍼

1. 한 가지 진로를 사례로 자세히 소개한다.
2. 벽에 붙일 수 있는 형태의 샘플을 만든다.
3. 진로 박람회에 적용 가능한 버전으로 준비한다.
4. 진로와 진학 체크리스트를 모두 담는다.

"안녕하세요. 진로 점검 방에 오신 것을 환영합니다. 지금부터 청문회를 시작하겠습니다."

"네! 청문회요? 무슨 청문회……."

"여러분은 국가가 관리하는 최고의 인재들입니다. 오늘 이곳에서 2단계에 걸친 인사 청문 절차를 거치게 될 겁니다. 단, 첫 번째 단계를 통과해야 두 번째 단계로 갈 수 있습니다."

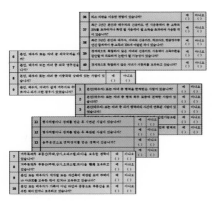

참가자들은 어안이 벙벙했다.

하영이는 참가자들에게 점검표를 나눠 주면서 점검표에 솔직하게 표시해 달라고 부탁을 했다. 이것은 실제로 국가가 관리하는 최고의 인재들을 고위 공직자로 선발하기 전에 제출하는 점검표이다.

"점검 결과는 어른들 기준이므로 여러분과 맞지 않는 부분이 있을 수 있다는 것을 양해하시기 바랍니다. 점검표의 예, 아니오 개수와 상관없이 점검하는 동안 불안하거나 양심에 찔리는 등의 감정이 일어난 횟수가 5번 이상인 분은 1단계에서 탈락입니다."

학생들은 매우 흥미롭게 점검을 실시했다. 마치 자신이 고위 공직자 후보에 오른 사람인 양 여겨졌다. 나라의 요직에 오르는 사람들은 이런 점검표를 스스로 작성한다는 것을 처음 경험했다.

"자, 양심에 거리끼거나 부끄러움이 느껴진 횟수가 5회 이상인 분이 계십니까? 안 계시는군요. 여러분은 모두 대한민국 최고의 고위 공직자 인사 검증 시스템 1단계를 통과했습니다. 이제 매우 까다로운 2단계가 여러분을 기다리고 있습니다."

화면에 깨알 같은 글씨로 나열된 검증 제출 항목이 보인다. 자세히 보니 우리나라 것이 아니라 미국 백악관의 인사 검증 점검표이다. 사회적인 정직함에 대해 더 까다롭게 검증하는 질문이 훨씬 많아 보였다.

"백악관의 검증 점검표는 참고로 보여준 것이고, 이제 제대로 2단계 인사 검증 절차를 진행하겠습니다. 첫 번째 검증 대상자는 유승헌 조장입니다. 앞으로 나오시죠. 자, 이제 참가자 여러분은 유승헌 조장을 검증하셔야 합니다. 주어진 메모지에 2개의 질문을 적으시고, 각각에 대해 1~5점으로 매겨 주시면 됩니다. 한 사람이 한 가지 질문만 해 주시고, 유승헌 조장은 예, 아니오 중 하나로만 답변해 주세요.

먼저 교빈이가 질문을 하였다.

"유승헌 조장은 리더십이 뛰어난 것으로 알고 있는데, 혹시 두려워 떨어 본 적이 있습니까?"

"네? 네!"

"유승헌 조장은 혹시 어릴 적 용돈을 받기 위해 한 번이라도 거짓말을 한 적이 있습니까?"

"네? 네."

이전 방에서 멋지게 발표하던 승헌이의 모습이 아니었다. 질문이 워낙 구체적이어서 답변을 솔직하게 할 수밖에 없었다. 질문한 사람들이 질문지에 표시하고 결과를 하영이에게 제출했다.

"유승헌 조장님 감사합니다. 여러분 어때요, 점검표가 얼마나 무서운지,

얼마나 우리를 긴장시키는지 알겠죠? 진로를 추구하는 과정에서도 이러한 점검표가 분명 필요합니다. 여기 한 장의 점검표가 있습니다. 꿈, 건강, 지식에 대해 여러분의 삶을 점검해 보겠습니다. 각 질문에 1~5점으로 답하시면 됩니다."

	제 목	점검
꿈꾸는 삶	나는 5년 전에 꿈꾸었던 모습으로 지금 살고 있는가?	
	나는 현재의 모습을 있게 한 과거의 시간에 감사하는가?	
	나는 현재의 모습으로 살았을 때, 10년 후가 설레는가?	
	나는 10년 뒤의 행복한 삶에 대해 꿈을 가지고 있는가?	
	나는 10년 뒤의 꿈을 위해 지금 구체적인 노력을 하는가?	
신체적인 삶	나는 건강하고 매력적인 몸을 가꾸며 살고 있는가?	
	나는 신체적인 건강에서 오는 활기찬 에너지를 매일 느끼는가?	
	나는 신체적인 건강을 위해 규칙적인 운동 습관을 유지하는가?	
	나는 신체적인 건강을 위해 균형 잡힌 식단을 유지하는가?	
지적인 삶	나는 시대의 변화를 이해하고 그 속도감을 읽고 있는가?	
	나는 매일 신문을 보며 사회 전반의 흐름을 이해하고 있는가?	
	나는 내가 가진 지식으로 다른 사람을 도울 만한 수준인가?	
	나는 주변 사람들에게 꼭 필요한 지식과 정보로 도움을 주고 있는가?	
	나는 매일 꾸준히 독서를 하며 새로운 지식을 만나고 있는가?	
	나는 주변에 힘든 사람을 볼 때마다 책을 추천하는 것을 즐기는가?	

삶의 영역별 균형 진단표

"이런 방식으로 여러분의 다양한 삶의 영역을 점검해 볼 수 있습니다. 각 영역별로 평균을 내서 다음과 같은 그래프에 표시해 볼까요?"

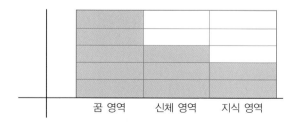

꿈 영역   신체 영역   지식 영역

이렇게 그래프로 보면 한눈에 자신의 영역을 비교할 수 있다. 학생들은 점검표의 힘을 느꼈다. 하영이는 한쪽 벽면에 있는 커다란 패널을 보여 주었다. 이것은 원래 이 비전 하우스에 있던 민샘의 일년 점검표이다. 하영이가 양해를 구하고 빌린 것이다. 하루 단위로 운동, 집필, 독서를 점검하여 주 단위로 그 흐름을 그래프로 표현해 놓았다. 이렇게 보면 전체적인 흐름도 보이고, 상대적으로 약한 영역도 보인다. 그리고 특정한 시기에 많이 내려간 곳이 있고 반대의 경우도 있음을 알 수 있다.

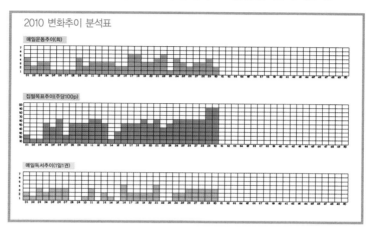

진로를 관리하는 점검표의 힘

"여러분, 점검표의 힘을 알았으니 이제 진로 점검표를 한번 살펴볼까요?"

"샘, 진로 점검표가 무서워지는 건 아닐까요, 혹시 매일 엄마가 우리를 앉혀 놓고 아까처럼 체크하는 건 아니겠죠?"

"걱정 말아요, 교빈 학생. 그건 아니니까요."

하영이네 조가 준비한 점검표는 크게 두 가지 영역이다. 바로 장기적인 '진로'와 중기적인 '진학' 부분이다. 멀리 가는 진로에서 점검표가 더더욱 필요하다는 결론을 내렸다. 가까운 단기적 학습이나 습관 등은 계획표나 진로 포트폴리오를 통해서도 충분히 관리가 된다고 여겼다. 여기서 중요한 것이 점검 항목과 기준이다.

"아나운서를 꿈꾸는 친구가 꾸준하게 관리해야 할 진로 점검표를 만든다고 했을 때, 여러분 생각에는 어떤 점검표가 필요할 것 같아요? 영역은 진로와 진학 두 가지입니다.

먼저 진로를 위해 멀리 보고 지금부터 준비하면서 체크해야 할 항목을 떠올려 볼까요?"

"일단 '말하기'가 가장 중요할 것 같아요. 말하는 연습, 그리고 말 잘하는 사람을 관찰하는 연습 등이 필요하지 않을까요?"

"좋은 의견이에요, 수희 학생. 그런데 말하는 연습을 꼭 지금부터 해야 할까요?"

"당연하죠. 아나운서 경쟁률이 1000 대 1 수준인데, 제대로 준비하지 않으면 힘들어요."

"말하는 연습이라고 점검표에 적으면 점검하기가 어려울 것 같은데요?"

"구분을 해야죠. 연습을 해서 점검이 가능한 행동 요소와 그 행동을 통해 끌어 올리고 싶은 능력 요소로 말이에요."

"좋습니다. 방금 말씀하신 부분을 이렇게 표현해 볼게요. 하나의 예로 들어 보죠."

	행동	횟수	점검표
표현력연습	뉴스 따라 하기	1일 1회	
	책 소리 내어 읽기	1일 1회	
	표현 녹음해서 듣기	1주일 1회	
	거울보고 몸짓해 보기	1일 1회	
	토론 녹화 보기	1주일 1편	
	목욕탕에서 숨 참기	1주일 1회	

항목에 따른 행동 점검표

"아주 좋아요. 이런 방식으로 하면, 정말 여러 가지 항목을 점검하면서 꾸준하게 진로를 관리할 수 있을 것 같아요."

하샘이 너무 흡족해하는 표정으로 점검표 내용을 칭찬하였다. 하영이는 자신감을 얻어, 더 큰 목소리로 다음 내용을 이어갔다.

"좋아요. 아나운서의 경우, 지금 우리가 살핀 것은 아나운서의 전문적인 표

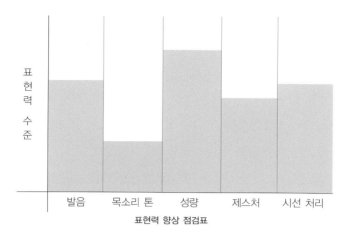

표현력 향상 점검표

	행동	횟수	점검표
지식 능력	신문 사설 읽기	1일 1회	
	경제 신문 읽기	1일 1회	
	100분 토론 시청하기	1주일 1회	
	아나운서 아카데미 다니기	1주일 1회	
	아나운서 홈페이지 보기	1주일 1편	
	국사 및 세계사 공부하기	1개월 1권	

현력 부분인데요. 그럼 이번에는 '지식 능력' 부분을 살펴보도록 할게요.

이런 방식으로 아나운서가 되기 위한 '지식 능력'의 훈련 요소를 점검하면 자연스럽게 해당 분야의 능력이 향상된다. 앞서 했던 바와 마찬가지로 자신의 능력이 어느 정도 수준까지 향상되고 있는지 확인할 수 있다.

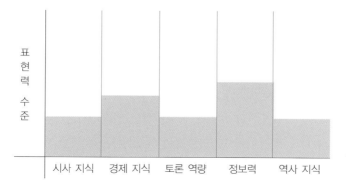

"하영 샘, 점검할 것이 너무 많아요. 아나운서되기가 정말 힘든가 봐요."

"교빈 학생 말이 맞아요. 직업의 특성이 그렇습니다. 아나운서는 종합 지식인이며, 경쟁률이 높기 때문에 기준이 까다롭습니다. 하지만 우리가 꿈꾸는 모든 직업이 아나운서와 같은 기준은 아니니 걱정 마세요."

"샘, 만약 아까 처음에 했을 때처럼 정치인이나 고위 공직자가 되고자 한다면 어떤 내용이 점검표가 될까요?"

"이미 보셨는데요. 가상 청문회 때 보았던 항목이 곧 점검표입니다. 교통 법규나 법 위반, 세금 탈루, 위장 전입, 병역 의무, 가족 재산 증식이나 증여 등 많은 점검표가 있는데, 그 모든 것이 지금부터 관리를 해야 하는 영역입니다."

"아, 그래서 청문회할 때 보면 그렇게 대단한 사람들이 세금이나 이사 등의 문제로 곤욕을 치르는 거구나."

교빈이의 말을 듣고 학생들은 마음이 씁쓸하였다. TV에서 보았던 청문회 장면들이 떠올랐기 때문이다. 사회적으로 훌륭한 분들이 인사청문회에 나와서 쩔쩔매던 장면이 생각났다. 과거보다 인재를 뽑는 기준이 까다로워진 것은 사실이다. 그냥 똑같은 시험으로 등수를 매겨 뽑던 시절은 기준이 단순했지만, 지금은 가고자 하는 진로 영역에서 요구하는 기준에 맞춰 준비하지 않으면 영역에 진입하기가 어렵다.

잠시 후, 하영이가 다시 발표를 시작하였다.

"그럼 이번에는 '진학' 점검표를 알아볼까요?"

진학의 경우 고등학교는 가장 기본적인 '내신'과 '자기주도학습전형'이 필요하고, 학교 유형에 따라서는 각종 경시 대회나 올림피아드의 수상 결과가 인정되기도 한다.

중요한 점은 아나운서를 꿈꾸는 학생이라면, 장기적인 진로에 맞춰서 고등학교 진학도 생각해야 한다는 것이다. 인문 사회 계열의 일반고 또는 특수 목적 계열의 외고 등이 적합할 수 있다. 그리고 이런 학교에 입학하기 위해 필요한 내신 수준, 자기주도전형에서 요구하는 비전, 학업 계획, 독서, 봉사, 경험 등을 미리 관리하고 있어야 한다.

	행동	횟수	점검표
지식능력	독서 포트폴리오	1주 1권	
	체험 활동 기록	1개월 1회	
	플래너 쓰기	1일 1회	
	예습과 복습	1일 1회	
	학교 정보 모으기	1주일 1회	
	봉사 활동	1개월 1회	

학생들은 하영이가 꼼꼼하게 준비한 내용을 보면서 찬사를 보냈다. 아나운서를 사례로 보았듯이 진로 관리를 위한 점검표는 진로와 진학을 함께 고민해야 한다는 것을 정확하게 이해할 수 있었다. 또 각각의 진로 특성에 따라 기준이 달라진다는 점도 새롭게 깨달았다. 하영이는 마지막 그래픽 자료를 보여 주면서 핵심내용을 정리해 주었다.

"진로를 위해 지금부터 꾸준하게 준비하면서 관리해야 할 내용이 있으며, 또 한편으로는 진학을 하는 과정까지만 필요한 내용이 있다는 것을 기억해 주시기 바랍니다."

진로의 분위기 연출

진로 점검표는 책상 앞에 크게 붙여 둘 때 더욱 효과적이다. 이런 환경에서 공부하게 되면 공부에 대한 동기부여가 잘 될 뿐 아니라 시간 관리에도 도움이 된다. 하영이는 아나운서를 준비하는 친구의 종합점검표 샘플을 보여 주었다. 월 단위로 매일 체크할 수 있는 기준이 눈에 띄었다.

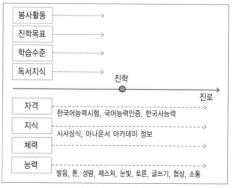

아나운서의 진로 점검 영역과 항목

		행동	회수	체크리스트
진로	표현력 연습	뉴스 따라하기	1일 1회	
		책 소리 내어 읽기	1일 1회	
		표현 녹음해서 듣기	1주일 1회	
		거울보고 제스처	1일 1회	
		토론 녹화 보기	1주일 1편	
		목욕탕에서 숨 참기	1주일 1회	
	지식 능력	신문사설 읽기	1일 1회	
		경제신문 읽기	1일 1회	
		100분 토론 시청하기	1주일 1회	
		아나운서 아카데미	1주일 1회	
		아나운서 홈페이지	1주일 1회	
		국사 및 세계사	1개월 1권	
	체력	줄넘기 500	1일1회	
	자격	한국어능력시험	3개월 1회	
		국어능력인증시험	2개월 1회	
		한국사능력시험	6개월 1회	
진학	고등 진학	독서 포토폴리오	1주 1권	
		체험활동 기록	1개월 1회	
		플래너 쓰기	1일 1회	
		예습과 복습	1일 1회	
		학교정보 모으기	1주일 1회	
		봉사활동	1개월 1회	

"생각해 봐요. 매월, 매일 자신의 꿈을 위해 해야 할 일정한 횟수와 양의 준비 항목이 있다면 어쩔 수 없이 시간을 아껴 써야 합니다. 자연스럽게 시간을 소중히 여기게 되고, 당연히 시간 도둑도 없어지겠죠?"

"맞아요 하영 샘. 이런 표 하나 만들어서 책상 앞에 붙여 두면 정말 하루 하루 체크를 하면서 긴장할 수 있을 것 같아요. 자, 다음 순서는 수희 샘 의 방으로 이동하겠습니다!"

교빈이가 갑자기 자신이 사회자인양 안내멘트를 꺼냈다. 교빈이는 정말 방송계로 나가야 하는 인물임에 틀림이 없다.

진로는, 체크리스트로 인해 철저히 관리된다.

사람을 선발할 때 내 점검표

다음은 국가가 고위 공직자를 선발할 때 확인하는 점검표입니다. 만약 대한민국의 고위 공직자를 선발하는 권한이 내게 있다면 어떤 질문을 할 것인지 생각하여 세 가지 이상 작성해 보세요.

36	리스 차량을 이용한 경험이 있습니까?	예 ( )	아니오 ( )
37	최근 5년간 본인과 배우자의 신용카드 연 사용총액이 총 소득의 50%를 초과하거나 특정 월 사용액이 월 소득을 초과하여 사용한 적이 있습니까?	예 ( )	아니오 ( )
38	최근 5년간 본인과 배우자, 자녀의 신용카드, 체크카드, 현금영수증 연간 합계액이 총 소득의 10%에 미달한 적이 있습니까?	예 ( )	아니오 ( )
39	경제적으로 독립하지 않은 자녀의 신용카드 사용액이 소득수준을 감안할 때 파도하여 논란이 될 가능성이 있습니까?	예 ( )	아니오 ( )
40	경제적으로 독립하지 않은 자녀가 자동차를 보유하고 있습니까?	예 ( )	아니오 ( )

6	본인, 배우자 또는 자녀 중 외국국적을 가...까?		
7	본인, 배우자 또는 자녀 중 외국 영주권을...니까?		
8	본인, 배우자 또는 자녀 중 이중국적 상태에 있는 사람이 있습니까?	예 ( )	아니오 ( )
9	본인, 배우자, 자녀가 실제 거주지와 주...르거나 피거 그런 경우가 있었습니까?		

1	본인(배우자) 또는 자녀 중 병역을 면제받은 사람이 있습니까?	예 ( )	아니오 ( )
2	본인(배우자) 또는 자녀 중 병역 복무 도중에 전역한 사람이 있습니까?	예 ( )	아니오 ( )
3	본인(배우자) 또는 자녀 중 과거 병역비리 사건에 연루된 사람이 있었습니까?	예 ( )	아니오 ( )

11	형사처벌이나 징계를 받은 후 사면된 사실이 있습니까?	예 ( )	아니오 ( )
12	형사처벌이나 징계를 받은 후 복권된 사실이 있습니까?	예 ( )	아니오 ( )
13	음주운전으로 면허정지를 받은 경력이 있습니까?	예 ( )	아니오 ( )

7	거주목적外 부동산(주택, 상가, 오피스텔, 대지)을 보유한 경력이 있습니까?	예 ( )	아니오 ( )
8	거주목적外 부동산(주택, 상가, 오피스텔, 대지)을 현재 보유하고 있습니까?	예 ( )	아니오 ( )
9	본인 또는 배우자가 재개발 또는 재건축이 예정된 곳에 주택이나 아파트를 보유한 적이 있거나 보유하고 있습니까?	예 ( )	아니오 ( )
10	본인 또는 배우자가 가족이 아닌 타인과 공동으로 부동산을 보유한 적이 있거나 보유하고 있습니까?	예 ( )	아니오 ( )

_____

_____

_____

_____

사람을 선발할 때 내 점검표

다음은 국가가 고위 공직자를 선발할 때 확인하는 점검표입니다. 만약 대한민국의 고위 공직자를 선발하는 권한이 내게 있다면 어떤 질문을 할 것인지 생각하여 세 가지 이상 작성해 보세요.

		예	아니오
36	리스 차량을 이용한 경험이 있습니까?	( )	( )
37	최근 5년간 본인과 배우자의 신용카드 연 사용총액이 총 소득의 50%를 초과하거나 특정 사용액이 월 소득을 초과하여 사용한 적이 있습니까?	( )	( )
38	최근 5년간 본인과 배우자, 자녀의 신용카드·체크카드·현금영수증 연간 합계액이 총 소득의 10%에 미달한 적이 있습니까?	( )	( )
39	경제적으로 독립하지 않은 자녀의 신용카드 사용액이 소득수준을 감안할 때 과도하여 논란이 될 가능성이 있습니까?	( )	( )
40	경제적으로 독립하지 않은 자녀가 자동차를 보유하고 있습니까?	( )	( )

		예	아니오
6	본인, 배우자 또는 자녀 중 외국국적을 가		
7	본인, 배우자 또는 자녀 중 외국 영주권을 니까?		
8	본인, 배우자 또는 자녀 중 이중국적 상태에 있는 사람이 있습니까?	( )	( )
9	본인, 배우자, 자녀가 실제 거주지와 주 르거나 파거 그런 경우가 있었습니까?		

		예	아니오
1	본인(배우자) 또는 자녀 중 병역을 면제받은 사람이 있습니까?	( )	( )
2	본인(배우자) 또는 자녀 중 병역 복무 도중에 전역한 사람이 있습니까?	( )	( )
3	본인(배우자) 또는 자녀 중 과거 병역비리 사건에 연루된 사람이 있었습니까?	( )	( )

		예	아니오
11	형사처벌이나 징계를 받은 후 사면된 사실이 있습니까?	( )	( )
12	형사처벌이나 징계를 받은 후 복권된 사실이 있습니까?	( )	( )
13	음주운전으로 면허정지를 받은 경력이 있습니까?	( )	( )

		예	아니오
7	거주목적 外 부동산(주택,상가,오피스텔,대지)을 보유한 경력이 있습니까?	( )	( )
8	거주목적 外 부동산(주택,상가,오피스텔,대지)을 現재 보유하고 있습니까?	( )	( )
9	본인 또는 배우자가 재개발 또는 재건축이 예정된 곳에 주택이나 아파트를 보유한 적이 있거나 보유하고 있습니까?	( )	( )
10	본인 또는 배우자가 가족이 아닌 타인과 공동으로 부동산을 보유한 적이 있거나 보유하고 있습니까?	( )	( )

1. 영화 『에어포스 원』에서처럼 가장의 역할과 국가의 역할이 충돌할 때 무엇을 선택하겠습니까?

2. 착한 거짓말이라고 아시죠? 좋은 목적을 위해서는 거짓말을 할 수 있다고 생각합니까?

3. 트루먼 대통령처럼 전쟁을 끝내기 위해 원자폭탄을 투하해야 한다면 허락하겠습니까?

4. 군대를 다녀오셨습니까?

나의 진로에 따른 점검표 만들기

다음 사례는 아나운서를 꿈꾸는 학생의 진로를 관리하기 위해 점검표를 만든 것입니다. 내용을 살펴보고, 자신의 진로에 맞게 관리하고 점검해야 할 행동 목록을 작성해 보세요.

	행동	횟수	점검표
표현력연습	뉴스 따라 하기	1일 1회	
	책 소리 내어 읽기	1일 1회	
	표현 녹음해서 듣기	1주일 1회	
	거울보고 몸짓 해 보기	1일 1회	
	토론 녹화 보기	1주일 1편	
	목욕탕에서 숨 참기	1주일 1회	
지식능력	신문 사설 읽기	1일 1회	
	경제 신문 읽기	1일 1회	
	100분 토론 시청하기	1주일 1회	
	아나운서 아카데미 가기	1주일 1회	
	아나운서 홈페이지 보기	1주일 1회	
	국사 및 세계사 공부하기	1개월 1권	

항목에 따른 행동 점검표

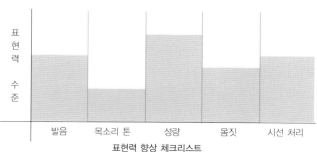

표현력 향상 체크리스트

나의 진로에 따른 점검표 만들기

다음 사례는 아나운서를 꿈꾸는 학생의 진로를 관리하기 위해 점검표를 만든 것입니다. 내용을 살펴보고, 자신의 진로에 맞게 관리하고 점검해야 할 행동 목록을 작성해 보세요.

	행동	횟수	점검표
표현력연습	뉴스 따라 하기	1일 1회	
	책 소리 내어 읽기	1일 1회	
	표현 녹음해서 듣기	1주일 1회	
	거울보고 몸짓 해 보기	1일 1회	
	토론 녹화 보기	1주일 1편	
	목욕탕에서 숨 참기	1주일 1회	
지식능력	신문 사설 읽기	1일 1회	
	경제 신문 읽기	1일 1회	
	100분 토론 시청하기	1주일 1회	
	아나운서 아카데미 가기	1주일 1회	
	아나운서 홈페이지 보기	1주일 1회	
	국사 및 세계사 공부하기	1개월 1권	

항목에 따른 행동 점검표

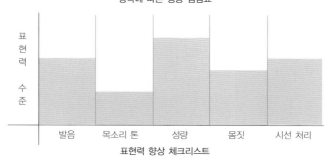

표현력 수준 | 발음 | 목소리 톤 | 성량 | 몸짓 | 시선 처리

표현력 향상 체크리스트

〈국제축구심판을 꿈꾸는 학생의 행동 점검 목록〉

크게 2가지로 나눠서 행동 목록을 생각했다. 신체능력과 지식능력 부분이다. 신체능력에서는 매일 줄넘기, 10킬로미터 조깅, 팔 힘을 키우기 위한 철봉운동도 포함한다. 축구심판은 팔을 많이 쓴다. 90분을 뛰어야 하므로 조깅과 체력은 필수이다. 한편 지식 부분에서는 우선 축구경기를 시청하거나 경기장에 가서 보는 경험을 늘린다. 축구 중계를 들으며 용어를 익히고, 축구 용어나 경기 규정 관련 책도 조금씩 읽을 것이다.

가장 평범한 것이 가장 위대한 것이다

사진작가

김연아의 사진들을 보면 행복합니다. 그 사진들 중에서도 가장 큰 울림을 주는 것은 상처 난 발을 찍은 사진이죠. 박지성의 발 사진과 발레리나 강수진의 발 사진에서 보았던 감격이 떠오릅니다.

프리미어리그에서 이영표와 박지성이 맞대결을 펼친 때가 있었습니다. 그런데 그때 수비수 이영표가 볼을 몰다가 상대팀 공격수 박지성에게 빼앗깁니다. 박지성은 그 볼을 패스했고, 바로 골로 연결되었습니다. 슬픈 만남이었습니다. 그 경기가 끝나고 한 장의 사진이 인터넷에 올라왔습니다. 경기 중에 박지성이 이영표의 뒤로 가서 살짝 손을 잡아 주는 사진이었습니다. 둘 다 아무 말이 없었지만 그 사진은 우리에게 이렇게 이야기하는 듯했습니다. "형, 미안해!", "괜찮아, 지성아. 나는 실수했고 너는 잘 한 거야!"

울림이 있지 않습니까? 이것이 사진이 주는 아름다움입니다. 저는 아름다움을 찾기 위해 사진작가의 삶을 살고 있습니다. 그리고 저는 믿습니다. 가장 아름다운 컷, 가장 위대한 컷은 아주 평범함 삶에서 나온다는 것을요.

조언을 구할 멘토가 있는가

우리들의 고민 편지

중학교 3학년 S양은 주변의 친구들이 부럽다. 다양한 사교육을 받은 친구들이기에 어떤 어려움이 생기면 다들 의논할 멘토가 있는데, 자신은 그런 멘토가 없다. 의논할 사람이 없는 현실에 슬픔이 밀려온다. 그래서 S양은 항상 책을 통해 답을 찾아왔다. 학원을 다닐 형편이 안 되어 교과서와 문제집만 가지고 스스로 공부해야 했으며, 꿈을 찾는 과정에서도 그저 위인전과 다양한 독서를 통해 스스로 꿈을 찾아가야 했다. 지금까지는 그래도 잘 이겨왔다. 그런데 이제부터가 진짜이다. 자신의 꿈을 이루는 과정에서 조언을 구할 멘토, 자신이 포기하고 싶을 때 의견을 구할 멘토를 찾을 수 있는 방법이 없을까?

– 온라인 캠프에 올라온 진로 고민 편지

멘토는 조언자이다

'진로 점검 방'에서 나온 학생들은
이제 마지막 발표인 '진로 네트워
크 방'으로 들어갔다. 참가자들이
모두 의자에 앉자, 머리에 물을 묻
혀서 펑키 스타일로 올린 교빈이가

미션페이퍼
1. 구체적인 인물의 사례를 찾아 소개한다.
2. 멘토링의 뜻에 대한 설명을 넣는다.
3. 누구나 멘토를 만날 수 있는 희망을 보여 준다.
4. 멘토링을 받은 사람은, 그 역시 멘토가 될 수
   있는 가능성을 보여 준다.

나왔다. 그런 교빈이의 모습에 동아리 친구들은 터져 나오는 웃음을 참
느라 애썼다. 교빈이는 한참을 정지 동작 상태로 있더니 갑자기 고개를
쳐들고 얼굴을 떨면서 이야기한다.

"Why me? Why! Why! 도대체 왜! 왜! 왜! 제가 이 일을 해야 하죠? 저는 호빗
족이에요. 키도 작고 이렇게 못난 제가 왜 이 반지를 쥐고 가야 하냔 말이에요!"

빵 터지고 말았다. 『반지의 제왕』에 나오는 주인공 프로도를 흉내 낸 것
이다. 한참 아이들이 웃고 있는데, 뜬 머리를 꽉 누르더니 목소리를 바꿔
서 또 이야기한다.
"프로도, 자신에게 어떤 문제 상황이 주어질 때, 왜 그 문제가 나에게 왔는
지 생각하기보다는 일단 어떻게 그 문제를 해결할 수 있을지 생각해 보자."

교빈이의 짧은 콩트가 끝나자 수희가 나와 발표를 시작했다.
"두 번째 멘트는 건달프의 조언이었죠. 건달프는 프로도에게 생명과도
같은 멘토였습니다. 혹시 여기 참가한 학생들은 멘토가 있습니까?"
수희는 먼저 멘토링에 대해 설명해 주었다. 그렇다면 멘토는 구체적으로
텔레마코스에게 어떤 교육을 했을까? 아이들이 이런 궁금증을 떠올릴 무
렵, 수희는 멘토의 특수한 교육 방법을 소개해 주었다. 멘토가 텔레마코
스를 위해 쏟은 정성은 매우 다양한 측면에서 살필 수 있다.

멘토링이란?

멘토링은 한 사람의 멘토(Mentor)가 한 사람의 멘제(Menger)와 1:1로 관계를 맺고 멘제의 잠재력을 계발하여 지혜롭고 현명한 차세대 지도자로 세우는 일(Standing Together)이다. 이는 기원전 1250년경을 배경으로 작품화한 시인 호머의 『그리스 신화』에서 이타카 왕국의 왕자인 텔레마코스(Telemachus)를 당시 최고로 존경받는 멘토라는 스승이 20년 동안 정성껏 지도하여 현명한 왕으로 세웠다는 데서 기인한다.

멘토는 교육을 대화식으로 실시했으며 함께 이야기를 나누며 사색했다. −대화식

멘토는 텔레마코스의 상상력을 최대한 동원하게 하여 열렬한 토론을 벌였다. −토론식

멘토는 질문자였고 텔레마코스는 대답하는 사람이었다. −문답식

멘토는 텔레마코스를 동료처럼 대하여 거리를 좁혔다. −동료 관계

멘토는 제자가 대답을 못할 때에는 그냥 건너뛰었으며, 가까운 사물을 예를 들어 설명하기를 좋아했다. −예화식

멘토는 수학, 철학, 논리학에 평생을 기울여 집중했다. −지, 정, 의 교육

텔레마코스가 불안한 흔들림으로 가득 차 있다가도 신 같으면서 아버지처럼 정다운 멘토 스승의 이야기에 스스로 녹아 버렸다. −아버지처럼

용기 있는 자가 멘토를 얻는다

"여러분, 어떤 사람이 멘토를 만날 수 있을까요?"

"텔레마코스 왕처럼 특별한 사람이 멘토를 곁에 둘 수 있겠죠."

"교빈 학생의 말대로면 우리 같은 사람은 멘토를 만나기가 어렵겠군요."

수희는 한 장의 사진을 화면으로 보여 주었다. 장가행(14), 장신행(12) 두 자매의 사진이었다. 그리고 그 사진에 얽힌 이야기를 시작했다.

재능은 있지만 집이 가난하여 변변한 바이올린이나 첼로

교습을 받지 못하는 두 자매가 있
었다. 어느 날 동생 신행이 엄마에
게 사진 한 장을 내밀었다.

"엄마, 나도 한나 언니처럼 첼리
스트가 되고 싶어요."

그날부터 신행이와 가행이의 간절한 꿈이 시작되었다. 그리고 자매는 장한나
언니에게 편지를 썼다. 그리고 이 편지는 중앙일보에 소개되었다.

"저희를 소개하려니 자꾸 심장이 두근거리고 꿈을 꾸는 것 같아서 서로 볼을
꼬집어보고는 '아야!' 하는 소리를 듣고 정신을 차렸습니다. 선생님의 연주는
특별했어요. 선생님처럼 훌륭한 연주자가 되고 싶습니다. 저희의 멘토가 되어
주세요."

참가자들은 수희의 입을 통해 이어지는 이야기에 푹 빠져 들었다.

얼마 후 가행이와 신행이는 장한나 언니에게 편지를 받았다.

가행이와 신행이에게

안녕!

가행이와 신행이가 언니에게 쓴 편지 잘 읽었단다.

꿈을 이루기 위해서 열심히 노력하는 모습이 너무나 예쁘고 대견하구나. 언니
가 해 주고 싶은 말이 있다면 선생님에게 배우지 않는 시간에도 꾸준히 배울
수 있다는 점을 알려주고 싶구나.

늘 건강이 최고란다. 열심히 하지만 무리하지는 말고 우리 만날 때까지 하루하루 씩씩하게 노력하자.

안녕.

2011년 2월 한나 언니가.

결국 그들은 여주에서 장한나와 만나게 되었고, 오디션을 본 후 장한나 오케스트라에 들어가 함께 연주를 하게 되었다. 멘토가 되어 달라고 부탁한 자매에게 세계적인 첼리스트이며 지휘자인 장한나는 기꺼이 멘토가 되어 주었다. 불가능할 것 같은 꿈이 이제 현실이 된 것이다.

"와! 수희 샘, 너무 감동적이에요. 평범한 자매에게 특별한 일이 실제로 일어났군요. 우리도 가능할까요?"

"물론 가능해요, 교빈 학생. 딱 한 가지만 있으면 가능합니다."

"그 한 가지가 뭐예요? 정말 궁금해요!"

"용기!"

가행이와 신행이에게는 작은 재능과 간절한 마음만 있었다. 그런 그들이 자신들의 현실을 인정하고 그저 가만히 있었다면 아마도 지휘자 장한나를 멘토로 얻지 못했을 것이다. 용기를 내었기에 거대한 산이 움직인 것이다.

"용기가 있으면 진심은 전해집니다. 장한나 씨가 신행이와 가행이를 받아 준 것처럼, 장한나 씨 역시 불가능할 것 같은 세계적인 지휘자 로린 마젤에게 용기를 내어 자신의 진심을 전달했습니다. 제자를 받지 않기로 유명한 로린 마젤은 장한나가 보낸 그녀의 지휘 영상을 보며 흔쾌히 그녀의 멘토가 되어 주기로 결심했다고 합니다."

용기가 있으면 멘토를 얻을 수 있고, 그렇게 해서 멘토를 얻은 사람은 자신 역시 다른 사람의 멘토가

되어 주기를 주저하지 않는다.

온 세상이 나의 멘토

"수희 샘, 제 주위에는 멘토로 삼고 싶은 훌륭한 사람이 없어요. 환경이
너무 열악해요."

"지금부터 방법을 가르쳐 줄게요. 누구나 멘토를 만날 수 있는 방법이 있
답니다."

처음 시작할 때는 두렵고 떨렸던 수희가 이제는 살짝 미소를 보이는 여
유까지 보였다. 교빈이가 오프닝을 재미있게 해 주었고 가행이와 신행
이 이야기에 친구들이 뜨거운 반응을 보여 주었기에 이제 조금 자신감
이 붙은 것이다. 수희의 자신감 넘치는 말을 듣고 많은 친구들이 멘토를
만날 수 있다는 기대감을 가지게 되었다. 이제 수희는 그 방법을 전해
줄 것이다.

〈멘토를 만나는 첫 번째 방법: 주위의 조언에 귀를 기울여라〉

수많은 CEO들은 자신의 인생을 바꾼 한 마디의 조언을 마음에 새기고
있다. 평생 함께해 주는 멘토는 아니지만 한 마디의 말이 가슴속에 오래
도록 영향을 미친다.

진희정, 『내 인생 최고의 조언』에서 발췌

당대의 위인들	위인을 낳은 최고의 조언
앤 멀케이(제록스 CEO)	'도랑에 빠진 소' 우화를 기억하세요.
하워드 슐츠(스타벅스 회장)	당신에게 없는 기술과 특성이 무엇인지 먼저 파악하라. 그리고 당신에게 없는 것을 가지고 있는 사람을 고용하라.
앤디 그로브(인텔 회장)	모든 사람들이 사실이라고 믿는 것이 아무것도 아닐 수 있다.
잭 웰치(GE 전 회장 겸 CEO)	다른 사람이 아닌 당신 자신이 되어라.
테드 카플(ABC '나이트라인' 진행자)	당신이 좋아하는 것을 해라.
브라이언 로버츠(컴캐스트 CEO)	다른 사람에게 공을 돌려라.
멕 휘트먼(이베이 사장 겸 CEO)	친절해라. 최선을 다하라. 그리고 관망하라.

당대의 위인들	위인을 낳은 최고의 조언
리처드 브랜슨(버진 애틀랜틱 에어웨이즈와 버진 그룹 창립자)	바보짓을 해서라도 남들에게 즐거움을 선사하라. 그렇지 않으면 살아남지 못할 것이다.
리처드 딕 파슨스 (타임워너 사장 겸 CEO)	협상 테이블에 앉았을 때는 항상 남을 위해 무언가를 남겨 두어라.
워렌 버핏 (버크셔 헤더웨이 CEO)	주변 사람들이 모두 동의했다고 해서 당신이 옳은 게 아니다. 당신이 제시한 사실이 옳기 때문이다.
클라우스 클라인펠트(지멘스 CEO)	당신이 바라는 미래를 구체적으로 그려라.
짐 콜린스(『성공하는 기업들의 8가지 습관』 저자)	진정한 인내는 옳지 못한 기회에 대해 '아니다'라고 말하는 데서 나온다.
A. G. 래플리(P&G 회장 겸 CEO)	힘든 일을 끝까지 물고 늘어질 수 있는 용기를 가져라.
샐리 크로첵(시티 그룹 CFO)	부정적인 시각을 갖고 있는 사람의 말에 귀 기울이지 마라.
섬너 레드스톤(바이어컴 회장 겸 CEO)	당신의 타고난 직감을 따르라.
피터 드러커(대학 교수, 저자)	마음에 들지 않는다면 당장 떠나라.
허브 켈러허(사우스웨스트 항공 창립자 겸 회장)	사람들의 타이틀이 아니라 그들 자신을 존경하라.
테드 터너(CNN 창립자이자 타임워너 전 부회장)	젊을 때 시작하라.
도니 도이치(광고 회사 도이치 CEO)	당신이 좋아하는 일을 한다면, 돈은 따라오게 되어 있다.
헥터 루이즈(AMD의 CEO)	당신 주변에 믿을 만한 인재들을 많이 두어라. 그리고 그들을 믿어라.
릭 워렌(새들백 교회의 건립자이며 목사, 『목적이 이끄는 삶』의 저자)	정기적으로 피터 드러커의 가르침에 귀를 기울여라.
데이비드 닐먼(제트블루 항공사 창립자 겸 CEO)	가족과 일의 균형을 유지하라.
미키 드렉슬러(J. 크루의 CEO)	성장 가능성이 없는 사업은 접어라.
클레이튼 크리스텐슨(하버드 비즈니스스쿨 교수)	당신은 어떤 사람에게도 배울 수 있다.
브라이언 그레이저(아카데미상 수상, TV와 영화 제작자)	당신의 것은 진정한 아이디어와 그 아이디어를 적을 수 있는 신념입니다.
앤 퍼지(광고 회사 영&루비컴 브랜즈 CEO)	당신의 직업을 너무 성급히 결정하지 마라.
비벡 폴(위프로 테크놀노지스 CEO)	과거에 당신이 갖고 있던 기대가 현재 당신의 능력을 발휘하는 데 방해가 되지 않는가?
마크 베니오프(세일즈포스닷컴 창립자 겸 CEO)	회사 운영에 있어 사회 공헌 활동을 활성화시켜라.

〈멘토를 만나는 두 번째 방법: 멘토 액자를 만들어라〉

"와! 이게 뭐예요? 수
희 멘토님. 액자가 너
무 많아요!"
"교빈 학생의 입이
'떡' 벌어졌네요. 이
건 하샘이 붙인 액자

들이에요. 사실 이 방에 처음 들어왔을 때 저도 놀랐어요. 그런데 하샘의 이
야기를 듣고 내용을 알게 되었죠. 이 이야기는 하샘을 모셔서 들어 보죠."

"쑥스럽네. 이 방은 원래 이름이 '진로 네트워크 방'이야. 나뿐 아니라
다른 분들의 액자도 다 걸려 있지."
"하샘, 어떻게 사진 속의 인물이 멘토가 될 수 있어요?"
"영역별로 자신이 존경하는 대표적인 인물을 선정하여 액자로 만드는 거
야. 샘은 삶이 답답해질 때면 이 방에 들어온단다. 그러면 이 많은 액자
속 인물들이 필요에 따라 나에게 이야기를 해 준단다. 그 내용은 대부분
책이나 인터뷰에 나온 내용들이지."
"주제가 정해져 있나요?"
"정해져 있어. 공부가 힘들 때는 피터 드러커 교수가 나를 격려한단다.
지식 노동자의 삶이 힘들지만 인내하다 보면 그 지식이 당신의 인생을
바꿀 거라고 말해 주지. 시대의 변화가 너무 빨라 정보를 따라가기가 벅

찰 때가 있다. 지식이 메마
르고 정보의 원천이 말라
가는 때가 있는 거지. 그럴
때 만큼 괴로운 시간이 없
다. 그럴 때는 미래 학자

"지식노동자의 삶이 힘들지
만 인내하다 보면 그 지식이
당신의 인생을 바꿀 겁니다.
힘 내세요."

"저는 미래를 예측하기 위해 매일 10시간씩 신문을 읽습니다. 손끝이 시커멓게 변할 때까지 읽죠. 현재를 읽으면 미래가 보입니다. 정보가 마를 때면 신문을 읽고 다시 일어나십시오."

존 나이스비트가 내게 이야기를 건네 준다."

하샘은 이 방을 매우 좋아한다. 힘든 일이 있을 때마다 이 방에 들어와서 액자 속의 사람들과 대화를 나눈다. 지쳐서 그냥 현실에 안주하고 싶은 마음이 들 때 이 방에 들어오면 벽에 걸린 오카노 마사유키라는 혁신가가 그

"현실에 안주하면 그것으로 끝입니다. 세상이 필요한 것이 무엇인지 읽고, 변화와 혁신을 추구하세요. 그런 삶은 당신에게 무한한 행복을 줄 겁니다."

를 격려하는 것 같다.

학생들은 하샘의 이야기를 들으면서 하샘의 얼굴과 액자를 번갈아 가며 쳐다보았다. 하샘이 이야기를 마무리하고 다시 수희가 이야기를 이어갔다.

"실제로 만나는 것도 행복하지만 그럴 수 없을 때는 이렇게 자신의 멘토 액자를 만드는 것도 좋은 방법이랍니다. 이렇게 다양한 멘토 액자를 만들기 위해서는 한 가지 중요한 과정이 필요합니다. 영역별 또는 주제별로 인물을 분류할 수 있어야 합니다. 그래야 상황에 따라 멘토를 만날 수 있습니다. 이를 가장 잘 보여 주는 자료가 바로 여러분 뒤쪽 벽에 걸려 있는 민샘의 멘토 액자입니다."

학생들은 뒤를 돌아보고 깜짝 놀랐다. 사진 속에는 민샘과 함께 수많은 사람들이 정렬되어 있었다. 자세히 보니 모두 주제별로 인물이 분류되어 있었다.

"이걸 보니까 민샘이 더욱 그립다."

"민샘의 그 깊은 힘은 바로 여기서 나오는 것이구나."

"민샘에게는 이렇게 많은 멘토가 있었어."

동아리 학생들은 민샘의 사진을 보자, 작은 목소리로 여기저기서 아쉬움을 토로하였다. 수희는 발표를 마무리하며 마음속으로 다짐했다. 자신도 언젠가 이 방의 한쪽 벽에 자신의 멘토 액자를 붙이겠다고……

진로는,
멘토와 함께 갈 때
참 행복합니다.

내 인생의 멘토 리뷰하기

멘토링과 멘토에 대한 자료를 읽고, 자신이 현재까지 살아오면서 자신의 주위에 어떤 멘토가 있었는지 생각해 봅니다. 떠오르는 사람을 중심으로 어떤 면에서 그가 멘토였는지 기록합니다.

> **멘토링이란?**
> 멘토링은 한 사람의 멘토(Mentor)가 한 사람의 멘제(Menger)와 1:1로 관계를 맺고 멘제의 잠재력을 계발하여 지혜롭고 현명한 차세대 지도자로 세우는 일(Standing Together)이다. 이는 기원전 1250년경을 배경으로 작품화한 시인 호머의 〈그리스 신화〉에서 이타카 왕국의 왕자인 텔레마코스(Telemachus)를 당시 최고로 존경받는 멘토라는 스승이 20년 동안 정성껏 지도하여 현명한 왕으로 세웠다는 데서 기인한다.

멘토는 교육을 대화식으로 실시했으며 함께 이야기를 나누며 사색했다. -대화식
멘토는 텔레마코스의 상상력을 최대한 동원하게 하여 열렬한 토론을 벌였다. -토론식
멘토는 질문자였고 텔레마코스는 대답하는 사람이었다. -문답식
멘토는 텔레마코스를 동료처럼 대하여 거리를 좁혔다. -동료 관계
멘토는 제자가 대답을 못할 때에는 그냥 건너뛰었으며, 가까운 사물을 예를 들어 설명하기를 좋아했다. -예화식
멘토는 수학, 철학, 논리학에 평생을 기울여 집중했다. -지, 정, 의 교육
텔레마코스가 불안한 흔들림으로 가득 차 있다가도 신 같으면서 아버지처럼 정다운 멘토 스승의 이야기에 스스로 녹아 버렸다. -아버지처럼

_____

_____

_____

_____

_____

_____

내 인생의 멘토 리뷰하기

멘토링과 멘토에 대한 자료를 읽고, 자신이 현재까지 살아오면서 자신의 주위에 어떤 멘토가 있었는지 생각해 봅니다. 떠오르는 사람을 중심으로 어떤 면에서 그가 멘토였는지 기록합니다.

> **멘토링이란?**
> 멘토링은 한 사람의 멘토(Mentor)가 한 사람의 멘제(Menger)와 1:1로 관계를 맺고 멘제의 잠재력을 계발하여 지혜롭고 현명한 차세대 지도자로 세우는 일(Standing Together)이다. 이는 기원전 1250년경을 배경으로 작품화한 시인 호머의 〈그리스 신화〉에서 이타카 왕국의 왕자인 텔레마코스(Telemachus)를 당시 최고로 존경받는 멘토라는 스승이 20년 동안 정성껏 지도하여 현명한 왕으로 세웠다는 데서 기인한다.

멘토는 교육을 대화식으로 실시했으며 함께 이야기를 나누며 사색했다. -대화식
멘토는 텔레마코스의 상상력을 최대한 동원하게 하여 열렬한 토론을 벌였다. -토론식
멘토는 질문자였고 텔레마코스는 대답하는 사람이었다. -문답식
멘토는 텔레마코스를 동료처럼 대하여 거리를 좁혔다. -동료 관계
멘토는 제자가 대답을 못할 때에는 그냥 건너뛰었으며, 가까운 사물을 예를 들어 설명하기를 좋아했다. -예화식
멘토는 수학, 철학, 논리학에 평생을 기울여 집중했다. -지, 정, 의 교육
텔레마코스가 불안한 흔들림으로 가득 차 있다가도 신 같으면서 아버지처럼 정다운 멘토 스승의 이야기에 스스로 녹아 버렸다. -아버지처럼

5학년 때 담임선생님이 나에게는 멘토였다. 우리 반은 자체적인 피구 리그를 진행하고 있었다. 하지만 나는 당시 자전거 사고로 목발을 하고 있었다. 반 전체가 피구를 하는 데 나만 참여할 수가 없었다. 선생님은 친절하게 나를 배려해 주려고, 나의 생각을 물은 뒤에 나를 피구심판으로 세워주셨다. 목발을 짚고 초라하게 구경하던 나를, 가장 중요한 심판으로 바꿔주셨다. 선생님은 늘 그렇게 약자를 배려하고 섬세하게 도와주셨다. 어쩌면 지금 내 모습은 그 분을 닮아가고 있는지도 모른다.

나를 뒤흔든 조언 리뷰하기

세계적인 위인들의 인생을 바꾼 조언을 보면서, 자신의 인생에 영향을 준 '언어'를 떠올려 봅니다. 언제 어떤 상황에서 누구에게 들은 말이었는지, 그 말이 자신에게 어떤 영향을 주었는지 기술합니다.

당대의 위인들	위인을 낳은 최고의 조언
앤 멀케이(제록스 CEO)	'도랑에 빠진 소' 우화를 기억하세요.
하워드 슐츠(스타벅스 회장)	당신에게 없는 기술과 특성이 무엇인지 먼저 파악하라. 그리고 당신에게 없는 것을 가지고 있는 사람을 고용하라.
앤디 그로브(인텔 회장)	모든 사람들이 사실이라고 믿는 것이 아무것도 아닐 수 있다.
잭 웰치(GE 전 회장 겸 CEO)	다른 사람이 아닌 당신 자신이 되어라.
테드 카플(ABC '나이트라인' 진행자)	당신이 좋아하는 것을 해라.
브라이언 로버츠(컴캐스트 CEO)	다른 사람에게 공을 돌려라.
멕 휘트먼(이베이 사장 겸 CEO)	친절해라. 최선을 다하라. 그리고 관망하라.
리처드 브랜슨(버진 애틀랜틱 에어웨이즈와 버진 그룹 창립자)	바보짓을 해서라도 남들에게 즐거움을 선사하라. 그렇지 않으면 살아남지 못할 것이다.
리처드 딕 파슨스 (타임워너 사장 겸 CEO)	협상 테이블에 앉았을 때는 항상 남을 위해 무언가를 남겨 두어라.
워렌 버핏 (버크셔 헤더웨이 CEO)	주변 사람들이 모두 동의했다고 해서 당신이 옳은 게 아니다. 당신이 제시한 사실이 옳기 때문이다.

나를 뒤흔든 조언 리뷰하기

세계적인 위인들의 인생을 바꾼 조언을 보면서, 자신의 인생에 영향을 준 '언어'를 떠올려 봅니다. 언제 어떤 상황에서 누구에게 들은 말이었는지, 그 말이 자신에게 어떤 영향을 주었는지 기술합니다.

당대의 위인들	위인을 낳은 최고의 조언
앤 멀케이(제록스 CEO)	'도랑에 빠진 소' 우화를 기억하세요.
하워드 슐츠(스타벅스 회장)	당신에게 없는 기술과 특성이 무엇인지 먼저 파악하라. 그리고 당신에게 없는 것을 가지고 있는 사람을 고용하라.
앤디 그로브(인텔 회장)	모든 사람들이 사실이라고 믿는 것이 아무것도 아닐 수 있다.
잭 웰치(GE 전 회장 겸 CEO)	다른 사람이 아닌 당신 자신이 되어라.
테드 카플(ABC '나이트라인' 진행자)	당신이 좋아하는 것을 해라.
브라이언 로버츠(컴캐스트 CEO)	다른 사람에게 공을 돌려라.
멕 휘트먼(이베이 사장 겸 CEO)	친절해라. 최선을 다하라. 그리고 관망하라.
리처드 브랜슨(버진 애틀랜틱 에어웨이즈와 버진 그룹 창립자)	바보짓을 해서라도 남들에게 즐거움을 선사하라. 그렇지 않으면 살아남지 못할 것이다.
리처드 딕 파슨스 (타임워너 사장 겸 CEO)	협상 테이블에 앉았을 때는 항상 남을 위해 무언가를 남겨 두어라.
워렌 버핏 (버크셔 헤더웨이 CEO)	주변 사람들이 모두 동의했다고 해서 당신이 옳은 게 아니다. 당신이 제시한 사실이 옳기 때문이다.

초등학교 4학년 때 담임선생이 유난히 자신감 없어 하던 나에게 "선생님은 너의 판단을 믿는다. 네가 선택했다면 그것이 최고야! 자신 있게 행동하렴." 하고 말해 주셨다. 그때 이후 나는 정말 자신감을 갖게 되었다. 중학교 1학년 때는 학생 간부들을 위한 극기 체험 훈련이 있었는데, 코스 훈련 중에 우리 조가 정해진 길에서 벗어났었다. 나는 그 당시 조장이라 당황해하고 있었는데 조원 중 한 명이 말해 주었다. "네가 우리의 리더야. 네가 선택하면 우린 따를 거야." 나는 그때 리더의 책임감에 대해 처음으로 마음 깊은 곳에서 울리는 소리를 들었다. 물론 당시 우리 조는 무사히 산행을 마치고 복귀하였다.

나의 멘토 액자 만들기

다음의 멘토 액자를 보고, 자신의 삶에 영향을 주고 조언해 줄 만한 주제별 멘토 액자를 아래에 스케치합니다. 포함된 인물이 어떤 면에서 조언을 주는지 아래에 기록합니다.

나의 멘토 액자 만들기

다음의 멘토 액자를 보고, 자신의 삶에 영향을 주고 조언해 줄 만한 주제별 멘토 액자를 아래에 스케치합니다. 포함된 인물이 어떤 면에서 조언을 주는지 아래에 기록합니다.

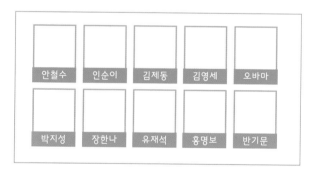

안철수	인순이	김제동	김영세	오바마
박지성	장한나	유재석	홍명보	반기문

나는 반기문 유엔사무총장의 따뜻한 카리스마를 존경한다. 다른 친구들처럼 강한 카리스마가 없는 나에게 반기문 총장은 희망이다. 그래도 홍명보 감독 같은 카리스마를 늘 꿈꾼다. 반기문과 홍명보 스타일의 중간지점이 바로 박지성이다. 박지성은 타인에게 부드럽고, 자신에게 엄격하다. 나는 그런 리더가 되고 싶다. 그리고 김제동, 오바마 같은 언어의 달인들을 멘토로 모시고 싶다. 단순히 말을 잘 하는 것이 아니라 소통의 달인들이 나의 멘토이다.

성우로 출발해 보이스 컨설팅까지

성우

저는 얼굴이 없습니다. 저의 얼굴을 아는 이도 없습니다. 어쩌면 저는 수십 가지 얼굴을 가지고 있습니다. 저의 직업은 성우입니다. 텔레비전 방송에서 성우의 역할은 많이 줄어들었습니다. 아마도 기억나는 목소리는 대표적인 한두 개의 목소리뿐일 겁니다. 추석이나 설날 TV에서, 또는 외국 영화에서 저의 목소리를 들으셨을 거예요. 텔레비전보다는 라디오 광고에서 저는 더 많은 활동을 합니다. 그리고 요즘은 목소리 자체가 브랜드가 되는 시대이기에 저는 보이스 컨설팅이라는 영역을 노크하고 있답니다.

혹시 자신의 목소리가 마음에 드시나요? 타인 앞에서 이야기할 때 또는 책을 읽을 때 자신의 목소리가 좀 더 매력적으로 울려 퍼지기를 원하지는 않나요? 수술을 해서 성대를 조절하는 경우를 제외한다면 다른 영역에서는 트레이닝을 통해 발성법과 호흡법을 바꿀 수 있습니다. 그러면 또 다른 세상을 경험하게 되는 것이지요. 어쩌면 외모를 중시하는 시대의 변화가 저에게 기회를 만들어 준 것일 수도 있습니다.

12 깨닫는 순간, 터닝포인트!

진로의 전체가 떠오르는가

우리들의 고민 편지

중학교에 올라온 이후 학교에서 진행하는 진로 활동의 전 과정을 성실하게 따라온 B군. 그는 진로 상담 교사의 숨소리조차 받아 적을 태세로 열심히 참여하였다. 그러다 보니 진로 활동이 다 끝날 무렵, 그가 작성한 활동지와 만든 결과물은 상자가 넘칠 정도로 많아졌다. 결과물을 보니 마음이 뿌듯하다. 그런데 웬일일까? 그 전체가 하나의 끈으로 이어지듯이 큰 그림으로 그려지지 않는다. 아무리 내용을 더듬어 보려 하지만 부분적인 기억만 떠오를 뿐 전체 그림이 안 보인다. '전체 내용을 일목요연하게 정리하여 내 방에 배치할 수는 없을까?'

– 온라인 캠프에 올라온 진로 고민 편지

우리들의 영원한 멘토

'진로 네트워크 방'에서 수희의 발표를 들은 학생들은 민샘을 더욱 그리워했다. 민샘의 멘토 액자에서 민샘의 모습을 보았기 때문이다. 수희가 진행한 진로 네트워크 활동은 학생들에게 여러 가지 생각을 하게 만든 시간이었다.

마지막 시간은 하샘이 진행할 계획이다. 아이들이 서둘러 교실을 나가려는 순간 하샘이 아이들을 불러 세웠다.

"얘들아, 잠깐만 기다려!"

"왜요?"

"진로 네트워크 방에서 너희에게 보여 줄 게 있어."

"뭔데요, 샘. 꼭 이 방에서 보아야 하는 거예요?"

"그래. 꼭 이 방에서 봐야 해!"

아이들이 다시 자리로 돌아오자 하샘은 컴퓨터를 켜서 화면에 비추었다. 진로를 실현하는 과정에서 멘토를 만나고, 세상의 모든 사람을 멘토로 삼는다는 수업 내용과 분명 관련이 있으리라고 짐작했다. 그런데 뭔가를 보여 주려는 하샘의 표정과 행동이 왠지 어색했다. 가장 먼저 눈치를 챈 사람은 수희였다.

'왜 그러실까, 무슨 일이 있나, 뭘 보여 주려는 걸까?'

준비를 끝내고 하샘은 크게 한숨을 내 쉬었다. 하샘의 표정에는 긴장한 모습이 역력했다.

"샘, 왜 그러세요. 어디 아프세요? 잠깐 쉬었다 하죠."

"아니야, 수희야. 지금 봐야 해. 아침에 메일이 왔어. 너희들이 봐야 할 것 같아."

'To 하이라이트'라고 적힌 파일 이름이 보였다. 하이라이트? 이것은 학생들이 지은 진로 동아리 이름이다. 다들 술렁이고 있는데 이윽고 파일이 열렸다. 그 순간 긴 탄식이 터졌다.

"민샘! 민샘이야!"

"저, 정말. 민샘이야!"

그토록 뵙고 싶었던 민샘이 영상에 등장하자 반가움에 눈물을 흘리는 친구도 있었다. 영상 속의 민샘은 그런 아이들을 한동안 미소로 바라보고 있다가 이윽고 입을 연다.

"하이라이트 친구들, 안녕. 미안하구나, 샘이 이런 모습으로 인사를 해서. 하지만 꼭 하고 싶은 말이 있어서 용기를 낸 거란다. ……."

민샘은 힘겨운지 잠시 말을 멈춘다. 아이들은 눈도 깜박이지 않고 화면을 지켜보았다. 무슨 말을 하실까? 민샘은 아침에 하샘에게 메일을 보내 부탁했다. 캠프의 마지막 수업에 진로 박람회 구성이 포함되어 있다는 것을 민샘도 알고 있었다. 그래서 바로 이때 영상을 보여 주도록 부탁한 것이다.

"다들 고맙고 미안하다. 그리고 너희들이 자랑스럽다. 모두 진로 박람회에서 잘해 낼 거라 믿는다. 얘들아, 기도해 주렴. 샘이 어서 나아서 너희들 옆에서 있을 수 있도록 말이야."

민샘은 힘이 드는지 잠시 심호흡을 한다. 아이들 생각에 정말 하고 싶은 말은 아직 못 한 것 같다. 그래서 더욱 안타깝다.

"어, 민샘!"

그런데 갑자기 영상이 끝나 버렸다. 민샘은 힘들기도 하지만 감정이 복받쳐서 더 이상 말을 잇기 어려워하는 모습을 보였다. 마저 하지 못한 말은 하샘에게 메일로 적어 보냈다고 한다.

"나머지 이야기는 선생님이 말해 줄게. 곧 기말 고사지? 행여 진로 박람회 준비 때문에 기말 고사 준비에 소홀하지 않기를 당부하셨어. 진로 박람회보다도 여러분 한 사람, 한 사람의 진로에 필요한 공부와 시험이 너무 소중하다는 뜻이셨어. 민샘 마음 이해가 되지?"

"네, 하샘."

아이들의 대답소리에는 힘이 없었다. 그들 모두는 벽에 붙어 있는 민샘의 사진을 보며 마음속으로 다짐했다.

'샘, 공부 열심히 할게요. 그리고 진로 박람회도 잘해 낼 거예요. 그러니 약속해 주세요. 꼭 완쾌하셔서 박람회에 오실 거라고요. 우리의 작품을 샘께 꼭 보여 드리고 싶어요. 샘은 우리의 영원한 멘토이십니다.'

꿈의 공간

하샘은 아이들이 민샘의 영상으로 인해 흔들리지 않을까 염려되었다. 하지만 오히려 아이들은 마음을 더 굳게 다져 먹었다. 다소 지쳐 있는 순간에 민샘의 영상 편지는 오히려 큰 격려가 되었다.

"여기 너희들이 모인 곳은 바로 '창조의 방'이야. 모든 벽이 화이트보드로 만들어져 있어. 캠프의 마지막은 바로 여기서 진행할 거야."

귀로는 하샘의 이야기를 듣고 있지만 아이들의 눈은 한쪽 벽을 유심히 쳐다보고 있었다. 정말 처음 보는 거대한 종이 앞에 한 사람이 서 있다.

"녀석들, 샘 이야기는 듣는 척만 하고 정신은 온통 딴 곳에 팔려 있네. 그 사진이 뭔지 아니?"

"몰라요. 종이 위의 그림은 마인드맵 같은데요. 이렇게 큰 마인드맵도 있어요?"

"우리가 지금 진행할 작업도 어쩌면 이런 메가 마인드맵을 만드는 일일

> **메가 마인드맵이란?**
> 개인 및 팀의 마인드맵을 모아서 전체의 큰 마인드맵으로 만든 것. 사진 속의 보잉사처럼 큰 조직은 종종 모든 직원들의 창의적인 아이디어를 모으는 메가 마인드맵 작업을 진행한다.

수 있어. 이 '창조의 방'의 모든 벽은 화이트보드로 되어 있지. 바로 여기에 우리가 지금까지 배우며 진행한 진로 활동의 모든 것을 담아 볼 거야. 그리고 오늘 우리가 여기서 구상하고 만들어 내는 결과가 곧 진로 박람회에 그대로 반영될 거야. 그런 마음으로 참여해 주길 바란다."

"와! 진짜 거대한 그림이 나올 것 같은데요. 기대돼요, 샘."

"진로 페스티벌 기억나지? 사실 지금에야 밝히는 거지만 그 당시 진로 페스티벌에 나도 가서 구경했단다. 나뿐 아니라 보연, 온달 멘토도 다 갔었어. 민샘이 초청하셨거든."

"그랬군요. 어쩐지 어디선가 본 듯한 미모였어요. 후훗!"

"교빈아, 알아줘서 고맙다 하하하! 이제 중요한 이야기를 하려고 해. 오늘 활동을 진행한 승헌이와 하영이 그리고 수희가 각각 진로 박람회 각 영역 담당자가 될 거야. 그리고 교빈이와 철만이도 하나의 영역을 함께 맡을 거야. 이것은 민샘이 부탁하신 거야. 괜찮지?"

"물론이에요."

"그리고 샘이 알기로는 진로 박람회 메인 부스의 크기가 아마도 이 교실과 비슷한 것으로 알고 있어. 그리고 너희들이 메인 부스를 쪼개지 않고 넓게 쓰겠다고 의견을 모은 것으로 기억한다. 그러니 오늘 여기서 진로 박람회장을 상상하면서 기획과 구성을 해 보자."

"샘, 이건 뭐예요? 모양은 프린터인데, 크기가 장난이 아니네요."

"교빈이는 이런 기계 처음 보니? 대형 프린터기

이다. 일명 '플로터'라고 하지. 옆에 있는 것은 다양한 우드락 재료야. 우리가 했던 작품들을 출력해 그것을 우드락에 붙이면 그 자체로도 훌륭한 작품이 되거든. 옆방에는 코팅 기계도 있고 액자도 많이 있어. 그야말로 꿈을 표현하는 과정에서 필요한 거는 다 갖추어 놓았단다."

"와! 정말 꿈의 공간이네요."

"지금까지는 선생님들을 위한 꿈의 공간이었고, 오늘 이후로는 너희들을 위한 꿈의 공간이 될 거야."

"화이트보드에 직접 그림을 그리는 것도 가능하죠?"

"물론이다. 하영아, 그럼 조별 미션을 확인해 보자."

박람회 준비 영역	위치	담당	전시 내용
존재 발견과 자기 발견	정면 벽	철만 교빈	인생 그래프, 재능 분석 그래프 종합 적성표, 전체 이정표
세계 발견의 정보 활동	오른쪽 벽	승헌	영상 자료, 도서 자료, 인재상, 변화상, 직업상, 미래상
비전 선언과 꿈 게시판	뒤쪽 벽	수희	비전 구성, 과학적 근거, 인물 사례, 정체성 표, 사명 선언, 꿈 목록, 장기 로드맵, 멘토 액자
진로를 위한 진학 전략	왼쪽 벽	하영	학교 정보표, 입시 정보표, 진로 점검표

곧바로 조별 활동에 들어갔다. 하샘은 아주 경쾌한 음악을 틀어 주었다. 학생들은 노래를 따라 부르며 그야말로 신나게 활동에 몰입했다. 컴퓨터실이 따로 있고, 민샘이 수업 시간에 사용했던 다양한 카드와 자료들도 모두 사용이 가능했다. 학생들 입장에서는 이미 배웠던 내용을 다시 한 번 복습하고 정리하는 느낌이 들었다. 그 과정에서 교빈이와 철만이는 첫 번째 어려움에 봉착했다.

"철만아, 존재 발견에는 인생 그래프를 전시하는 게 관람객의 이해를 돕는 데 효과적일 것 같아. 그런데 누구 것을 샘플로 할까? 너무 개인적인 거라 부탁하기가 쉽지 않네. 민샘의 샘플은 너무 강하여 부담이 될 것 같고."

"네 말이 맞아. 인생 그래프는 개인의 사생활도 들어 있기에 빼는 게 좋겠어."

"철만아. 내 것을 걸면 어떨까?"

"교빈이 네 것을?"

철만이는 깜짝 놀랐다. 자신의 인생 그래프를 소개하기 싫어서 교빈이는 동아리에 나오지 않았던 적도 있었다. 그런 교빈이가 많은 사람들에게 자신의 인생 그래프를 공개한다는 것이 놀라울 따름이었다.

"괜찮겠어?"

"그때와 지금은 달라. 이미 내가 변화되었잖아. 걱정 마. 그리고 내 것은 '달라지기 전'과 '달라진 후'가 함께 있어서 사람들이 보기에 더 이해하기 쉬울 거야."

교빈이는 자신의 달라진 모습을 스스로 느끼고 있었다. 어린 시절에는 많이 아프고 눈치를 보면서 자랐지만 그조차도 지금은 인정하고 받아들였다. 오히려 눈치를 보며 자란 경험 때문에 지금은 많은 사람들을 관찰하고 분위기를 살리며 웃음을 줄 수 있다고 생각했다. 더욱이 지금 자신이 웃음을 만들며 사는 것이 예전 같으면 사람들 속에서 인정받고 생존하기 위한 나름의 처절한 삶이었다면, 지금은 자신의 선명한 꿈인 방송 연출가, 방송인을 이루는 과정으로 생각했다.

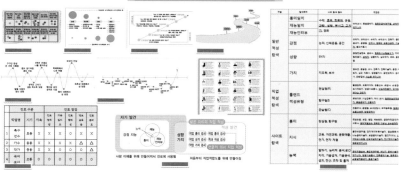

교빈이와 철만이는 꼼꼼하게 지난 활동을 점검하고 하나씩 자료를 다시 꺼내 작품화했다. 자리를 잡고 순서를 배치하여 붙이기 시작했다. 작품을 붙이는 것만으로도 담당한 벽이 다 채워졌다.

"어때, 철만아?"

"그림이 잘 나왔어. 교빈아, 지금 다시 보니까 링컨 대통령의 인생 그래프와 너의 인생 그래프가 완전히 비교되는데, 교빈이 네 인생은 마치 심장 박동 같아."

"그런데 철만아, 너 혹시 박람회 때는 긴장해서 말 더듬으면 안 돼. 알았지?"

"걱정 마. 이제 더듬던 거 기, 기억도 아, 안나."

"어? 너, 장난치는 거지. 놀랐잖아. 하하하!"

승헌이는 세계 발견과 정보 담당을 맡았다. 일단 승헌이네 조는 이전 진로 페스티벌에 사용했던 '비전 출판사'의 시스템을 최대한 활용하기로 했다. 여기서는 다양한 국내 직업군과 해외 직업군의 정보를 보여 주고, 필요한 경우 자료를 직접 출력해 주기로 했다. 자기 발견을 통해 자신에게 '맞는 직업', '관심 있는 직업', '더 알고 싶은 직업' 등이 나오면 그 분야의 직업들을 더 객관적으로 살필 필요가 있다. 다양한 정보를 객관적으로 파악하고 현상을 판단하는 것은 승헌이의 실제 삶의 유형과도 맞았다. 그 과정에서 꼭 필요한 것은 자신의 직업관이라는 관점인데, 이 부분도 빼지 않고 포함시키기로 했다.

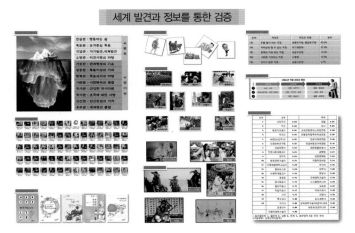

승헌이는 자신이 맡은 벽의 앞쪽에 책상 3개를 놓았다. 그 위에는 200개의 직업 전망과 914개의 직업 설명이 자세히 들어 있는 직업 사전을 올

려놓아서 읽을 수 있게 했다. 세 번째 책상 위에는 직업 카드를 올려놓아 참가자가 자유롭게 정보를 만날 수 있도록 구성했다. 하샘은 진행되는 작업을 둘러보면서 일일이 확인하고, 혹시 놓치는 부분이 있으면 지적해 주었다.

"승헌아, 직업 카드를 분류할 때 방법론이 있지 않았니?"

"네, 있어요. 하샘."

"그 방법론을 누군가가 여기에 서서 계속 설명해 주기는 어려울 것 같은데?"

"그럼, 방법론을 간단히 정리해 책상 위에 붙여 두면 어떨까요? 참가자가 스스로 보고 진행할 수 있도록 하는 거죠."

"좋은 생각이야. 그리고 승헌아, 직업 관련 영상 목록을 저렇게 붙여 놓았는데, 영상 목록을 보면 참가자들이 그 영상을 보고 싶어 하지 않을까?"

"생각해 보니 그래요. 진로 페스티벌 때는 노트북 책상을 따로 두었는데, 이번 행사는 참가자가 훨씬 많을 테니 노트북을 두기보다는 큰 프로젝션 TV를 두어 자동으로 직업 영상을 시연해 주는 게 나을 것 같아요."

"그럼 실제 현장에서 TV를 놓을 위치를 미리 고민해 두어야 할 것 같네."

승헌이는 다른 영역 담당자들의 양해를 구하고, 6개 적성에 따른 직업 유형 분류 배너를 교실 입구에서부터 들어오면서 볼 수 있도록 나란히 세워 두었다. 행사 느낌이 나도록 들어오는 길목에 세워 둔다면 한껏 분위기를 끌어올리는 데 도움이 될 것 같다.

"승헌아, 사람들이 6개 유형의 직업군 분류 배너를 보면 혹시 자신의 직업 유형을 궁금해하지는 않을까? 만약 그렇다면 바로 자신의 직업 적성 유형을 확인하도록 도와주는 게 좋겠지? 순서를 만들어 놓기는 했지만 참가자 입장에서는 가려운 곳을 먼저 긁어 주면 좋을 것 같아."

"그럼, 이렇게 해요. 배너 옆에 표지판을 두어서 '자신의 유형을 바로 알고 싶은 분은 자기 발견 영역에 가시면 즉석 진단이 가능합니다.' 라고 하면 어떨까요?"

"참 좋은 생각이야. 승헌이는 상대방의 말을 빨리 이해하고 판단하는 강점이 있구나."

하샘은 미소를 지으며 승헌이에게 엄지손가락을 치켜세워 주었다.

한편, 수희는 해야 할 작업의 양이 굉장히 많았다. 진로 비전의 의미를 구분하는 작품도 많았고, 실제 진로 비전의 결과물로 정리해야 했다.

"수희가 할 게 많구나. 조원들과 잘 협동하여 작품을 만들어 보렴. 선생님 생각에 박람회 참가자들이 수희 영역에서 가장 오래 머물 것 같다. 다양한 볼거리도 많고, 학생들 사례도 풍성하니까."

"부담되지만 즐겁게 준비해 볼게요, 샘. 그런데 민샘 건강이 어떤 상태인데요? 박람회 전까지 나으셔서 오실 수 있을까요?"

"글쎄, 수희야. 희망 버전으로 말해 줄까, 솔직 버전으로 말해 줄까?"

"솔직 버전으로 알려 주세요."

"내 생각엔 그날 못 오실 것 같아. 무리하지 않으려면 안 오시는 게 더 나을지도 몰라."

244

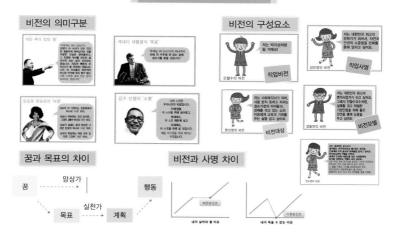

"수희야, 생각보다 전시할 내용이 많지?"

"네. 그리고 보면 우리가 참 활동을 많이 하긴 했어요. 그런데 하샘, 걱정이 있어요. 여기에 전시된 내용 중에는 참가자가 그냥 읽어만 봐도 아는 내용이 있지만 또 어느 정도 설명을 들어야 하는 것도 있어요. 일일이 다 설명해 주는 것이 현장 분위기에 어떨까 고민이 돼요."

"어떻게 할까? 보여 주고 말해 주고 싶은 게 정말 많은데 말이야."

"박람회에서 꼭 희망을 나누고 싶어요. 단순한 이벤트로 끝나지 않고 제대로 이해할 수 있도록 돕고 싶어요."

"혹시 말이야, 우리가 전시할 내용을 한 권의 자료집으로 엮어서 당일에 나눠 주면 어떨까?"

"정말요? 좋은 생각이에요. 그런데……."

"너 지금 나와 똑같은 고민을 하고 있구나. 누가 자료집을 쓰느냐는 거지? 샘이 수업 때 눈여겨 둔 사람이 있긴 한데……."

"하영이요?"

"그래, 하영이라면 할 수 있을 것 같아."

"하영이 희망 직업이 교사와 작가였어요. 하영이도 글 쓰고 책 내는 교사

가 되고 싶다고 했어요. 좋아할 거예요.”

하샘은 수희네 조가 붙이고 있는 나머지 비전 선언의 학생 사례를 둘러
본 다음, 하영이네 조로 이동했다. 과연 하영이가 자료집 쓰기를 받아들
일지 고민하면서 조심스럽게 다가갔다.

“하영아, 잘 되어 가니?”

“네, 한번 보시고 부족한 부분은 꼭 말씀해 주셔야 해요.”

“네 의견을 구하고 싶은 게 하나 있는데…….”

“말씀하세요, 무엇이든지요.”

“하영이 꿈이 교사 겸 작가라고 하던데 이참에 자료집을 한번 써 볼 생각
없니?”

“네, 자료집이요?”

그 순간 하영이는 뭔가 몰래 먹다가 들킨 양 깜짝 놀랐다. 그 놀라는 표
정이 하샘은 의아했다.

“사실 민샘과 함께 진로에 관한 책을 쓰고 있었거든요. 물론 지금은 접었

지만요."

"정말? 나는 몰랐는데."

"당연하죠. 비밀 프로젝트였으니까요. 진로 동아리 친구들이 등장하는 책을 쓰자는 민샘의 제안이 있었어요."

"언제?"

"수업 초반 무렵 자기 발견 결과, 저의 꿈이 교사와 작가로 결정되고 나서요."

"그랬구나. 그럼 지금 어느 정도 썼니?"

"이제 소용없어요. 민샘이 입원하신 뒤에 중단되었거든요."

"그럼, 나와 한번 계속 진행해 볼까? 그럼 진로 박람회에 맞춰서 나올 수 있을 거야. 어쩌면 하영이의 책이 민샘에게도 큰 힘이 될 거야."

"민샘 없이 저 혼자 가능할까요?"

"이제 진로 동아리의 핵심 내용을 다 배웠잖니. 하영이의 언어 감각과 글솜씨라면 충분하고도 남아."

"그럼, 한번 해 볼게요. 하지만 너무 기대는 마세요, 샘."

"알았어. 너무 기대하지 않을 테니까 쓰다가 중단한 그곳부터 다시 시작하는 거다."

247

하샘은 하영이네 조의 벽에 전시된 작품들을 둘러보았다. 진로를 결정한 이후의 전략 부분으로, 주로 '진학' '학습' '습관' 등을 다루고 있다. 하영이의 강점과 작품 내용이 잘 맞았다. 공부를 잘하는 하영이에게는 전략 부분의 전시 작업이 즐거웠다. 박람회 조 편성과 역할을 미리 결정해 준 민샘의 통찰에 하샘은 고개가 끄덕여졌다.

진로와 진학 체크리스트

		행동	회수	체크리스트
진로	표현력 연습	뉴스 따라하기1일	1회	
		책 소리 내어 읽기	1일 1회	
		표현 녹음해서 듣기	주일 1회	
		거울보고 제스처	1일 1회	
		토론 녹화 보기	1주일 1편	
		목욕탕에서 숨 참기	1주일 1회	
	지식 능력	신문사설 읽기	1일1회	
		경제신문 읽기	1일 1회	
		100분 토론 시청하기	1주일 1회	
		아나운서 아카데미	1주일 1회	
		아나운서 홈페이지	1주일 1회	
		국사 및 세계사	1개월 1권	
	체력	줄넘기 500	1일1회	
	자격	한국어능력시험	3개월 1회	
		국어능력인증시험	2개월 1회	
		한국사능력시험	6개월 1회	
진학	고등 진학	독서 포토폴리오	1주 1권	
		체험활동 기록	1개월 1회	
		플래너 쓰기	1일 1회	
		예습과 복습	1일 1회	
		학교정보 모으기	1주일 1회	
		봉사활동	1개월 1회	

하영이는 바로 옆에 진로 관리를 위한 점검표 결과물을 전시했다. 그래 프까지 깔끔하게 붙여 자신의 진로를 추구하는 과정에서 목표를 놓치지 않고 집중할 수 있는 환경을 보여 주었다. 작품 전시를 마무리하면서도 하영이는 책을 쓴다는 생각에 마음이 무거웠다.

'민샘 없이 나 혼자 책을 정말 완성할 수 있을까? 공부라면 자신이 있는 데……. 그래도 한번 해 보자. 완성해서 민샘께 선물로 드리면 무척 좋아 하실 거야.'

우리들의 출사표
이렇게 해서 진로 박람회의 부스 구성에 대한 예행연습이 완성되었다. 동아리 멤버들은 방 가운데 모여 자신들이 만들어 낸 아름다운 광경에 박수를 보냈다. 그간의 과정들이 파노라마처럼 스치고 지나갔다. 고비도 있고 아픔도 있었지만 결국 여기까지 왔다. 아이들을 바라보는 하샘은 감격스러웠다. 이 모습을 어서 민샘에게 보여 드리고 싶었다.

"자, 여길 보세요. 샘이 하나, 둘, 셋 하면 찍는 거야. 등 뒤의 작품과 함께 찍어서 민샘에게 보낼 거니까 예쁘게 웃어 보세요."
온 벽에 가득한 작품 전시를 끝내고 그 앞에서 하이라이트 클럽 멤버들이 모두 활짝 웃고 있다. 그 웃음 뒤에는 저마다 출전을 앞둔 비장한 출사표들을 품고 있다. 아이들은 스스로에게 이렇게 외치고 있다!
'좋아, 오늘 우리는 출사표를 던진다! 세상을 향해 외친다! 우리가 간다! 기다려라!'
'민샘, 보고 계시죠? 멋지게 해 내겠습니다.'
'다 배웠다. 그러나 여기가 끝이 아니다. 바로 여기서 내 인생은 다시 시작한다. 새로운 터닝 포인트이다.'

진로는,
그것을 깨닫는
순간이, 인생의
터닝포인트이다.

존재 발견과 자기 발견 리뷰하기

다음은 진로 박람회에 전시될 존재 발견과 자기 발견의 핵심 내용이 담긴 결과물입니다. 흐름을 보면서 배웠던 내용을 떠올려 보세요. 그리고 '존재 발견과 자기 발견'이라는 주제로 전시회의 큐레이터가 되었다고 가정하고, 다른 사람에게 이 내용을 쉽게 설명하는 글을 써 봅니다.

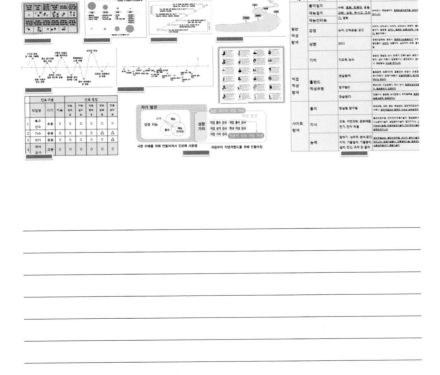

존재 발견과 자기 발견 리뷰하기

다음은 진로 박람회에 전시될 존재 발견과 자기 발견의 핵심 내용이 담긴 결과물입니다. 흐름을 보면서 배웠던 내용을 떠올려 보세요. 그리고 '존재 발견과 자기 발견'이라는 주제로 전시회의 큐레이터가 되었다고 가정하고, 다른 사람에게 이 내용을 쉽게 설명하는 글을 써 봅니다.

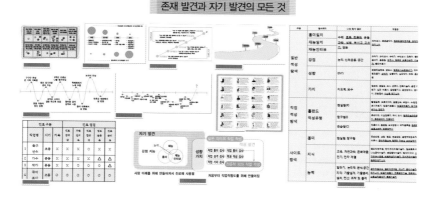

존재 발견과 자기 발견의 모든 것

작품을 보다 자세히 설명한다면, 진로 인식과 존재 발견, 자기 발견과 강점 발견 그리고 적성 발견의 내용을 모두 담고 있다. 진로 인식은 진로가 무엇인지, 진로가 공부와 무슨 관련이 있는지 그리고 자신이 지금 어디쯤에 있는지 깨닫는 것이다. 존재 발견은 자신의 과거와 현재를 있는 그대로 인정하고 차이를 받아들여서 스스로를 존중하는 것이다. 비교하지 않고 자신의 존재 안에서 기쁨을 얻는 것이다. 강점과 적성은 흥미, 재능, 강점 지능, 가치, 성향, 그리고 적성을 확인하여 자신의 희망직업군을 확인하는 작업이다. 이 과정을 모두 거치면서 자신의 직업 비전을 명확하게 세우는 것이 중요하다.

세계 발견과 정보를 통한 검증 리뷰하기

다음은 진로 박람회에 전시될 세계 발견과 정보를 통한 검증의 핵심 내용이 담긴 결과물입니다. 흐름을 보면서 배웠던 내용을 떠올려 보세요. 그리고 '세계 발견과 정보를 통한 검증'이라는 주제로 전시회의 큐레이터가 되었다고 가정하고, 다른 사람에게 이 내용을 쉽게 설명하는 글을 써 봅니다.

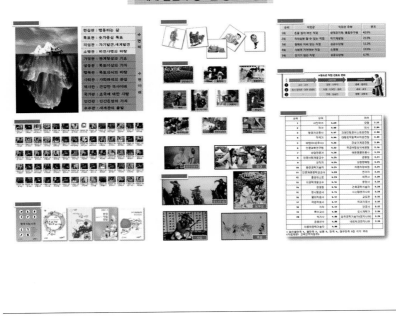
세계 발견과 정보를 통한 검증

세계 발견과 정보를 통한 검증 리뷰하기

다음은 진로 박람회에 전시될 세계 발견과 정보를 통한 검증의 핵심 내용이 담긴 결과물입니다. 흐름을 보면서 배웠던 내용을 떠올려 보세요. 그리고 '세계 발견과 정보를 통한 검증'이라는 주제로 전시회의 큐레이터가 되었다고 가정하고, 다른 사람에게 이 내용을 쉽게 설명하는 글을 써 봅니다.

세계 발견과 정보를 통한 검증

세계 발견과 정보를 통한 검증은 크게 3가지를 담고 있다. 첫째는 직업 탐색 단계이다. 자신의 직업관을 확인하고, 직업 카드를 통해 더 자세히 직업을 탐색하며, 세계의 직업까지 탐색의 범위를 넓힌다. 둘째는 직업의 인재상, 변화상, 미래상, 직업상 등을 확인하면서 나에게 적합한 직업을 확인하고 예측하는 과정을 거친다. 셋째는 직업 검증 단계이다. 먼저 자신의 의사결정 유형이 합리적인지 확인하고, 직업명, 전공, 과정 등을 통해 주변 직업을 더 깊이 알아보고 그 속에서 자신의 직업을 검증한다. 이런 과정을 모두 거치면 자신의 진로가 명확하게 최종 결정될 것이다.

비전 선언과 꿈 게시판 리뷰하기

다음은 진로 박람회에 전시될 '비전 선언과 꿈 게시판'의 핵심 내용이 담긴 결과물입니다. 흐름을 보면서 배웠던 내용을 떠올려 보세요. 그리고 '비전 선언과 꿈 게시판'이라는 주제로 전시회의 큐레이터가 되었다고 가정하고, 다른 사람에게 이 내용을 쉽게 설명하는 글을 써 봅니다.

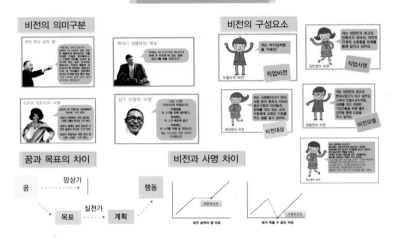

_____

_____

_____

_____

_____

_____

비전 선언과 꿈 게시판 리뷰하기

다음은 진로 박람회에 전시될 '비전 선언과 꿈 게시판'의 핵심 내용이 담긴 결과물입니다. 흐름을 보면서 배웠던 내용을 떠올려 보세요. 그리고 '비전 선언과 꿈 게시판'이라는 주제로 전시회의 큐레이터가 되었다고 가정하고, 다른 사람에게 이 내용을 쉽게 설명하는 글을 써 봅니다.

비전 선언과 꿈 게시판

비전의 의미구분

- 마틴 루터 킹의 '꿈'
- 케네디 대통령의 '목표'
- 토마 윈프리의 '사명'
- 김구 선생의 '소명'

비전의 구성요소

- 오철수의 비전 — 직업비전
- 김민영의 비전 — 직업사명
- 한선영의 비전 — 비전대상
- 장필연의 비전 — 비전모델
- 진소정의 비전

꿈과 목표의 차이

꿈 → 망상가 → 행동
꿈 → 목표 → 실천가 → 계획 → 행동

비전과 사명 차이

비전포인트 — 내가 살아야 할 이유
사명포인트 — 내가 죽을 수 없는 이유

진로에서 비전의 단계로 넘어올 때는 그 관계를 잘 이해해야 한다. 진로 탐색을 통해 자신의 희망 직업을 찾았다면, 비전은 그 탐색의 결과를 미래의 언어로 구체화하여 표현하고 시각화하는 작업이다. 먼저 '비전'의 다양한 쓰임을 이해하고, 다음에는 비전 표현 전체를 구성하는 핵심 요소를 이해하고 구분하며 정리한다. 그 과정에서 비전의 다양한 유사 의미들을 구분한다. 비전, 사명, 소명, 목적, 목표 등의 의미를 정확하게 구분할 수 있어야 다른 사람에게 자신의 비전을 정확하게 표현할 수 있다.

진로 이후의 전략 리뷰하기

다음은 진로 박람회에 전시될 '진로 이후의 전략'의 핵심 내용이 담긴 결과물입니다. 흐름을 보면서 배웠던 내용을 떠올려 보세요. 그리고 '진로 이후의 전략'이라는 주제로 전시회의 큐레이터가 되었다고 가정하고, 다른 사람에게 이 내용을 쉽게 설명하는 글을 써 봅니다.

진로 이후의 전략

진로 이후의 전략 리뷰하기

다음은 진로 박람회에 전시될 '진로 이후의 전략'의 핵심 내용이 담긴 결과물입니다. 흐름을 보면서 배웠던 내용을 떠올려 보세요. 그리고 '진로 이후의 전략'이라는 주제로 전시회의 큐레이터가 되었다고 가정하고, 다른 사람에게 이 내용을 쉽게 설명하는 글을 써 봅니다.

진로 탐색을 마치고, 그 결과로 미래의 비전으로 구체적인 작품을 마친 후에는 한 가지 중요한 과정이 남아 있다. 바로 전략 과정이다. 비전이 있지만 실천이 없는 사람이 많다. 이런 사람은 비전을 행동으로 바꿀 실천 전략이 없기 때문이다. 여기서는 3가지 전략을 배운다.

진로를 위한 진학 전략, 진학을 위한 학습 전략, 그리고 하루하루의 습관 전략이다. 진학 전략에서는 다양한 고등학교의 유형과 특징을 이해하고 자신에게 맞는 진학 목표를 찾아간다.

학습 전략에서는 구체적으로 시험을 관리하는 그래프를 그리게 된다. 습관 전략에서는 진학을 위한 지식, 체험, 봉사, 공부, 감성 등의 습관을 배우게 되고, 구체적인 행동목록과 점검표를 가지고 있다면 그것을 얼마든지 실천으로 연결할 수 있다.

길 위의 오케스트라 지휘자

영화감독

영화감독은 오케스트라의 지휘자와 같습니다. 영화를 이해하고 완성하는 예술적인 재능뿐 아니라 많은 사람들을 이끌고 화합해야 하는 리더십이 필요한 존재입니다. 그리고 다양한 영역을 해석할 수 있는 안목이 필요합니다. 영화음악, 미술, 촬영, 편집 등의 전 분야를 이해할 수 있는 눈을 가지고 있어야 합니다.

물론 영화감독, 미술감독, 촬영감독, 편집 담당이 별도로 있지만 이를 전체적으로 모을 수 있어야 하는 것이 영화감독의 역량입니다. 때로는 일사불란하게 진두지휘하여 일정을 소화해야 하지만 또 한편으로는 섬세하게 배우들과 스태프를 격려하기도 합니다.

그래서 한 사람의 멋진 영화감독 밑에서 배운 사람들 중에 유독 훌륭한 감독이 많이 나오는 것은 이러한 과정을 보고 배우기 때문입니다. 영화감독이 되는 과정이 다소 힘들고 오랜 시간이 걸리며 영화의 흥행에 대한 부담이 있지만, 그래도 꿈이 있는 사람이라면 꼭 도전해 보라고 권합니다.

진로표현

4

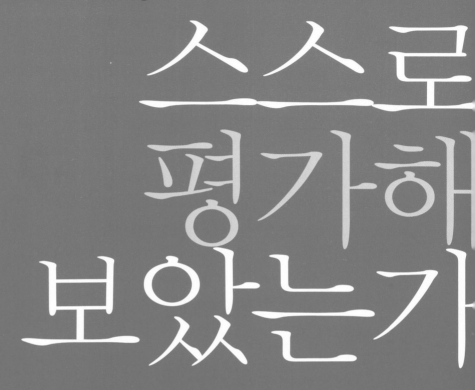

스스로 평가해 보았는가

우리들의 고민 편지

누가 보아도 자신만만한 중학생 G양. 진로 활동 내내 수업 분위기를 주도했고, 그런 자신의 모습에 스스로도 늘 만족스러웠다. 진로 활동을 마무리하는 과정에서 자신의 비전을 발표하고, 발표 내용을 서로 평가하는 시간이 있었다. 자신의 발표에 대한 친구들의 평가서를 받아든 G양은 자신의 눈을 의심하지 않을 수가 없었다. 자신의 기대와 정반대의 결과가 나온 것이다. 그것도 평가한 친구들이 거의 모두 같은 의견이었다. 뭐가 잘못된 걸까? G양은 자신이 생각하는 자신의 모습과 타인이 바라보는 모습 사이에 어떤 문제가 있는지 모르겠다.

        – 온라인 캠프에 올라온 진로 고민 편지

커뮤니케이션에 눈뜨다

특설 강연장 강연 순서

강연 1 "아름다운 차이를 깨닫다!"
(존재 발견과 자기 발견의 힘)

강연 2 "아는 만큼 보인다!"
(진로 탐색에서의 정보력)

강연 2 "생생하게 꿈꾸면 이루어진다!"
(비전의 결과이미지 구성전략)

진로 박람회 1개월 전, 벌써 온라인 홈페이지에 홍보가 한창이다. 그리고 진로 박람회장에는 이미 현수막도 내걸렸다. 특히 올해는 드림 중학교 동아리 팀 '하이라이트'가 메인 부스 전시회를 하게 되었다는 광고가 이미 나가고 있었다. 메인 부스 옆 특설 강연장에서는 3개의 강연이 진행될 예정이다. 놀랍게도 이 강연 역시 진로 동아리의 리더들이 직접 마이크를 잡는다는 홍보가 나간 상태이다.

"철만아, 우리가 첫 번째 발표자야. 가장 중요한 역할을 맡게 되었어. 우리 둘이 번갈아 가면서 발표하게 될 텐데, 누가 먼저 마이크를 잡을까?"

"첫 발표는 좀 부담스럽지? 내가 할게. 내가 앞부분을 할 테니, 교빈이 네가 바로 이어서 해."

"고마워, 철만아."

사실 철만이도 교빈이가 먼저 하겠다고 나서기를 바라고 있었다. 그런데 막상 교빈이의 얼굴을 보니 지금 막 무대에 선 것처럼 긴장한 모습이 역력했다. 말 잘하는 하영이나 승헌이가 먼저 하면 더 좋으련만, 진로 수업의 흐름상 '존재 발견과 자기 발견'이 먼저 나와야 다음 내용이 이어진다.

혹시나 너무 긴장한 탓에 옛날처럼 말을 더듬기라도 할까 봐 철만이는 벌써부터 가슴이 쿵쾅거렸다.

"애들아, 안녕. 이제 얼마 남지 않았네. 우리가 앞으로 네 번만 더 보면 진로 박람회야. 시간이 참 빠르지? 그런데 교빈이와 철만이는 왜 그렇게 얼굴색이 안 좋니? 어디 아프니?"

"하샘. 진로 박람회 홈페이지 보셨죠? 저희 이름이 벌써 나와 있어요. 특설 강연장의 강의 순서에 저희 이름이 첫 번째로 올라 있어요. 그래서 이렇게 심각한 거예요."

"충분히 이해한다. 걱정 마. 교빈인 실전에 강하잖아."

철만이와 교빈이의 첫 번째 강의에 이어 승헌이와 수희가 두 번째 강의를 진행할 계획이다.

그리고 마지막 강연은 하영이가 담당하게 된다. 철만이와 교빈이는 진로 페스티벌에서도 같은 부스를 진행했었고, 진로 박람회 구성도 함께 진행했기에 호흡이 잘 맞는다. 다만 맨 처음에 발표하게 된 점은 하샘도 다소 걱정이 되긴 한다. 승헌이와 수희는 함께 부스를 운영해 본 적이 있고, 평상시 동아리 수업 때도 시범 조교 역할을 함께한 덕분에 매우 손발이 잘 맞는다. 최근 들어 부쩍 가까워진 두 친구의 강연은 하샘이 보기에도 큰 무리가 없어 보인다. 승헌이의 선명한 리더십 색깔과 수희의 차분하고 부드러움이 조화를 잘 이룰 것이기 때문이다.

그리고 마무리를 하영이가 맡게 되었다. 하영은 가장 중요한 시기에 강연을 맡게 된 데에 설레면서도 다시 시작된 책 쓰기에 온통 신경이 날카로워져 있었다.

예행연습 때 창조의 방에서 구성했던 각 담당영역이 강연장에서는 다소 바뀌게 되었다. 그렇게 된 데는 팀웍이나 분량에 대한 하샘의 판단이 있었지만 결정적인 것은 하영이의 생각이었다. 하영이는 찬형이가 가장 힘들어 했던 내용을 본인이 직접 발표하고 싶어 했다. 혹시나 찬형이가 올지도 모르기 때문이었다. 올 가능성이 높지는 않지만, 하영이는 기대를 품고 있다. 하영이의 생각에 승헌이 수희 그리고 하샘도 모두 동의했기에 강의주제를 조정할 수 있었다 .

"많이 부담스럽지? 말 잘하는 승헌이나 하영이도 두렵다고 하니, 다른 친구들이 느낄 부담은 얼마나 클지 짐작이 간다. 그래서 선생님이 오늘 기쁜 소식을 가져왔다."

"기쁜 소식이요?"

"그래, 하영아. 앞으로 남은 네 번의 수업에서는 '발표'에 대한 '자신감'을 심어 줄 내용으로 진행할 계획이야."

"샘, 진로 여행에 필요한 모든 내용은 지난번 수업으로 모두 끝났다고 하셔서 그렇지 않아도 남은 수업에는 뭘 할까 궁금했어요. 강의과정에 '진로 표현'이 '발표'에 관한 거였군요."

"진로에 대한 모든 과정을 끝마쳤어도 제대로 표현하지 못한다면 원하는 꿈을 이루기 어려울 수도 있다."

"진로 과정을 잘 배워도 '표현'할 수 없다면 꿈을 이루기 어렵다고요?"

하샘은 한 장의 사진을 보여 주었다. 진로 활동에서 자주 보았던 빙산 그림이다.

그런데 오늘은 내용이 좀 다르다. 직업관 및 관점에서도 빙산을 보았고, 진로의 습관 전략을 배울 때도 빙산 그림을 본 적이 있다. 그런데 이번 그림은 뭔가 확실히 다르다.

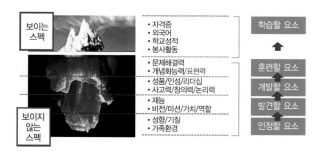

이 시대의 리더들은 보이는 경력 이외에 보이지 않는 경력을 더 중요하게 여긴다. 자신을 인정하고 재능을 발견하며, 역량을 개발한 다음 문제해결 능력과 표현력 등을 갖춰야 비로소 물 위로 모습을 드러낼 수 있다. 정작 일반적인 경력은 물 위에 보이는 부분에 불과하다. 그런데 여기서 눈여겨봐야 할 것은 바로 '표현력'이다. 아무리 뛰어난 재능과 성품을 가졌더라도 그것을 제대로 표현하지 못하면 결코 물 밖으로 나올 수 없다. 이것이 바로 '커뮤니케이션'의 비밀이다.

"앞으로의 네 번의 수업은 자신이 찾은 진로의 비전을 다른 사람 앞에서 자신 있게 표현하고 소통할 수 있는 방법을 가르쳐 주겠다. 이 부분을 잘 배운다면 당장 진로 박람회에서 강의할 때도 크게 도움이 될 거야. 그리고 앞으로 원하는 학교에 진학하거나 직장에 들어갈 때에도 많은 도움이 될 것이다."

"하샘, 정말 진로 동아리 수업은 마지막 한순간까지 버릴 게 없네요. 정말 알차요!"

"고맙다, 교빈아."

모니터에 나온 내 모습 평가하기

하샘은 전체 학생에게 미션을 주었다. 아주 흥미로운 미션이었다. 두 사람이 번갈아 가면서 '자기소개'를 한다. 주제는 자신의 진로에 따라 고등학교 진학 면접에서 '자기소개'를 하는 것이다. 발표하는 동안 짝은 그 장면을 휴대폰 동영상으로 촬영을 한다. 서로 발표와 촬영을 번갈아 가면서 하게 된다. 그런 다음 자신의 발표 장면을 휴대폰 영상으로 점검한다. 활동이 시작되자 교실은 완전히 시장 바닥으로 변했다.

"안녕하세요. 이 학교에 꼭 입학하고 싶습니다. 저의 꿈은……."

여기저기서 자기소개 발표가 이어지고, 휴대폰 사진촬영음이 들렸다. 발표와 촬영이 모두 끝났고 촬영한 자신의 모습을 동영상으로 살펴보는 시간을 가졌다.

"휴~ 부끄러워."

"너무 어색해."

"내 표정이 정말 이랬어?"

"눈이 어딜 쳐다보고 있는 거야?"

"손발이 모두 오그라든다. 너무 창피해!"

영상을 본 아이들의 비명이 이어졌다. 평가 자료를 나눠 주고, 각자 자신의 모습을 스스로 평가해 보도록 했다. 자신의 발표 장면을 보는 것도 힘들지만 그것을 보면서 평가하는 것은 더욱 불편한 작업이었다.

"힘들지? 연예인들도 자신의 방송 장면을 녹화해서 모니터하는 것이 가장 힘들어서 어떤 사람은 매니저에게 맡기기도 한대. 자, 그럼 이제 좀 더 많은 사람들 앞에서 발표해 볼까?"

하샘은 교실 전체의 자리 배치를 바꿔 조별로 전체가 나란히 정면을 바라보게 한 후 한 명씩 나와 1분씩 발표를 하도록 했다. 그러면 나머지 친구들은 그 발표를 보면서 평가서에 각자의 소견을 쓴다. 발표가 끝나면 각자의 평가서를 본인에게 전해 준다. 평가자들은 평가 내용을 모두 적고 종합하여 평균 점수를 내게 한다. 만점은 10점이다.

구분	기준	평가								
		나	승헌	교빈	수희	하영	철만	신영	영수	평균
호감도	옷과 사람, 분위기에서 긍정적인 에너지가 느껴지는가?	3	4	5	3	5	5	3	4	4.00
	표정에서 여유와 친밀감이 느껴지는가?	4	3	4	3	5	6	2	3	3.75
	음색에서 주의를 집중시키는 매력이 느껴지는가?	7	7	5	7	6	7	5	6	6.25
자신감	눈빛에서 충분한 자신감이 느껴지는가?	2	5	6	5	6	6	7	6	5.38
	시선 처리가 적절하고 청중과의 교감이 되는가?	6	6	5	6	3	7	5	4	5.25
	적절한 몸짓을 통해 자신감을 보여 주는가?	6	7	3	2	3	4	5	3	4.13
전달력	전달하고자 하는 핵심 내용을 충분히 전달했는가?	5	2	2	2	3	2	3	2	2.63
	주어진 시간 안에 충분히 내용을 전달했는가?	3	4	3	4	3	4	4	4	3.63
	시작 내용이 참신하고 주의를 집중시켰는가?	3	6	3	5	3	5	6	3	4.25

구분	기준	평가								
		나	승헌	교빈	수희	하영	철만	신영	영수	평균
전달력	마무리 내용이 인상적인 이미지를 남겼는가?	5	6	5	6	8	4	5	7	5.75
	자신의 강점과 가능성을 명확하게 각인시켰는가?	2	7	4	7	3	4	5	6	4.75

자기소개 프레젠테이션 평가 체크리스트

점수표가 완성되자 학생들은 다시 소란스러워졌다.

"야, 교빈아. 너 평균 몇 점 나왔냐?"

"엉망이야. 얼굴을 못 들겠어. 승헌이 넌?"

"이상해, 분명히 이 부분은 자신이 있었는데 평가가 너무 낮게 나왔어."

그냥 느낌을 이야기하는 것보다 숫자로 말하는 것이 더 명확하다는 것을 온몸으로 느낄 수 있는 시간이었다. 학생들은 다양한 발표 기준에 대해 자신의 모습이 어떻게 보이는지 스스로 영상을 보기도 하고, 다른 사람에게 점수를 받아 보기도 했다. 그 중에 한 친구의 사례를 통해 하샘은 꼭 하고 싶었던 이야기를 들려주었다.

눈빛에서 충분한 자신감이 느껴지는가?	2	5	6	5	6	6	7	6	5.38

"이 친구는 자신감에서 본인은 2점이라는 낮은 점수를 주었는데, 정작 다른 친구들은 중간 이상의 점수를 주었어. 자신이 보는 자기 모습과는 좀 다른 결과지?"

전달하고자 하는 핵심 내용을 충분히 전달했는가?	5	2	2	2	3	2	3	2	2.63

"이 친구는 어때, '핵심 전달' 면에서 본인은 5점이나 주었는데, 다른 친구들한테서는 아주 낮은 점수를 받았지? 이 친구는 실제로 핵심 전달을 잘 못했던 거지."

간단한 피드백 이후, 학생들은 자신의 점수를 바탕으로 그래프를 그렸다. 숫자로 보는 것도 실감나지만 그래프로 그리면 상호 비교가 더욱 선명해진다.

자기 소개 체크리스트 결과 그래프

하샘은 여기서 그치지 않고 한 가지를 더 주문했다. 이번에는 각각의 기준 내용에 칸이 하나 더 있는 표를 나눠 주고 왼쪽에는 자신이 스스로 평가한 점수를, 그리고 오른쪽 칸에는 여러 사람이 평가한 점수의 평균을 넣어 그리게 했다. 학생들은 이전에 한 번도 생각한 적이 없었던, 그리고 생각하고 싶지 않았던 자신의 커뮤니케이션 특징과 능력을 꼼꼼하게 체크하게 되었다. 당장은 창피하고 불편할 수 있지만, 이 작업을 통해 학생들의 발표력이 크게 향상될 것이라고 하샘은 믿었다.

"교빈아, 어때, 자신이 평가한 막대기와 다른 사람들이 평가한 막대기의

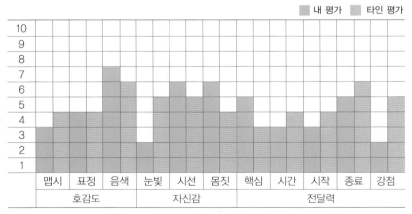

자기 소개와 타인평가 비교 그래프

높이가 일치하니?"

"아니요, 너무 달라요."

"자신의 평가 점수가 주로 높고 다른 사람의 평가 점수가 낮게 나오기도 하고, 반대로 자신의 평가보다 다른 사람의 평가가 더 높게 나오기도 한다."

"샘, 제가 그래요."

"철만이의 경우는 객관적으로 표현력이 있다는 것이니, 더욱 자신감을 가지렴."

마지막으로 학생들은 자신의 평가 결과를 보면서 강점과 약점 그리고 보완점을 적어 보았다. 보완점은 실천 가능한 내용으로 구성했다.

이름	장점	단점	해결책
오민서	• 음색이 좋다. • 시선과 몸짓이 좋다. • 강점 전달이 잘 된다.	• 핵심 전달이 약하다. • 표정 관리가 약하다. • 시간 관리가 약하다.	• 핵심을 적어서 전달 • 거울 보면서 연습 • 시간을 정해 발표 연습

"여러분, 과제가 있다. 오늘 자신의 휴대폰에 저장된 발표 녹화 장면 있지? 그것을 컴퓨터로 옮긴 뒤 샘한테 메일로 보내 주어야 한다. 마지막 날 변화된 자신의 모습과 비교해 볼 거니까. 알겠지?"

눈으로 말하면 된다

오늘부터 수업이 끝난 후 진로 박람회 강의를 담당한 친구들은 한 명씩 개인 지도를 받기로 했다. 오늘은 교빈이가 남아서 발표지도를 받았다.

"교빈아, 오늘 수업 도움이 되었니?"

"네, 많은 도움이 되었어요. 구체적인 기준도 알게 되었고요. 하지만 샘, 그래도 떨려요. 앞에 섰을 때 많은 사람들의 시선이 저를 집중한다는 게 부담스러워요."

"교빈인 늘 밝고 활동적이어서 분위기를 주도하잖니. 평소의 모습을 봐서는 절대 두려워하지 않을 것 같은데?"

"그게 그렇지 않아요. 자연스러운 상황에서는 편하게 잘 나오는데, 그렇지 않은 경우에는 얼어버려요. 그래서 철만이에게는 미안하지만 바람회 강연 첫 순서도 부탁했어요."

"지금부터 박람회까지 자신감을 쌓아 갈 수 있도록 도와줄게. 자신감이라는 건 무작정 격려한다고 되는 것은 아니란다. 오히려 구체적인 정보와 기준을 알고 준비할 때 자신감이 생긴다."

"그 말씀이 맞는 것 같아요. 오늘 수업을 통해 제가 발표하는 모습이 타인에게 어떻게 보이는지 처음으로 알게 되었거든요. 그리고 저의 강점인 부분과 약점인 부분을 정확하게 알게 되어서 좋았어요. 적어도 무엇을 고쳐야 하는지는 정확하게 알게 되었잖아요."

발표의 3P 원리
Purpose
Place
Person

"바로 그런 자세가 중요해. 그러면 선생님이 교빈이의 자신감을 위해 한 가지 정보를 더 말해 줄게. 카드에 뭐라고 적혀 있니?"

"발표의 3P 원리라고 되어 있네요. 첫 번째는 목적, 두 번째는 장소, 세 번째는 사람이에요."

"맞다. 발표의 성공은 바로 여기에 달려 있어. 이 세 가지를 가장 먼저 정리해야 한다. 우선 이번 교빈이의 발표 목적은 무엇이니?"

"존재 발견과 자기 발견에 대해 전달하는 거예요."

"내용은 이미 다 충분히 이해하고 있는 거지?"

"물론이죠. 같은 내용으로 진로 페스티벌도 해 봤고, 1박2일 캠프 때 박람회 전시 자료정리를 다 했잖아요. 내용만큼은 충분히 이해하고 있어요."

"좋아, 꼭 기억할 것이 있어. 교빈이가 생각하는 강의 목적과 그 강의를 들으러 온 사람들의 목적이 일치할 때, 긍정의 에너지가 강연장에 가득 차게 된단다. 강연장에 온 사람들은 원하는 게 뭘까? 적어도 교빈이가 발표하는 주제에 관해서 말이야?"

"글쎄요. 존재 발견과 자기 발견이라는 진로 탐색이 뭔지 궁금하지 않을까요?"

"이론이 궁금한 걸까?"

"절대 그렇지 않아요."

"정말 훌륭한 사람들의 아름다운 인생 사례를 보고 싶어 하는 것일까?"

"그것도 아닌 것 같아요. 실제 자존감이 낮은 학생이 이 과정을 통해 어떻게 변하게 되었는지를 보고 싶어 할 것 같아요."

"빙고! 바로 그거야. 교빈이의 이야기를 보여 주렴. 선생님이 교빈이가 만든 박람회 전시 패널을 보니 교빈이 자신의 인생 그래프를 용기 있게 넣었더구나. 그 프로그램을 통해 교빈이의 변화 과정을 보여 줘. 수업 때 나온 포트폴리오 자료를 충분히 보여 주면 더욱 좋겠지?"

"하샘, 이제 좀 그림이 그려져요. 안개가 조금씩 걷히는 느낌이에요."

"그 다음 단어가 뭐지?"

"Place, 장소예요."

"강연이 이루어지는 장소를 충분히 고려해야 한다. 지금부터 눈을 감고, 머릿속에 떠올려 보렴. 박람회 장소 중에 임시로 만든 강연장 세트를 떠올려 봐. 박람회에 참가한 사람들이 하나둘 강연장 안에 들어올 거야. 장소와 관련하여 떠오르는 정보를 나열해 보자."

"시끄러울 것 같아요, 방음이 안 될 테니까요. 일반 강연처럼 미리 조용히 기다리는 분위기가 아니라 들락날락할 테니까 목소리가 잘 들려야겠어요. 글자가 많은 슬라이드는 방해가 되겠어요. 심플하게 만들어야겠어요."

"아마도 집중시키는 게 가장 큰 문제일 거야. 교빈이만의 방법은 없을까?"

"참여시키는 거요. 중간 중간 인터뷰를 할게요. 그러면 집중도가 올라갈 것 같아요."

"교빈이가 직접 관람객 사이에 들어가 인터뷰를 하는 건 어떨까?"

"좋을 것 같아요. 그러려면 공간의 크기와 유선 마이크인지 무선 마이크인지 등을 미리 살펴야 할 것 같아요."

"많은 사람들이 팔짱을 끼고 교빈이를 주시하면 부담되지만 네가 말한 것처럼 청중을 참여시키면 교빈이는 원래의 장점을 잘 살릴 수 있을 거야. 어때, 점점 구체화되어 가지?"

"네, 신기해요. 샘, 이제 남은 게 Person, 사람이에요. 사람에 대한 정보를 미리 생각해 봐야겠군요."

"연령과 직업 등의 정보에 먼저 접근해 볼까?"

"진로 박람회에는 교사나 학부모, 학생들이 많을 것 같아요. 강사가 교육 전문가라면 어른들이 주로 많겠지만, 중학생이 강사로 나온다면 학생들이 많이 올 것 같아요."

"내 생각도 그래. 문제는 대상의 연령층이 섞이게 되면 어느 한 대상에게 맞추기가 어렵다는 거야. 어떻게 하면 좋을까?"

"약간의 실마리가 떠오르기는 해요. 일단 강의 내용이 아주 간단하고 쉬워야 할 것 같아요. 그리고 중간 중간 서로의 관계를 묶어 버리는 거예요."

"관계를 묶는다면?"

"그러니까 교사, 학부모, 학생은 서로 관련이 있잖아요. 그 부분을 이용하는 거죠."

"어떤 방법으로 가능할까?"

"예를 들면, 학생들을 대상으로 퀴즈를 내는데 문제의 내용이 부모나 교사와 관련된 것으로 내는 거예요. 그러면 모두 긴장하게 될 것 같아요. 예를 들어 '선생님이 존경스러운 순간 베스트 5' 같은 퀴즈를 내는 거죠."

"물론 그런 내용이 강의 주제와 잘 연결되는 것은 기본으로 해야겠지?"

하샘과 교빈이는 마치 소크라테스가 제자들과 문답하듯이 차근차근 정보를 풀어 갔다. 교빈이는 처음보다는 분명 자신감이 올라갔다. 정보가 없을 때는 막연했지만, 정보를 알아 가면서 자신감이 붙은 것이다.

"교빈아, 끝으로 한 가지 덧붙이고 싶은 게 있다."

"뭔데요?"

하샘은 노트북을 열어 영상을 하나 보여 주었다. 오마마 대통령의 연설 장면이다. 교빈은 예전 같으면 그냥 보고 지나쳤을 텐데 오늘은 더욱 자세히 보게 되는 것 같다.

"오바마 대통령의 눈을 잘 보렴."

"눈에 자신감이 넘쳐요."

"바라보는 방향은 어떠니?"

"마치 누군가 한 사람을 뚫어지게 보는 것 같아요."

"계속 한 사람만 보고 있니?"

"아뇨. 오른쪽, 가운데, 왼쪽…… 와! 이 넓은 공간의 구석구석을 다 보는 것 같아요."

"좋아. 그러면 이번에는 소리를 완전히 줄일 테니까 다시 한 번 오바마의 시선을 따라가 보렴."

음을 소거하고 영상을 보니 시선 처리, 손동작 등의 움직임이 훨씬 더 잘 보였다. 특히 시선 처리는 청중을 집중시키기에 충분했다. 교빈이는 시선 처리에 어떤 규칙이 있음을 깨달았다.

"샘, 규칙이 있어요."

"뭐지?"

"한 사람을 찍어서 보는 것 같아요."

"또?"

"왼쪽, 가운데, 오른쪽 이렇게 3군데 정도 방향을 잡아서 적당히 머물다가 다른 곳으로 옮기는 것 같아요."

"정확하게 찾아냈다. 대단한데!"

"그런데 샘, 한 사람만 보면 다른 사람들이 소외되지 않을까요?"

"그렇지 않아. 한 사람을 보고 이야기하면 그 주변 사람들은 모두 긴장한단다. 모두 자기를 보고 있다고 생각하는 거지."

"샘, 이 영상 저 빌려 주시면 안 될까요? 계속 보면서 연습하고 싶어요."

"물론이지. 자, 어때, 정보를 알면 자신감이 생긴다는 말이 실감나니?"

"실감나요, 행복해요. 오늘 수업과 샘과의 만남을 통해 박람회의 강연이 기대가 돼요. 오늘부터 정보를 바탕으로 열심히 연습할게요. 지켜봐 주세요."

진로는,
표현할 수 있을 때
비로소 자신의
것이 된다.

내 인생의 커뮤니케이션 관문

인재들이 드러나기 위해서는 커뮤니케이션이라는 관문을 거쳐야 합니다. 다음의 인재상 발전 단계는 바로 그런 점을 보여 주고 있습니다. 그렇다면 자신이 지금까지 살아오면서 다른 사람과의 대화나 여러 사람 앞에서의 표현력으로 인한 긍정적, 부정적 스토리를 간단하게 표현해 보세요. 그리고 그 일로 느꼈던 교훈을 간단히 기록합니다.

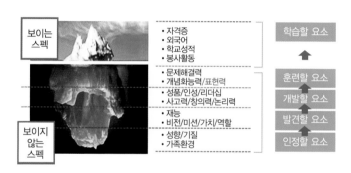

보이는 스펙
- 자격증
- 외국어
- 학교성적
- 봉사활동

보이지 않는 스펙
- 문제해결력
- 개념화능력/표현력
- 성품/인성/리더십
- 사고력/창의력/논리력
- 재능
- 비전/미션/가치/역할
- 성향/기질
- 가족환경

학습할 요소
↑
훈련할 요소
개발할 요소
발견할 요소
인정할 요소

_____

_____

_____

_____

_____

_____

_____

_____

내 인생의 커뮤니케이션 관문

인재들이 드러나기 위해서는 커뮤니케이션이라는 관문을 거쳐야 합니다. 다음의 인재상 발전 단계는 바로 그런 점을 보여 주고 있습니다. 그렇다면 자신이 지금까지 살아오면서 다른 사람과의 대화나 여러 사람 앞에서의 표현력으로 인한 긍정적, 부정적 스토리를 간단하게 표현해 보세요. 그리고 그 일로 느꼈던 교훈을 간단히 기록합니다.

커뮤니케이션의 단계가 중요하다는 것은 알고 있었지만 인재가 되기 위한 중요한 관문이라는 것은 몰랐다. 초등 6학년 때 학교에서 토론대회가 있었다. 당시 나는 반 회장이었는데, 항상 앞에서 이끄는 역할을 했기에 친구들은 반대표로 나를 추천했다. 나 역시 큰 부담감 없이 토론대회에 나가기로 결심했다. 평소에 사람들 앞에 나서서 말하는 것에는 웬만큼 자신이 있었기에 별 준비 없이 간단한 자료 조사만 하고 나갔다. 그런데 이게 웬일인가.

막상 토론 자리에 마이크를 앞에 두고 앉아 있으니 아무 생각도 나지 않았다. 더구나 상대방 친구들은 팀을 이루어 상세하게 자료를 조사하는 등 토론 준비를 꼼꼼하게 해온 것이다.

그날 나는 내 인생에서 가장 치욕스러운 경험을 했다. 논리적으로 주장하는 친구들과 비교가 되면서 나는 얼굴도 빨개졌고 심지어는 목소리도 떨렸다. 돌이켜 보면 아프면서도 소중한 기억이다.

나의 커뮤니케이션 스타일 점검하기

자신을 아는 주변 인물을 찾아가 다음의 커뮤니케이션 기준에 따라 평가를 받아 봅니다. 먼저 자신이 평가를 하고 타인의 평가를 받아 봅니다. 특정한 발표를 기준으로 하는 것이 아니라 평소의 의사소통을 떠올리며 표시합니다.

구분	기준	평가								평균
		나								
호감도	옷과 사람, 분위기에서 긍정적인 에너지가 느껴지는가?									
	표정에서 여유와 친밀감이 느껴지는가?									
	음색에서 주의를 집중시키는 매력이 느껴지는가?									
자신감	눈빛에서 충분한 자신감이 느껴지는가?									
	시선 처리가 적절하고 청중과의 교감이 되는가?									
	적절한 몸짓을 통해 자신감을 보여 주는가?									
전달력	전달하고자 하는 핵심 내용을 충분히 전달했는가?									
	주어진 시간 안에 충분히 내용을 전달했는가?									
	시작 내용이 참신하고 주의를 집중시켰는가?									
	마무리 내용이 인상적인 이미지를 남겼는가?									
	자신의 강점과 가능성을 명확하게 각인시켰는가?									

나의 커뮤니케이션 스타일 점검하기

자신을 아는 주변 인물을 찾아가 다음의 커뮤니케이션 기준에 따라 평가를 받아 봅니다. 먼저 자신이 평가를 하고 타인의 평가를 받아 봅니다. 특정한 발표를 기준으로 하는 것이 아니라 평소의 의사소통을 떠올리며 표시합니다.

구분	기준	평가								
		나	재욱	찬휘	상윤	윤호	희준	태형	영수	평균
호감도	옷과 사람, 분위기에서 긍정적인 에너지가 느껴지는가?	3	4	5	3	5	5	3	4	4.00
	표정에서 여유와 친밀감이 느껴지는가?	4	3	4	3	5	6	2	3	3.75
	음색에서 주의를 집중시키는 매력이 느껴지는가?	7	7	5	7	6	7	5	6	6.25
자신감	눈빛에서 충분한 자신감이 느껴지는가?	2	5	6	5	6	6	7	6	5.38
	시선 처리가 적절하고 청중과의 교감이 되는가?	6	6	5	6	3	7	5	4	5.25
	적절한 몸짓을 통해 자신감을 보여주는가?	6	7	3	2	3	4	5	3	4.13
전달력	전달하고자 하는 핵심 내용을 충분히 전달했는가?	5	2	2	2	3	2	3	2	2.63
	주어진 시간 안에 충분히 내용을 전달했는가?	3	4	3	4	3	4	4	4	3.63
	시작 내용이 참신하고 주의를 집중시켰는가?	3	6	3	5	3	5	6	3	4.25
	마무리 내용이 인상적인 이미지를 남겼는가?	5	6	6	6	8	4	5	7	5.75
	자신의 강점과 가능성을 명확하게 각인시켰는가?	2	7	4	7	3	4	5	6	4.75

나의 커뮤니케이션 강·약점 파악하기

자신의 의사소통에 대한 평가 점수로 다음의 그래프를 채워 봅니다. 상대적으로 낮은 기준과 높은 기준을 찾아 아래 장점과 단점을 적고 개선점을 실천 사항 위주로 작성해 봅니다.

	맵시	표정	음색	눈빛	시선	몸짓	핵심	시간	시작	종료	강점
	호감도			자신감			전달력				

이름	장점	단점	해결책
오민서	• 음색이 좋다. • 시선과 몸짓이 좋다. • 강점 전달이 잘 된다.	• 핵심 전달이 약하다. • 표정 관리가 약하다. • 시간 관리가 약하다.	• 시간 정하고 발표 연습 • 핵심을 적어서 전달 • 거울 보면서 연습

	맵시	표정	음색	눈빛	시선	몸짓	핵심	시간	시작	종료	강점
	호감도			자신감			전달력				

이름	장점	단점	해결책

생생! 직업인 이야기

우리가 선진국임을
증명하는 기준

큐레이터

가난한 사람에게 문화·예술을 말하는 것은 자칫 '배부른 사치'로 보일 수 있기에 조심해야 합니다. 그러기에 한 나라가 성장하고 선진국으로 진입할수록 먼저 문화·예술의 보편화가 일어나기도 합니다. 우리나라는 이제 그 과정에 있습니다.

저는 큐레이터입니다. 작품 전시를 기획하고 관리하는 전문가이죠. 저는 선진국으로 가는 관문 역할을 하고 있다고 생각합니다. 제가 할 일이 더욱 많아지는 것, 즉 더 많은 예술 전시회가 열리고 많은 사람들이 예술을 즐기는 문화가 생긴다면 그야말로 우리나라가 문화 선진국으로 가고 있다는 증거인 셈입니다.

저는 주로 박물관과 미술관에서 활동합니다. 그런데 최근에는 외국 작품을 들여와 전시하거나 우리의 고유문화예술을 외국에서 전시하는 기획도 합니다. 그러다 보니 외국어 실력이 필요하다는 것을 절실하게 느낍니다. 글로벌 변화가 이런 직업의 영역까지 손을 뻗고 있습니다. 더 열심히 준비해야 시대를 이끌 수 있겠죠.

14 내 질문에 내가 답한다!

질문을 예측하고 준비하는가

우리들의 고민 편지

누구보다도 자기주도적인 학교생활을 하는 중학생 M군에게도 걱정이 있다. 진로에 관한 지식도 풍부하고 진로에 대한 확신도 있지만 결정적으로 표현이 서툴다. 긴장을 하면 말을 더듬기도 한다. 발표 이후 질문이라도 받으면 머릿속이 하얗게 변한다. 그래서 M군은 억울하다. 자기주도 학습 전형 등으로 고등학교, 대학교에 가려면 자신 있는 표현이 중요한데, 그런 상황을 생각만 해도 손에 땀이 난다. 방법이 없을까?

– 온라인 캠프에 올라온 진로 고민 편지

도대체 넌 뭐냐

"선생님이 지금 머릿속에 어떤 단어를 떠올렸는데 한번 맞혀 보렴. 질문은 5번만 허용하고 샘은 '예, 아니오'로만 대답할 거야. 자유롭게 먼저 질문이 떠오르는 사람이 손을 들고 발표하면 된다."

"먼저 해 볼게요. 우리가 모두 아는 단어인가요?"

"예."

"야, 교빈아. 그렇게 쉬운 질문을 던지면 어떻게 해. 당연히 우리가 아는 단어를 생각하셨겠지. 질문 하나 날아갔잖아. 두 번째 질문할게요. 우리가 먹는 음식입니까?"

"아니요."

"우리가 일상에서 사용하는 도구입니까?"

"예."

"오예! 이제 2개 남았다. 무엇을 고칠 때 사용합니까?"

"앗! 예."

"마지막 질문은 승헌이한테 맡기자. 승헌아, 우리 좀 살려줘. 너만 믿는다."

"샘, 좀 길게 질문해도 되죠?"

"예."

"뭐야? 끝났잖아. 마지막 질문인데 그렇게 물어보면 어떻게 해? 급 실망이다."

"에고~ 미안, 미안, 교빈. 나도 실수할 수 있지."

하샘은 좀처럼 흐트러지는 모습을 보이지 않는 승헌이가 마지막 질문을 실수하고 어색해하는 모습이 귀엽게만 보였다.

"지금부터 새로운 미션을 줄게. 먼저 2명씩 짝을 지으렴. 방금 선생님과 했던 방법대로 생각 맞히기 게임을 한다. 정확하게 5개 질문 안에 맞혀야 한다."

학생들은 2명씩 마주 보고 앉았다. 하샘은 이런 수업 방식을 매우 좋아했다. 강사의 강의를 듣는 것도 좋지만 모두 주인공이 되어 참여하는 강의야말로 민샘에게 배운 탁월한 강의법이다. 분위기가 한껏 고조되자 하샘은 예정에 없던 왕중왕전을 진행했다. 단어 맞히기에 성공한 사람들끼리 또다시 짝을 이루어 대결하는 것이다. 교실은 열기로 가득했다. 잠시 후 하샘은 헛기침을 한번 하더니 문 쪽을 가리켰다.

"지금부터 특별 손님을 모시겠습니다. 오늘의 파워 인터뷰 주인공입니다. 소개하죠. 서보연 멘토입니다."

"네? 보연 멘토라고요. 우아!"

교빈이의 입이 귀까지 올라갔다. 보고 싶었던 보연 멘토였다. 파워 인터뷰를 위해 하샘이 부른 것이다. 보연 멘토는 정말 인터뷰 마당에 나온 양 앞에 놓인 의자에 앉았다.

"파워 인터뷰 규칙을 소개합니다. 먼저 샘이 질문할 수 있는 주제를 보여주면 이와 관련된 질문을 하는 거예요. 물론 보연 멘토가 답변을 하겠죠. 그런데 보연 멘토는 질문 이후에 질문한 사람의 질문 수준에 대해 점수를 매길 겁니다. 점수가 가장 높은 학생에게는 오늘 보연 멘토가 저녁을 쏜다고 합니다."

"샘, 제가 먼저 선약하면 안 될까요?"

"교빈아, 진정해라. 수준 높은 질문을 해야 가능한 일이다."

입장을 바꿔 보면 질문이 보인다

"보연 멘토는 살아오면서 자신을 바꿀 만한 계기가 있었습니까?"

질문 주제 1
이 사람은 자기 자신을
잘 알고 있는가

"보연 멘토는 자신의 강점과 약점이 무엇인지 말씀해 주실까요?"

"보연 멘토는 자신의 성장 과정 중에 지금의 모습이 있기까지 가장 영향을 준 사람은 누구입니까?"

많은 학생들이 질문공세를 쏟아냈다. 보연 멘토는 학생들의 질문에 답변한 뒤, 질문 수준에 점수를 매겼다. 생각보다 수준 높은 질문이 많이 나와서 점수를 차별하기가 다소 어려웠다. 이런 방식으로 주제를 정하고 질문을 구성하여 그 사람을 알아보는 것이 바로 면접 전문가들이 자주 사용하는 방법이다.

하샘은 지금 그것을 경험하도록 돕고 있는 것이다.

기준	주제	질문 예시
자기 발견	강점 파악	자신만이 가진 강점이 무엇이라고 생각합니까?
	경험 의미	이제껏 가장 의미 있었다고 생각하는 경험은 무엇입니까? 그리고 그 경험을 통해 깨달은 것은 무엇입니까?
	약점 파악	자신의 약점은 무엇이라고 생각합니까? 꿈을 이루는 과정에서 그 약점을 개선하기 위해 어떤 노력을 하겠습니까?

하샘은 첫 번째 주제를 마감하면서 활동지를 주고, 이런 방식의 자기 발견 질문을 더 만들어 보도록 했다.

질문 주제 2
이 사람은 명확한 꿈과
목표를 가지고 있는가

"보연 멘토는 이미 꿈을 이루었습니까? 아직 꿈을 이루어 가고 있는 중입니까?"

"보연 멘토는 꿈을 찾는 과정에서 어떤 가치를 가장 우선순위로 두었습니까?"

"보연 멘토는 꿈을 이루는 과정에서 혹시 좌절해 본 적은 있습니까? 있다면 어떻게 극복하셨습니까?"

역시 다양한 질문들이 나왔다. 보연 멘토는 처음 활동 초반에는 학생들의 질문 수준을 평가하는 데 마음을 더 기울였다. 그런데 점차 인터뷰가 진행될수록 아이들의 질문 수준이 상향 평준화되어, 모두 높은 수준으로 올라가고 있었다.

분위기가 이러다 보니 아이들은 모두 더 수준 높은 질문을 하기 위해 고민하기 시작했다.

기준	주제	질문 예시
세계 발견	직업 비전	10년 뒤, 자신이 어떤 직업으로 어떻게 살고 있을지에 대한 그림과 확신이 있습니까?
	직업 정보	자신이 꿈꾸는 직업이 구체적으로 어떤 일을 하는지 알고 있습니까?
	롤모델과의 만남	자신과 같은 꿈을 이미 이룬 사람에 대해 알아본 적이 있습니까? 롤모델과의 직·간접적인 만남을 통해 깨달은 것은 무엇입니까?
	사명의식	자신이 그 직업을 가져야 하는 이유가 무엇입니까? 그리고 그 직업을 성취한 이후의 삶에 대한 고민을 해 보았습니까?

이번에도 역시 질문 예시가 담긴 자료를 주고, 질문을 더 만들어 보게 했다. 학생들은 진로 수업 과정을 모두 완료했기에 이런 질문을 만드는 것쯤은 매우 쉽고 즐거웠다. 마치 자신이 면접관이라도 된 것처럼 질문을 쏟아 내기 시작했다.

"보연 멘토는 그 꿈을 이루기 위해 구체적으로 어떤 노력을 하고 계신가요?"

질문 주제 3
이 사람은
꿈을 이루기 위해
노력하는 사람인가

"최종적인 꿈을 이루는 과정에서 각각 단계를 구분해 놓았나요? 그렇다면 지금은 어떤 단계인가요?"

교빈이의 연속 2개의 질문에 하샘은 내심 놀라고 있었다. 질문 수준이 전문 면접관 수준 못지않아 보였기 때문이다. 어떻게 이런 수준이 가능하게 되었을까? 일단 내용에 대한 정확한 이해가 이루어졌기에 가능한 것이다. 한 사람의 진로에 대해 이렇게 방대한 활동을 할 만한 일이 아이들의 평생에 몇 번이나 있을까? 그런 의미에서 진로 동아리 학생들은 한 사람의 인생 전체를 보는 힘을 가지게 된 것이다. 예리한 질문들이 쏟아지자 보연 멘토는 잠시 물을 마시면서 대답을 준비할 정도로 긴장했다. 그리고 지난번에 만났을 때보다 더욱 성숙해진 아이들의 모습에 무척 놀라워했다.

"보연 멘토님, 지금 많이 힘드시죠? 조금 편한 질문을 드릴게요. 지난번

285

우리 동아리에 일일 멘토로 오셨죠? 그때 정말 감사했습니다. 그런데 궁금한 게 있어요. 보연 멘토님의 꿈을 이루는 과정에서 저희들과의 단 한 번의 만남은 어떤 의미가 있을까요? 단순히 민샘의 부탁 때문인지, 아니면 자신의 꿈과 관련이 있는 것인지, 그리고 실제로 수업 내용이 자신의 꿈에 연결되었는지 궁금해요."

"네? 하영 학생의 질문이 장난 아니네요. 답변 드리죠."

마지막으로 하샘은 매우 독특한 주제를 들어 보였다. 만약 앞에 앉아 있는 사람이 정말 창의적인 사람인지를 알고 싶다면 과연 어떤 질문을 던져야 할까?

질문 주제 4
이 사람은
정말 창의적으로
생각하는 사람인가

기준	주제	질문 예시
창의성	경제 개념과 가치	당장 1억 원이 생긴다면 그 돈으로 무엇을 하겠습니까?
	판단 가치	내일 지구가 멸망한다면 당신은 오늘 무엇을 하겠습니까?
	문제 해결과 가치	풍랑을 만난 배에 구명보트가 하나인데 정원은 10명이고, 남녀, 계층, 직업, 연령이 섞인 사람이 50명 있습니다. 당신은 어떤 기준으로 10명을 보트에 태우겠습니까?
	시대 인식	남한과 북한의 현재 문제가 무엇이며, 어떻게 해결되어야 한다고 생각합니까?
	관계 상황	회사에 입사했습니다. 당신의 상사가 당신에게 당신이 잘할 수 있거나 하고 싶은 일과는 상관없는 일을 계속 맡긴다면 어떻게 하겠습니까?

보연 멘토는 끝나자마자 크게 한숨을 내쉬었다. 그리고 학생들을 향해 엄지손가락을 높이 치켜세웠다.

"와! 샘이 대학에 입학할 때 치렀던 입학사정관 심층 면접보다 더 어려웠어요. 여러분 정말 대단해요. 하샘이 정말 잘 지도해 주셨나 봐요."

"무슨? 사실 나도 놀랐어. 이 정도 수준일 줄 몰랐어. 여러분, 스스로도 놀랍지 않나?"

"맞아요. 면접관으로 입장을 바꾸니 이렇게 생각이 달라지네요."

"입장을 바꾸는 것. 교빈 학생이 아주 적절하게 표현했어요. 그게 핵심이에요. 여러분이 중요한 관문마다 자신의 생각을 꺼낼 텐데 입장을 바꾸어 질문을 예상하고 답변을 준비하면 상황은 180도 달라집니다."

"그런데 보연 멘토님, 뭐 잊으신 거 없나요?"

"뭐? 아, 수준 높은 질문 왕 뽑는 거? 당연히 발표해야죠. 오늘 저녁 저와 함께 식사할 수 있는 동아리 질문 대마왕은? …… 뭣들 하니? 책상 좀 두들겨 줘야지."

"두구두구두구두구!"

"축하한다, 교빈아. 저녁에 보자. 수업 끝나고 다시 올게."

"올레!"

커뮤니케이션을 앞두고 질문을 예측하여 답변을 준비하는 사람은 그 상황을 즐기는 사람이다. 시험공부를 할 때도 덮어놓고 힘겹게 외우는 학생이 있는 반면, 전체를 파악하고 예상 문제를 스스로 만들어 풀어 보면서 시험에 대비하는 학생들이 있다.

하샘은 다시 2명씩 짝을 짓게 했다. 그리고 짝마다 5개의 질문 유형 카드를 나눠 주었다.

"오늘 우리가 하는 활동은 '질문'에 관한 것이다. 여러분이 진로 과정에서 만나는 다양한 면접과 표현의 순  간을 준비할 때, 이러한 질문법으로 예상 질문을 꺼내고 준비한다면 훨씬 수준 높은 면접을 치를 수 있을 것이다. 그럼 이번에는 질문의 유형을 알아볼까. 앞의 친구가 카드 하나를 들면, 상대방은 그 유형에 맞게 질문을 해야 한다."

하샘은 한 가지씩 예시 질문을 보여 주었다.

유형	유형 성격	진로 질문 예시
What	수렴하는 질문	당신의 꿈은 무엇입니까?
Who	관계를 묻는 질문	가장 영향을 준 사람은 누구입니까?
How	과정을 묻는 질문	꿈을 위해 어떤 노력을 하고 있습니까?
But	날카롭게 파고드는 질문	그렇게 확신하는 근거가 뭡니까?
If	만약의 가정 상황으로 확장하는 질문	만약 꿈이 이루어진다면 그 다음에는 무슨 꿈을 꾸겠습니까?

이러한 질문들을 스스로 예상해 보고 답변을 준비한다면 자신감은 무한하게 상승할 것이다. 하샘은 학생들이 이런 질문을 만들고 답변을 준비하는 것에 익숙해질 수 있도록 질문 카드를 만들었다. 그리고 그 카드를 모두에게 선물로 주었다.

"공통적인 질문은 윗 부분에 있으니, 그 아래부터는 스스로 작성해 본다. 이런 질문지가 그 어떤 질문에도 자신감을 높여 준다."

"하샘, 고마워요!"

동아리 학생들은 하샘의 섬세한 준비와 배려에 진심으로 감사해했다.

특별한 취미가 있는가?

가장 친한 친구는 누구이고, 그와 친한 이유는?

최근에 가장 흥미롭게 읽은 책은 무엇인가?

아르바이트를 한 적이 있다면 가장 기억에 남는 일은?

어학연수 경험이 있다면 가장 기억에 남는 것은?

봉사 활동 경험이 있다면 어떤 보람을 느꼈는가?

자신의 삶에 가장 영향을 준 사람은 누구인가?

자신이 부모로부터 배운 것은 무엇인가?

자신에게 가장 소중한 것은 무엇인가?

살면서 가장 행복했던 순간은?

살면서 가장 슬펐던 순간은?

살면서 가장 힘들었던 순간은?

슬프고 힘든 순간을 어떻게 극복했는가?

왜 이 학교에 입학하려고 하는가?

왜 다른 학과가 아닌 이 학과를 희망하는가?

자신의 강점은 무엇인가?

자신의 약점은 무엇인가?

성격 때문에 손해 본 적이 있는가?

본인의 인생관은 무엇인가?

최근에 본 영화 중 가장 감명 깊었던 것은?

현재 건강한 편인가? 건강하다면 그 비결은 무엇인가?

요즘 가장 즐겨 찾는 인터넷 사이트는 무엇인가?

좋아하는 운동이 있는가?

남들이 자신을 어떻게 평가하는가?

"이런 질문들은 그 사람이 어떤 사람인지 알 수 있는 '인성'에 대한 질문들이란다. 이러한 인성에 대한 평가 기준은 일반적으로 여섯 가지 정도로 구분된다. 그러니까 여러분은 이 카드의 뒤쪽에 틈나는 대로 여섯 가지 주제에 대한 질문을 적어 보렴. 그리고 그 질문에 대한 스스로의 답변에 대해 나름대로 평가도 해 보고, 짝을 정해서 서로 평가를 주고받는 것도 좋을 거야."

하샘은 한 학생의 그래프를 보여 주었다. 여섯 가지 인성의 주제로 평가한 그래프이다. 이 학생은 지금껏 자신이 남들 앞에서 말을 잘한다고 생각해 왔다. 자신감도 있었다. 다들 자신에게 주목하고 있다고 확신했다. 그런데 하샘과 함께 이런 수업을 하면서 발표를 한 뒤에 학생들에게 평가를 받아 보았더니 그야말로 결과가 충격적이었다. 스스로의 평가와 다른 사람들의 평가가 너무 달랐던 것이다. 이후 이 학생은 평가 내용을 냉정하게 받아들여 자신의 부족한 부분을 더 열심히 채웠다고 한다.

■ 내 평가　■ 타인 평가

	인간관계	매너와 예절	배려와 공감	도전 의지	어려움 극복	도전적 사고

(세로축: 1~10)

"하샘! 오늘 정말 대단한 수업이었어요. 더 높은 수준의 커뮤니케이션을 배울 수 있었어요."

"좋아. 승헌아! 도움이 되었다니 샘도 기쁘다. 앞으로 질문 카드를 가지고 다니면서 더 많은 질문을 적어 보렴. 그리고 스스로 답변도 해 보고, 그래프로 그려서 강점과 약점을 분석해 보는 것도 잊지 말고, 특히 진로 박람회에서 발표하는 리더들은 더 신경을 써야겠지?"

"네~ 샘!"

리더는 언어가 다르다

오늘은 개인 지도를 받기 위해 승헌이가 남아 있었다.

"오늘 예, 아니오 퀴즈 문제에서 다소 민망했지, 승헌아?"

"말도 마세요. 쥐구멍에라도 들어가고 싶었어요."

"승헌이는 리더십도 있고 워낙 반듯해서 한편으로는 부담도 있을 것 같아."

"맞아요. 바로 그 점이 저를 더 힘들게 하는 것 같아요. 샘, 걱정이에요. 박람회 강연을 잘할 수 있을까요? 더구나 수희와 함께 발표하는 거라 부담이 더 커요."

"선생님도 눈치가 있어 알고는 있다. 수희를 좋아한다지? 수희도 너를

290

좋아하니?"

"아직 잘 모르겠어요. 저를 편하게 여기는 것은 확실해요."

"그래서 이번 강연회가 더 중요하겠구나. 동아리 친구들과 민샘이 승헌이에게 거는 기대감, 그리고 수희 앞에서 멋지게 이끌어 가는 모습을 보여 주고 싶은 마음이 있을 거야."

하샘은 CD 3장을 꺼내 하나씩 승헌이에게 보여 주었다. '불편한 진실'이라는 앨 고어의 다큐멘터리, 케네디 대통령과 닉슨의 TV토론 영상, 그리고 대니얼 길버트 하버드 대학 교수의 강연 장면이었다.

앨 고어

케네디

대니얼 길버트

승헌이는 세 사람의 영상 장면에 완전 몰입했다. 어쩌면 저토록 멋지게 말할 수 있을까? 자신도 그렇게 강의를 진행하고 싶은 열망이 들끓었다.

"공통점이 뭘까? 승헌아."

"정말 말을 잘 해요."

"또 다른 공통점은?"

"유명한 사람들이잖아요. 앨 고어는 미국의 부통령, 케네디는 대통령, 길버트는 하버드 대학교수라고 나와 있어요."

앨 고어의 환경 다큐멘터리 영상은 발표 자료는 물론이고 여유로운 모습과 목소리가 너무 매력적이다. 케네디는 닉슨과의 토론에서 심금을 울릴 만한 명언들을 쏟아 낸다. 그리고 표정에도 자신감이 넘쳐 보인다.

대니얼 길버트 교수의 강의는 학생들을 감동시켜, 강의가 끝나자 학생들이 모두 기립 박수를 보냈다. 이 모든 영상이 승헌이에게는 너무나 매력적으로 다가왔다.

"이들도 승헌이처럼 큰 부담을 짊어진 리더들일까?"

"하샘, 장난하지 마세요. 이분들과 어떻게 저를 비교하세요. 이분들이 느끼는 부담은 거대한 산 같지 않을까요? 많은 사람들이 지켜보고 기대하고 있으니까요."

"그럼, 이분들은 어떻게 그것을 극복했을까?"

"글쎄요. 뭐 물어보지 않아서……."

케네디는 원래 수줍음이 많아 원고를 보면서 연설하던 초선 의원이었다. 부끄러워 고개를 들지도 못하고 원고만 읽던 케네디는 그 이후 피나는 노력을 한다. 보지 않고도 말할 수 있을 정도로 원고를 완벽하게 이해했으며, 시선 처리하는 법을 연습했다.

앨 고어는 환경 다큐멘터리 해설 강사가 되기까지 1,000번의 프레젠테이션을 거친다.

길버트 교수는 강의용 슬라이드 한 장을 만드는 데 100시간을 투자하는 열정으로 유명하다.

"샘, 정말이에요? 타고난 명강사들이 아니라, 정말 그렇게 노력해서 잘하는 사람들이에요?"

"그래. 샘이 보기에 승헌인 리더로서의 소명과 사명이 있는데, 그걸 이루려면 이 사람들과 같은 노력이 필요하단다."

"네, 저도 그렇게 생각해요. 노력이 필요할 것 같아요."

"청중 앞에 서는 일은 반복할수록 여유가 생기는 법이란다. 여유가 생겨야 자신이 가진 모든 것을 다 보여 줄 수 있지 않겠니? 그래야 청중의 마음에 울림이 되어 감동을 줄 수 있겠지. 지독한 반복 연습이야말로 가장 효과적이고 정직한 방법 아닐까?"

"맞아요, 샘! 앞의 영상은 저에게 확실한 답을 주었어요. 지금부터 박람회 강의 준비에 들어갈게요. 샘, 제 강의 연습을 녹화해서 드릴 테니까 인정사정없는 피드백 부탁드려요."

하샘은 인사를 하고 나가는 승헌이를 불러 세워 CD 3장을 선물로 주었다. 뒤돌아 나가는 승헌이의 어깨가 한결 가벼워 보였다.

진로는,
내가 나 스스로에게
질문하는 힘이다.

스스로에게 질문하고 답변하기

진로의 내용을 모두 이해했더라도 그 내용을 100퍼센트 표현할 수 있는 것은 아닙니다. 이해한 것을 충분히 표현할 수 있어야 자신의 진로에 한 발짝 더 다가설 수 있습니다. 그러기 위해 아주 효과적인 방법은 나의 표현을 듣는 사람의 입장에서 질문해 보는 것입니다. 다음에 제시한 5개의 질문 유형을 참고하여 자신의 진로에 대해 '자기소개' 방식으로 표현하는 글을 써 보세요.

유형	유형 성격	진로 질문 예시
What	수렴하는 질문	당신의 꿈은 무엇입니까?
Who	관계를 묻는 질문	가장 영향을 준 사람은 누구입니까?
How	과정을 묻는 질문	꿈을 위해 어떤 노력을 하고 있습니까?
But	날카롭게 파고드는 질문	그렇게 확신하는 근거가 뭡니까?
If	만약의 가정 상황으로 확장하는 질문	만약 꿈이 이루어진다면 그 다음에는 무슨 꿈을 꾸겠습니까?

_____

_____

_____

_____

_____

_____

_____

스스로에게 질문하고 답변하기

진로의 내용을 모두 이해했더라도 그 내용을 100퍼센트 표현할 수 있는 것은 아닙니다. 이해한 것을 충분히 표현할 수 있어야 자신의 진로에 한 발짝 더 다가설 수 있습니다. 그러기 위해 아주 효과적인 방법은 나의 표현을 듣는 사람의 입장에서 질문해 보는 것입니다. 다음에 제시한 5개의 질문 유형을 참고하여 자신의 진로에 대해 '자기소개' 방식으로 표현하는 글을 써 보세요.

유형	유형 성격	진로 질문 예시
What	수렴하는 질문	당신의 꿈은 무엇입니까?
Who	관계를 묻는 질문	가장 영향을 준 사람은 누구입니까?
How	과정을 묻는 질문	꿈을 위해 어떤 노력을 하고 있습니까?
But	날카롭게 파고드는 질문	그렇게 확신하는 근거가 뭡니까?
If	만약의 가정 상황으로 확장하는 질문	만약 꿈이 이루어진다면 그 다음에는 무슨 꿈을 꾸겠습니까?

나의 꿈은 항공기 조종사이다. 만약 항공기 조종사의 꿈을 가지지 않았다면 나는 아마도 비행기 조립 완구를 만들거나 파는 사람이 되어 있을 것이다. 이 꿈을 갖게 된 것은 초등학교 4학년 때 경험했던 '에어쇼' 때문이다. 그때의 충격과 환희는 정말 대단했다. 그때 이후 비행기 장난감, 모델, 레고블럭 등을 모으기 시작했다. 중학교에 올라가서는 항공대학교에 혼자 지하철을 타고 가서 경비행기를 구경하고 구내식당에서 밥도 먹고 올 정도였다.

정말 다행인 것은 부모님이 나의 꿈을 지지해 준다는 것이다. 나는 지금 항공 관련 고등학교 진학을 준비하고 있다. 반드시 입학해서 하나씩 단계를 밟아 나갈 것이다. 항공대학교에 진학할 것이고, 군대는 공군으로 입대할 계획이다.

질문으로 파악하는 나의 인성

다음은 한 학생이 여러 가지 질문에 답변하면서 파악된 인성의 여섯 가지 주제들을 그래프로 표현한 것입니다. 각 주제마다 왼쪽은 자신의 평가 점수, 오른쪽은 다른 사람의 평가 점수의 평균을 넣은 것입니다. 그래프 아래의 주제에 스스로 답변해 보면서 스스로의 평가 점수를 그래프로 그리고, 다른 사람의 평가 점수를 받아 그래프를 완성해 봅니다.

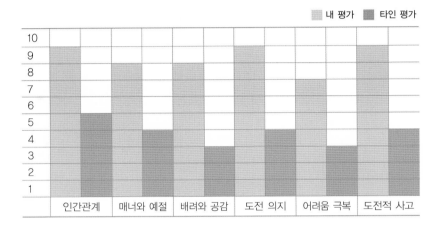

나의 발표 준비 과정 점검하기

케네디는 원래 수줍음이 많아 원고를 보면서 연설하던 초선 의원이었습니다. 부끄러워 고개를 들지도 못하고 원고만 읽던 케네디는 그 이후 피나는 노력을 합니다. 보지 않고도 말할 수 있을 정도로 원고를 이해했으며, 시선 처리를 연습했습니다. 앨 고어는 명강사가 되기까지 1,000번의 프레젠테이션을 거쳤습니다. 길버트 교수는 강의용 슬라이드 한 장을 만드는 데에 100시간을 투자하는 열정으로 유명합니다. 그의 강의에 감동한 하버드 학생들은 모두 기립 박수를 보냅니다. 이런 내용을 바탕으로 자신의 발표 연습을 돌아봅니다. 주로 어떤 방법으로 얼마나 연습하는지, 그 결과가 어떠했는지 돌아보고 개선할 점을 적어 봅니다.

앨 고어

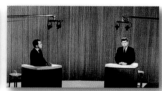
케네디

대니얼 길버트

나의 발표 준비 과정 점검하기

케네디는 원래 수줍음이 많아 원고를 보면서 연설하던 초선 의원이었습니다. 부끄러워 고개를 들지도 못하고 원고만 읽던 케네디는 그 이후 피나는 노력을 합니다. 보지 않고도 말할 수 있을 정도로 원고를 이해했으며, 시선 처리를 연습했습니다. 앨 고어는 명강사가 되기까지 1,000번의 프레젠테이션을 거쳤습니다. 길버트 교수는 강의용 슬라이드 한 장을 만드는 데에 100시간을 투자하는 열정으로 유명합니다. 그의 강의에 감동한 하버드 학생들은 모두 기립박수를 보냅니다. 이런 내용을 바탕으로 자신의 발표 연습을 돌아봅니다. 주로 어떤 방법으로 얼마나 연습하는지, 그 결과가 어떠했는지 돌아보고 개선할 점을 적어 봅니다.

앨 고어   케네디   대니얼 길버트

내가 존경하는 최고의 연설가들이 이렇게 연습을 많이 하고 무대에 서는 줄은 미처 몰랐다. 나는 그래도 말을 잘 한다고 생각했다. 실제로 남들과 의사소통할 때 대화를 주도하곤 한다. 하지만 그 수준을 넘어서지는 못했다. 정말 중요한 공식적인 자리, 공개 발표회 같은 것은 아직 경험하지 못했다. 하지만 이제부터는 좀 다르다. 내가 가고 싶은 고등학교는 자기주도 학습 전형으로 선발하고 구술 면접도 있다. 먼저 표현하고 싶은 내용을 정확하게 이해해야 자신감이 생길 것이다. 그 다음에는 나의 발표를 남에게 평가받아 볼 것이다. 다소 불편하겠지만 그렇게 해야 나의 표현력이 크게 향상될 것이라고 믿는다. 앨 고어, 케네디, 길버트처럼 연습하며 준비할 것이다.

내 이름이 들어간 간판을 다시 걸 때까지

제과제빵사

언제부터인가 눈에 띄게 빵집이 많아졌습니다. 그 빵집들은 위층에 카페도 운영하고 있습니다. 그런데 예전의 향수를 간직했던 '○○○베이커리'처럼 자기 이름을 건 간판을 이젠 보기가 쉽지 않습니다. 그만큼 제과제빵업계가 대형 체인화하고 있다는 증거이지요. 물론 저도 그러한 체인점 가운데 하나를 운영하고 있습니다.

하지만 제게는 아직 꿈이 있습니다. 보란 듯이 다시 제 이름을 건 간판을 다는 것이죠. 그래서 당당하게 대형 빵집과 경쟁하는 모습을 상상합니다. 그러기 위해 저는 요즘도 틈틈이 새로운 빵을 연구하고 만들어 보고 있습니다. 그리고 그 빵을 주변 주민들에게 무료로 시식하게 하고 의견을 묻곤 하지요.

이 정도면 저의 열정이 느껴지나요? 제과제빵사를 꿈꾸는 친구들과 이런 열정을 나누고 싶어요. 끊임없이 새로움을 추구하고 그 새로움을 사람들과 나누려는 마음이라면 충분히 가능성이 있다는 것! 바로 그것을 저는 증명해 보이겠습니다.

나만의 스토리가 있는가

우리들의 고민 편지

스마트한 중학생 J양은 소설을 좋아한다. 소설 속에 담긴 주인공의 성공 이야기가 너무 아름답기 때문이다. 특히 어려움과 고통을 극복하고 꿈을 이루는 이야기를 가장 좋아한다. 진로 활동의 결과를 발표할 때 이야기로 표현하는 기법에 대해 배웠지만, J양은 난감하다. 다른 사람의 이야기는 너무 좋아하지만 막상 자신의 이야기를 만드는 것은 다른 차원이기 때문이다. 더구나 J양은 스스로가 생각해도 큰 어려움 없이 지금까지 살아왔다. 그러다 보니 감동을 만드는 임펙트가 없다. 어떡하나? 감동을 거짓으로 지어 낼 수도 없지 않은가.

– 온라인 캠프에 올라온 진로 고민 편지

강의는 무대 위의 공연이다

수업이 시작되자 하샘은 영상을 보여 주었다. 애리조나 총기 난사 사건의 희생자들을 추모하기 위해 버락 오바마 미국 대통령이 연설하는 장면이다. 아이들은 자막을 읽으며 내용을 따라간다. 그런데 31분 10초가 지났을 즈음 오바마는 슬픔으로 감정이 북받쳐 올라 말을 멈춘다. 그리고 고개를 숙여 눈을 감는다. 아이들에게도 그 슬픔이 전해지는 듯했다. 잠시 후 오바마는 다시 말을 이으려고 고개를 든다. 그런데 다시 눈물을 글썽이며 차마 말을 잇지 못한다. 그래도 대통령이기에 울고 있을 수만은 없다. 마음을 추스르려고 다른 방향을 쳐다보며 여전히 침묵한다. 결국 또 말을 잇지 못한다. 32분 1초가 될 때까지 그는 침묵했다.

"이것이 미국인을 울린 '51초의 침묵 연설'이다."

"샘, 감동적이에요. 진심이 느껴져요."

"백 마디 말보다 더 통하는 것 같아요. 저도 저런 멋진 연설가가 되고 싶어요."

31분 10초 ---------- 51초 ----------▶

32분 1초

감정이 북받쳐 올라 눈을 감고

다시 말을 이으려다 눈물이 나려 하고

애써 다른 곳을 보며 한번 더 마음 누르고

승헌이와 교빈이가 큰 소리로 자신의 감동을 나누었다. 하샘은 감동의 여세를 몰아 이번에는 다른 영상을 보여 주었다. 스티브 잡스가 등장한다. 그는 무대 위에 혼자 서 있다. 잠시 후 누군가가 무대 위에 등장하더니 잡스에게 서류 봉투 하나를 주고 나간다. 수만 명의 청중은 숨소리도 내지 않고 그 광경을 지켜본다. 강의가 시작되었는데, 말은 하지 않고 이상한 퍼포먼스만 하고 있는 것이다. 잡스는 '이게 뭐지?' 하는 표정으로 봉투를 연다. 그리고 아주 얇은 뭔가를 꺼낸다. 노트북이다.

"와우!"

그 순간 청중의 박수가 터진다. 잡스는 한 마디의 말도 하지 않았다. 노트북이 얇다고 소리치지도 않았다. 그저 의미를 극대화할 수 있는 드라마를 연출한 것뿐이다.

스티브잡스가 서류봉투를 받아 그 속에서 얇은 노트북을 꺼낸다.

"하영이가 가장 놀라는 표정이구나. 더 놀라운 것은 잡스의 강연과 그의 프레젠테이션은 1막, 2막, 3막 같은 형식으로 구성된다는 것이다."

"정말요? 무슨 강의가 연극처럼 '막'이 있어요?"

어쩌면 오바마와 잡스가 서 있는 강연장은 공연이 펼쳐지는 무대와 같다. 딱딱하게 자신이 하고 싶은 말만 전하고 내려가는 것은 청중의 하품을 만들어 낸다. 그리고 그런 연사가 다시 나오면 청중은 가방에서 책을 꺼내서 읽기 시작한다.

"두 사람의 연설을 보았는데 공통점이 뭘까?"

"집중이 돼요."

"진심이 전해져요."

"뭔가 울림이 있어요."

"말이 없어요."

"일반적인 커뮤니케이션과 달라요."

자발적인 학생들의 답변이 이어졌다. 학생들은 지난 시간까지 가장 일반적인 발표와 표현 기법을 배웠다. 그런데 오늘은 조금 다른 차원의 기법인 것 같다.

"샘, 이게 지난 시간까지 배운 표현 기법보다 더 높은 수준인가요? 감동은 있지만 제 생각엔 너무 심플한 것 같아요."

"하영이의 솔직한 표현, 고맙구나. 훨씬 더 높은 수준이지. 감성에 접근하는 방식이다."

"그래도 어떻게 보면 대충 하는 것 같은 느낌이 들어요. 전문성도 느껴지지 않는 것 같아요."

"카드에 적힌 것과 같이 세 명의 강사가 있다. 누가 제일 수준이 높은 강사일까?"

"어려운 내용을 어렵게 전달하는 사람이 제일 수준이 높은 게 아닐까요? 다른 사람들이 모르는 것을 자신은 알고 있는 거잖아요."

"하영이가 질문을 정확하게 이해하지 못했나 보구나. 샘은 지금 연구자로서의 수준을 물어본 게 아냐. 강사로서의 수준을 물어본 거지."

"그렇군요. 그러면 반대죠. 쉬운 내용도 어렵게 전달하는 강사가 최악이고, 어려운 내용을 청중에게 들리는 쉬운 말로 전하는 강사가 최고죠."

"잘 이해했구나."

"강연이 간단한데, 감동이 크다는 것은 분명 더 높은 수준인 거죠?"

"그래서 오바마나 잡스를 세계적인 연설가라고 하는 거란다."

"샘, 비결이 뭘까요?"

"스토리가 있기 때문이지."

"스토리요?"

감동은 이야기에서 나온다

하영이의 질문이 이어진다.

"샘, 스토리가 뭐예요? 우리가 스토리, 스토리 하는데 사실 정확히는 잘 모르겠어요."

303

"스토리는 '이야기'이다."

"그건 다 아는 거고요."

"그게 전부야."

"네?"

"이야기를 알면 된다는 거다."

"이야기는 뭔데요?"

"한번 볼까? 이야기가 뭔지."

그 순간 교실 밖에서 교빈이가 갑자기 뛰어들어 왔다. 언제 나갔지? 분명 교실에 있었는데……. 교빈이는 들어오자마자 소리쳤다.

"얘들아! 모여 봐. 너희들 혹시 그 이야기 알아? 모르지? 좋아, 지금부터 이야기해 줄게. 있잖아……."

"동작 그만!"

하샘이 제지하자 교빈이는 그 상태로 멈췄다. 하샘과 교빈이가 미리 설정한 장면이었다. 멈춰버린 교빈이의 모습! 이건 완전히 코미디이다. 아이들은 배꼽을 잡고 웃었다. 하샘과 교빈이는 장난스러운 표정을 지으며 자리로 돌아갔다.

"이런 경우가 종종 있지? 하영아."

"많죠."

"이럴 때 집중이 잘 되지 않아?"

"완전 몰입이죠."

"그게 바로 이야기이다. 집중시키고 몰입시키는 것의 대부분은 이야기란다."

하샘은 매우 다양한 단어 카드를 조별로 나눠 주었다. 같은 종류별로 그룹을 지으라는 것이다. 단어 자체는 매우 익숙한 단어들이다.

"샘, 이 단어들은 왠지 친근한데, 왜 그럴까요?"

"맞아요. 아주 가깝게 느껴지는 단어들이에요."

"교빈이와 승헌이가 이 단어를 친숙하게 여기는 것은 당연해. 이 단어들은 여러분이 좋아하는 드라마, 영화, 책의 주제들이니까."

"그러고 보니 드라마 주제가 다 들어 있어요."

친숙하지만 이 상태로 분류를 한다는 것은 너무나 어려운 일이었다. 아이들이 난감해하자 하샘은 기다렸다는 듯이 큰 단어 카드를 4개씩 나눠 주었다.

"4개의 큰 카드 안에 종류별로 분류해서 붙이면 돼. 이젠 좀 할 만하겠지? 교빈."

"이젠 너무 쉬워요. 사랑 이야기는 아예 답이 들어 있네. '사랑'이라고 씌어 있잖아요."

오랜만에 카드 분류 활동을 하는 아이들의 표정이 아주 밝다. 최근 들어 박람회 준비 등으로 수업의 긴장도가 계속 높은 상태여서 오늘 활동은 아이들의 긴장감을 풀어 주려는 의도가 있었다. 일부러 민샘이 즐겨 하던 카드 활동을 해 본 것이다. 이제 하샘도 아이들과 정이 많이 들었다.

'동아리 정식 활동으로는 오늘이 마지막이구나. 다음 한 시간은 진로 박람회 현장 세팅으로 사용해야 한다. 민샘이 학생들에게 그토록 애정을 가졌던 이유를 이제 알겠다. 나 역시 이 친구들과 헤어지는 건 너무 섭섭해. 언제 이리 정이 깊어졌지……'

"하샘, 다 했어요. 우리 조가 제일 먼저 했어요."

"아니에요. 우리 조는 벌써 끝내고 지금 검토하고 있었어요."

"그럼 한번 볼까?"

"모험, 가족, 사랑, 성공 여기에 모든 이야기가 다 들어 있어. 예전에는 이 중에 하나만 정해서 이야기가 만들어졌는데 지금은 몇 가지씩 섞여 있는 경우가 많아. 해리포터에는 어떤 이야기가 들어 있을까?"

"성장 이야기요."

"순수한 사랑도 있어요."

"영웅담이죠."

"음모 이야기요."

"복수도 들어 있죠."

학생들은 막연했던 이야기에 대해 이제 조금씩 눈뜨기 시작했다. 팀별로 추가 미션을 주어졌다. 두 팀이 서로 대결하는 방식이다. 양 팀의 조장이 각각 영화나 드라마, 책 제목을 공개하면 상대방 조는 더 빠른 시간 안에 그 작품 속에 들어 있는 구체적인 이야기들을 찾아내야 한다.

"자, 이제 준비가 다 된 것 같다. 이러한 이야기 유형을 바탕으로 자신의 이야기를 써 보는 시간을 가져 보자. 많은 이야깃거리들 중에 자신의 과거로부터 현재까지를 표현하기에 적합한 주제를 몇 개 꺼내 보렴. 그런 뒤에 그것을 중심으로 간단한 자기소개를 작성해 본다."

학생들은 이런 과정을 통해 '이야기가 담긴 자기소개'를 작성해 보려 한다. 너무 과장되지 않고 담백하게 자신을 표현하는 연습을 해 보는 것이다.

"교빈이의 어린 시절과 현재의 변화가 잘 드러나는 단어들을 골랐구나."

"네. 순서를 잘 정리하면 저만의 이야기를 만들 수 있을 것 같아요."

그순간 갑자기 교빈이의 표정이 매우 진지해졌다.

"샘, 고마워요."

"뭐가 고맙다는 거니, 교빈아?"

"오늘이 마지막 시간이라는 거 알고 있어요. 민샘만큼이나 하샘은 저희
에게 소중하신 분이에요."

승헌이와 수희도 진지한 표정으로 한 마디씩 거들었다.

"샘, 또 뵐 수 있겠죠?"

"박람회가 끝나고 동아리가 종료되면 비전 하우스에 놀러 가도 되죠?"

하샘은 금방 눈물이 쏟아질 것 같았다. 하샘의 맑은 눈에 아이들의 모습
이 하나씩 들어와 박혔다. 마치 오바마 대통령처럼 하샘도 지금 말을 잇
지 못했다. 수희가 손수건을 건넸다. 아이들은 다시 고개를 숙여 자기소
개서를 쓰는 시늉을 하고 있지만 아이들의 노트 위에도 글자 대신 눈물
이 떨어져 얼룩졌다.

수업의 후반부는 이렇게 눈물로 마무리되었다.

나만의 개념으로 돌파구 찾기

수업을 마치고 하영이가 조용히 책상 앞에 앉아 있었다. 하샘이 하영이
에게 다가갔다. 종이에는 한 글자도 적혀 있지 않았다.

"샘, 오늘은 여러 가지로 마음이 심란해요. 마지막 시간이라 그런가요?
모든 게 다 막혀 버렸어요."

"무슨 말이니? 모든 게 막혀 버렸다니?"

"제가 민샘과 쓰다 만 책을 다시 쓰고 있었잖아요. 거의 마무리 단계인데
더 이상 진전이 안 돼요. 이러다가는 박람회 발표 준비도 못하겠어요. 그
래서 책 쓰기를 포기하려고요."

"그렇구나. 하영이에게 너무 큰 부담을 주어 미안하다."

"괜찮아요. 제가 선택한 건데요. 그리고 샘, 오늘 '이야기'로 자신의 진
로를 표현하는 게 저에게는 더없이 어려웠어요."

"어떤 부분이 어려웠니? 그래서 이렇게 한 글자도 쓰지 못했구나."

"저는 평범하게 자랐어요, 별다른 어려움 없이. 그러니까 특별한 이야기가 없었다는 거죠. 그런 제가 어떻게 이야기를 쓸 수 있겠어요?"

"그건 오해야. 평범하게 자랐다는 것은 감사할 일이지. 이야깃거리가 없다고 비난받을 건 아니란다. 있는 그대로 받아들이렴."

"그럼 어떡하죠. 저도 '이야기'를 만들고 싶은데."

"콘셉트로 가 보자."

"콘셉트요?"

"이 친구는 자신의 인생을 보물찾기에 비유했단다. 일부러 이야기로 연결하지 않고 내용의 성격을 잘 이해할 수 있는 개념을 찾아낸 거지. 이것을 '콘셉트'라고 해."

"재미있네요. 없는 이야기를 억지로 만들기보다는 차라리 내용에 맞는 비유를 찾아서 전달한다. 이것이 콘셉트군요?"

"그래, 맞아."

"진로 동아리 첫 시간에 진로를 항해에 비유했었어요. 그럼 그것도 콘셉트인가요?"

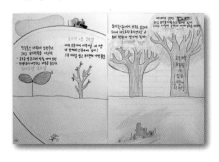

"그렇지, 이 작품은 어떤 개념인 것 같니?"

"이것은 자신의 진로 비전을 나무가 자라나는 콘셉트로 잡은 것 같아요. 이런 콘셉트라면 다른 사람에게 자신의 비전을 설명할 때 신선하겠어요. 이야기만큼이나 집중시킬 수 있을 것 같아요."

하영이의 표정이 조금씩 밝아졌다. 희망을 본 것이다. 사실 하영이는 매우 어렵게 진로 동아리 활동을 지탱해 왔다. 숱한 우여곡절을 겪으면서 서로 호감을 갖게 된 찬형이는 중도에 동아리를 나갔고, 자신을 좋아했던 승헌이는 이제 수희와 좋은 사이로 지낸다. 그러던 중, 민샘이 입원하면서 중단된 책 쓰기 비밀 프로젝트를 다시 시작하게 되었지만 마무리를 앞에 두고 포기하려고 한다. 그런데다가 박람회에서 발표할 특별한 이야기가 없어 더욱 무거운 마음이었는데, 오늘 하샘이 개념을 통해 풀어 준 것이다. 하영이는 이제 강연 준비에만 집중하겠다고 마음먹었다.

교실을 나서는 하영이의 머릿속에는 자신의 진로를 기차 여행 콘셉트로 그려 보는 그림이 꿈틀대고 있다. 오랜만에 아주 오랜만에 다시 설레는 느낌이 들었고, 박람회 강연도 정말 잘 될 것 같다.

그렇게 하샘의 마지막 수업은 하영이의 답답한 마음을 풀어 주면서 마무리되었다.

진로는,
스토리와 함께 갈 때
감동을 만들어 낸다.

소통의 달인을 추억하다

소통의 달인들은 '감동'을 만들어 내는 커뮤니케이션 능력을 가지고 있습니다. 꼭 많은 말을 하지 않더라도 그 진심이 통하는 경우가 많습니다. 오바마의 51초 침묵 연설 내용을 다시 한 번 상기해 보세요. 자신이 살아오는 동안 비슷한 소통의 감동을 느껴 본 적이 있는지 살펴봅니다. 그때의 상황, 마음 등을 담아 간단하게 소개하는 글을 써 봅니다. 그리고 그 속에서 자신이 배워야 할 부분이 무엇인지 다짐하는 내용으로 표현해 봅니다.

31분 10초

51초

32분 1초

감정이 북받쳐 올라 눈을 감고

다시 말을 이으려다 눈물이 나려 하고

애써 다른 곳을 보며 한번 더 마음 누르고

소통의 달인을 추억하다

소통의 달인들은 '감동'을 만들어 내는 커뮤니케이션 능력을 가지고 있습니다. 꼭 많은 말을 하지 않더라도 그 진심이 통하는 경우가 많습니다. 오바마의 51초 침묵 연설 내용을 다시 한 번 상기해 보세요. 자신이 살아오는 동안 비슷한 소통의 감동을 느껴 본 적이 있는지 살펴봅니다. 그때의 상황, 마음 등을 담아 간단하게 소개하는 글을 써 봅니다. 그리고 그 속에서 자신이 배워야 할 부분이 무엇인지 다짐하는 내용으로 표현해 봅니다.

31분 10초   51초 →

감정이 북받쳐 올라 눈을 감고

다시 말을 이으려다 눈물이 나려 하고

32분 1초

애써 다른 곳을 보며 한번 더 마음 누르고

특별한 기억이 있지는 않다. 이번에 접한 오바마의 침묵 연설이 가장 인상적이다. 영상을 보는 동안 숙연해지고 가슴에서 뭔가 뜨거운 것이 올라오는 느낌이었다. 남 앞에서 발표할 때 나는 신경을 많이 쓰는 편이다. 준비를 많이 하지만 긴장도 많이 한다. 그런데 준비하고 신경 쓴 만큼 발표가 늘 만족스럽지는 않다. 나의 말을 듣는 사람의 표정을 보면 그것을 알 수 있다. 토론학원까지 다니면서 연습했음에도 불구하고 느낌이 살아나지는 않는다. 이제 와서 생각해 보니, 화려한 언변도 중요하지만 오바마처럼 진심이 통하는 연설이 더 중요하겠구나 하는 생각이 들었다. 물론 세련된 표현력도 키우겠지만 마음을 전달하는 발표를 위해서는 내가 먼저 청중의 마음을 읽고 같은 마음을 품어야 한다는 것을 새삼 느끼게 되었다.

나의 진로를 이야기 주제로 표현하기

다음은 일반적으로 쓰이는 이야기의 핵심 유형을 정리한 것입니다. 자신의 성장 과정을 생각하며 자신의 삶을 표현하기에 어울리는 3~5개 정도의 카드를 아래와 같이 선택하여 그 주제를 포함한 진로 이야기를 자기 소개하듯이 기술해 봅니다.

나의 진로를 이야기 주제로 표현하기

다음은 일반적으로 쓰이는 이야기의 핵심 유형을 정리한 것입니다. 자신의 성장 과정을 생각하며 자신의 삶을 표현하기에 어울리는 3~5개 정도의 카드를 아래와 같이 선택하여 그 주제를 포함한 진로 이야기를 자기 소개하듯이 기술해 봅니다.

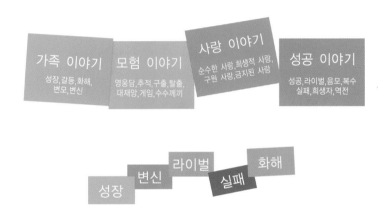

내가 선택한 카드는 갈등, 화해, 변신, 라이벌, 실패, 성공 등이다. 나에게는 쌍둥이 동생이 있다. 우리 둘은 어릴 적부터 늘 경쟁 상대 즉 라이벌이었다. 이러한 관계는 결코 행복한 것은 아니었다. 우리 둘은 보기에는 사이가 좋았지만 마음속으로는 서로를 이기기 위해 칼을 갈고 있었다. 그러던 어느 해, 초등학교 체육대회에서 각기 다른 반인 우리는 이어달리기에서 상대 팀으로 만나 같은 조에서 뛰게 되었다.

코너를 도는 중에 나도 모르게 동생을 팔로 밀쳐냈다. 넘어진 동생은 뒤따라오던 친구에게 부딪혀 크게 다치고 말았다. 그때 나는 선두에서 달리고 있었다. 동생이 걱정된 나는 뒤돌아보며 달리다가 결승점을 앞에 두고 뒤돌아서 동생에게 달려가 일으켜 부축했다. 절뚝거리는 동생을 부축하고 나는 함께 꼴찌로 결승점을 통과했다.

친구들이 다들 뜨거운 격려의 박수를 쳐 주었고, 나와 동생은 그때부터 마음이 통하는 사이가 되었다. 이것이 나의 성장 이야기이다.

향기에 서비스를 담아
전하는 사람

바리스타

'김형수님의 결혼기념일 커피', '박일수님의 새 차를 뽑은 기념 커피' …….
이상한 액자들이 걸려 있는 카페가 있습니다. 저는 이 카페의 주인이자 바리스타랍니다. 바리스타는 커피를 만들어 파는 사람이죠. 그런데 저는 맛있는 커피 향기에 독특한 추억을 담아서 선물하고 있습니다. 저의 가게에 오는 손님들이 특별한 사연을 적어 주면 거기에 맞는 커피를 만들어서 선물하고 기념사진을 찍어 전시합니다. 사진 뒷면에는 그 커피에 담긴 사연과 나름의 향기를 적어 두었다가 일 년 뒤 그 기념일에 다시 그 손님이 오면 그 커피를 다시 서비스합니다.
이런 액자만 벌써 150개입니다. 창의적이죠? 저는 이런 커피의 향기를 사랑합니다. 향기는 추억을 떠오르게 하는 특징이 있지요. 바리스타를 꿈꾸는 친구들은 이러한 향기를 사랑하고 이해할 수 있는 사람이어야 한다고 생각합니다. 그리고 자신도 그러한 추억의 향기를 간직할 수 있는 감성의 소유자라면 더없이 좋을 것입니다.

16 눈물겹도록 아름다운 날

매순간 최고의 삶을 사는가

우리들의 고민 편지

누군가의 도움 없이도 스스로 할 일을 잘하는 중학생 H군. 초등학교는 물론 중학교에 올라온 이후한 번도 반 회장을 놓친 적이 없다. H군은 자신이 누군가를 도와주거나 그룹을 이끄는 것에는 익숙하지만 다른 사람에게 도움을 구하는 데는 서툴다. 솔직히 그럴 필요를 느껴본 적이 없다. 다른 사람에게 도움을 구하는 것 자체가 남자답지 못하다고 생각하는 것이다. 진로 활동을 마무리하고, 이제부터 진로를 위해 노력을 시작하려는데 선생님이 자신을 불러 애정 어린 마음으로 말씀하셨다. "너의 꿈을 이루는 과정에서 다른 사람과 함께 가렴. 그래야 그 꿈을 이룰 수 있고, 그래야 진정한 행복을 느낄 수 있단다." H군은 선생님이 왜 자신에게 그런 말씀을 하셨는지 이해가 되지 않는다. 무슨 뜻일까?

– 온라인 캠프에 올라온 진로 고민 편지

다시 피구 라인 앞에 서다

드림중학교 '하이라이트' 진로동아리

"진로 항해에
등대가 되겠습니다"

마침내 진로 박람회가 공식적으로 문을 열었다. 특설 강연장 강연은 개장과 함께 시작된다. 진로 박람회 메인 부스 앞에는 거대한 등대 현수막이 걸렸다. 동아리 멤버들은 모두 침착하게 자신의 자리에서 관람객을 기다리고 있었다. 특설 강연장 옆 대기실에는 5명의 조장들이 모여 있다. 하샘은 학생들에게 따뜻한 스프를 먹이려고 실랑이를 벌이고 있었다.

"어서 먹어. 마지막 경고야. 아침도 안 먹었잖니? 니들 정말 이럴 거야!"

"샘, 긴장되어서 도저히 음식이 안 들어갈 것 같아요."

"하영아, 그래서 샘이 직접 스프를 끓여 온 거야. 몇 숟갈이라도 먹어야 돼. 긴장될수록 속이 든든해야 한다. 샘 말 들어."

고집을 부리던 아이들은 하샘의 성화에 울며 겨자 먹기로 스프를 먹었다. 그런데 철만이는 여전히 숟가락을 들 생각을 하지 않는다. 하샘은 그 심정을 충분히 이해했다. 전체 프로그램의 첫 번째 순서를 맡았으니 오죽 긴장될까? 사람들은 이미 몰려들기 시작했다. 선착순으로 나눠 주는 사은품 때문인지는 몰라도 다들 기다렸다는 듯이 문을 열자마자 박람회장을 가득 채웠다.

"야! 박철만. 너 자꾸 이럴 거야. 피구 라인 하나 제대로 못 그리고……. 벌써 몇 번째야! 야야, 다음 학기 체육 부장은 절대로 철만이 시키지 마!"

"죄, 죄, 죄송해요. 다, 다시 그릴까요. 서, 선생님?"

철만이의 머릿속에 그때의 영상이 떠올랐다. 불안하다. 답답하던 자신의 모습이 왜 하필 이때 떠오른단 말인가. 철만이는 갑자기 자신도 모르게 스프를 한 입에 들이키려 했다.

"철만아, 멈춰! 그 뜨거운 걸 마시면 어떡하니, 큰일 날 뻔했잖아. 괜찮아?"

"네. 괘, 괜찮아요. 서, 서, 선생님."

그 순간 모든 친구들이 눈을 동그랗게 뜨고 철만이를 향해 고개를 돌리며 외쳤다.

"철만아, 괜찮아? 긴장하지 마!"

철만이가 입술을 깨물었다. 손에 땀이 흘렀다. 친구들은 괜찮다고 격려하지만 철만이의 머릿속에는 체육 선생님의 호통 소리가 가득했다.

"피구 라인 하나 제대로 못 그리고……."

철만이는 세차게 고개를 흔들어 그런 환청을 지우려 안간힘을 썼다. 그러자 당시 처음 만났던 민샘의 얘기가 떠올랐다.

"진짜 쉬워. 선생님이 직접 실습도 해 봤거든. 무조건 목표만 보고 가면 돼!"

놀랍게도 체육 선생님의 꾸지람은 희미하게 사라지고 민샘의 그 말만이 머릿속을 가득 채웠다. 마치 지금 민샘이 곁에서 그 말을 다시 들려주며 어깨를 다독이는 느낌이었다. 철만이는 민샘이 함께하신다는 생각이 들자 자신감이 솟았다. 심호흡을 하고 주먹을 불끈 쥐었다.

'그래, 샘 말씀대로 목표만 보고 가보는 거야. 민샘이 이렇게 날 지켜 주고 계시니까 문제없어. 한번 해 보는 거야. 그래, 사나이 박철만, 오늘의 영웅이 되는 거야.'

드디어 철만이가 무대에 올랐다. 강연장은 이미 사람들로 가득 찼다. 그 많은 눈들이 철만이를 지켜보고 있다. 먼저 오프닝 동영상으로 시작을 열었다. 학교에서 진행했던 진로 페스티벌 영상이 상영되고 있었다. 철만이는 그 3분의 시간이 영원히 지속되길 바랐지만 순식간에 지나갔다. 영상이 끝날 즈음 철만이는 무심코 관객 쪽을 바라보았다. 바로 그 순간 관객 끝자락 틈새로 낯익은 사람과 눈이 마주쳤다.

'아! 민샘.'

민샘이다. 지금 민샘이 철만이를 지켜보고 있다. 민샘은 따뜻한 미소로 마치 처음 만난 그때처럼 철만이를 바라보고 있다. 철만이는 민샘을 보면서 아무 말도 할 수 없었다. 그저 함께 웃어 줄 뿐이었다.

'철만아, 앞만 보고 피구 라인을 그리면 돼. 너무 쉬워. 너는 충분히 할 수 있어. 나는 너를 믿는다. 다시 예전으로 돌아가진 말자. 내가 널 응원하러 왔잖니.'

'네, 샘. 알아요. 앞만 보고 다시 피구 라인을 그릴게요. 다신 예전의 철만이가 되진 않을게요. 지켜봐 주세요. 제가 얼마나 잘하는지요. 주전자에 물을 담아 단 한 번에 피구 라인을 그려 보일게요.'

영상이 끝나고 철만이의 발표가 시작되었다. 철만이는 단 한 마디도 더듬지 않고 물 흐르듯이 강의를 이끌었다. 중학생이라고는 믿겨지지 않는 차분함으로 오프닝 강연을 진행했다. 지켜보던 하샘은 눈물을 글썽거렸다.

'민샘이 보셨더라면 얼마나 행복해하셨을까. 가장 아끼는 제자가 이렇게 멋지게 강연하는 것을 꼭 보셨어야 했는데…….'

하샘은 철만이의 강연 장면을 동영상에 담았다. 강연을 끝마칠 무렵 철만이는 눈으로 다시 민샘을 찾았다. 그런데 분명 방금 전까지도 그 자리에 계셨던 민샘이 보이지 않는다.

드라마보다 더 극적인 무대

특설 강연장의 강연은 연속 강연으로, 곧바로 철만이의 소개와 함께 교빈이가 마이크를 건네 받았다. 교빈이는 심장 박동 그래프 동영상으로 강연을 시작했다.

교빈이는 심장이 뛰는 음향 효과까지 넣어서 영상을 보여 주었다. 그런데 갑자기 심장 박동 소리가 약해지자 사람들이 술렁거렸다. 결국 신호가 사라지고 박동 소리가 멎었다. 사람들의 탄식 소리가 들렸다.

그러다가 다시 작은 신호음이 잡혔다. 심장이 다시 뛰고 있는 것이다. 사람들이 약속이나 한 듯이 우레와 같은 박수를 보냈다. 강연장이 박수 소리로 가득했다. 화면이 바뀌면서 플래시로 제작된 심장 그래프가 움직임과 함께 보였다. 그리고 곡선마다 교빈이의 인생사가 나타났다.

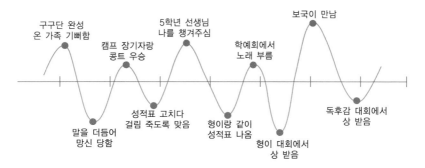

"여러분, 저의 인생은 비교와 열등감의 역사였습니다. 그래서 이렇게 천국과 지옥을 오가는 삶을 살았죠. 이러한 삶을 부끄러워하던 저는 어느 날 깨달았습니다. 이것이 바로 제 심장이 뛰고 있다는 증거였습니다. 저는 형과 비교되는 삶이 죽기보다 싫었습니다. 제가 잘하는 것들은 하나도 보이지 않았고, 형보다 못하는 것들만 보였습니다."

청중은 교빈이의 이야기에 몰입했다. 학생들은 마치 자신의 이야기처럼 공감했다. 부모들은 강의를 들으면서 자신의 자녀를 생각했다. 교사들은 중학교 2학년이 펼치는 발표의 향연에 푹 빠졌다.

한편, 강연장 제일 앞줄에는 국내에 있는 외국인 학교의 중학생들이 청중으로 앉아 있었다. 사실 그 학생들은 당연히 동시통역이 되는 강연인 줄 알고 온 것이다. 그런데 한국어로 강의를 하면서 통역도 없고, 자기네들끼리 박수를 보내고 탄식하는 모습을 보며 인내심이 한계에 이르렀다.

"Excuse me!"

갑자기 장내에 찬물을 끼얹은 듯 정적이 흘렀다. 외국인 학생 한 명이 도

319

저히 참지 못하고 일어나서 영어로 얘기해 달라고 요청한 것이다.

'초대형 방송 사고가 터졌다.'

하샘은 무전기로 주최 측에 통역을 보내 달라고 다급하게 요청했다. 하지만 바로 올 수 있는 통역사가 없었다. 교빈이는 눈앞이 캄캄해졌다. 자신이 구상한 대로 강연이 잘 흘러가고 있었는데, 갑자기 그 흐름이 끊기면서 앞으로 뭘 어떻게 해야 할지 막막해져 버렸다. 그 누구도 영어로 이 외국인 학생들을 통역하기 위해 나설 사람이 없었다.

'아, 이렇게 끝나고 마는구나. 우리 부모님과 형이 이 모습을 보았다면 또 얼마나 나를 비웃을까?'

바로 그때 무대 위로 한 학생이 뛰어 올라왔다. 교빈이는 처음에 누군가 했는데, 가만 보니 경수였다. 경수가 무대로 올라와서 교빈이에게 속삭였다.

"나야, 경수. I have a dream."

잠시 후 감동적인 모습이 연출되었다. 이보다 더 극적인 장면이 있을까? 교빈이는 강연을 이어갔고, 옆에서 경수가 교빈이의 몸짓까지 똑같이 흉내 내면서 영어로 동시통역을 했다. 경수는 원래 그럴 계획이 있었던 것은 아니었다. 그래서 외국인 학생의 소란이 일어났어도 그냥 구경만 하고 있었다. 그게 바로 경수 스타일이었다.

'비전까지는 괜찮지만, 저에게 사명을 강요하지는 마세요. 왜 자신의 비전으로 남을 돕는 삶을 살아야 해요. 제 주변에는 그런 사람이 없어요.'

경수가 민샘에게 대들 듯이 외쳤던 말이다. 경수는 그 후 민샘의 편지를 받으면서 조금씩 민샘의 이야기가 이해되기 시작했다. 하지만 그것은 단지 이해가 된 것일 뿐 마음으로 공감한 것은 아니었다. 남을 위해 사는 것이 과연 어떤 느낌인지 직접 경험한 적이 한 번도 없었기 때문이었다. 그런데 바로 오늘 이 순간 경수는 비로소 그 느낌을 깨달았다.

강의가 끝날 즈음 교빈이가 자신의 이름을 외쳐 주었다. 그러자 강연장을 가득 메운 청중이 모두 경수에게 박수를 보냈다. 경수는 당황했다. 외국인 학생들은 무대 위로 올라와 교빈이와 경수를 번갈아 포옹했다. 교빈이가 경수에게 다가와 속삭였다.

"경수야, 네가 나를 살렸어. 경수 너는 최고의 통역사야! 이 많은 사람들 마음속에 너의 실력으로 감동을 주었어. 고마워."

교빈이는 울고 있었다. 경수가 놀란 눈으로 교빈이를 바라보자 교빈이가 눈으로 한쪽을 가리켰다. 그곳엔 교빈이의 부모님과 형이 교빈이를 향해 진심 어린 박수를 보내고 있었다. 그제야 경수는 교빈이가 우는 이유를 알았다. 그의 강의 내용을 함께했기에 그 마음에 공감한 것이다. 교빈이는 처음으로 부모님과 형 앞에서 자신의 당당하고 멋진 모습을 보여 주었다. 저만치에서 동아리 친구들이 경수와 교빈이를 향해 연신 하트를 날리며 박수를 보냈다.

경수의 마음속에도 아주 작은 떨림이 올라왔다.

'이 느낌일까? 다른 사람을 위해 나의 것을 기꺼이 사용한다는 것이……. 민샘이 이야기했던 사명의 삶이 혹시 이런 느낌일까? 처음 느껴 보는 이 행복감, 나 때문에 다른 삶이 살고 막힌 담이 허물어져 소통이 일어난 이 쾌감. 이것이 내가 가야 할 사명이 아닐까?'

"민샘 봤어? 민샘 봤냐고? 어디 계셔?"

철만이는 강연이 끝난 이후 온 부스를 돌아다니며 민샘을 찾았다. 그런데 동아리 친구들 그 누구도 민샘을 보지 못했다는 것이다. 하샘은 민샘이 최근에 복용하는 약이 독해서 기력이 더 약해져 못 오셨을 거라고 했다. 철만이는 혼란스러웠다.

'잘못 본 것일까? 헛것을 본 걸까?'

잠시 쉬는 시간을 가진 후 승헌이와 수희의 강연이 시작되었다. 승헌이와 수희는 동시에 무대에 올라와서 서로 다정하게 대화하듯이 강연을 진행했다. 특유의 컴퓨터 기술을 총동원하여 비주얼하면서도 마음에 와 닿는 강연이다. 승헌이는 어느 때보다도 더 선명한 목소리로 좌중을 압도했다. 수희는 더없이 차분함과 부드러움으로 승헌이와 조화를 이루었다. 바로 그 다음 강연을 위해 올라갈 준비를 하던 하영이는 승헌이와 수희의 다정한 모습에 마음이 살며시 아려 왔다. 아침에 찬형이에게 받은 문자가 떠올랐기 때문이다.

'미안해, 하영아. 도저히 못 가겠어. 친구들 얼굴을 볼 수가 없어.'

승헌이와 수희는 강연을 마치고 마지막 강사인 하영이를 소개했다. 하영이는 당당한 모습으로 자신만의 지적인 매력을 뽐내며 마치 아나운서처럼 강연을 진행했다. 먼저 비전의 결과물을 만드는 전시 내용을 중심으로 소개했다. 원래 이 부분의 전시 내용은 수희가 작업했는데 강연의 주제로 결정하면서 하영이에게로 넘어온 것이다.

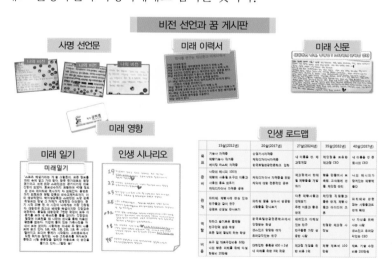

하영이는 교사를 꿈꾸는 사람의 특징을 살려, 미리 준비한 예쁜 종이를 청중에게 나눠 주고 사명 선언서와 미래 이력서를 작성하는 퍼포먼스를 진행했다. 그리고 일부 학생들을 무대로 불러내어 직접 작성한 내용을 발표하게 했다. 강연의 분위기는 최고조에 달했다. 진로를 위한 진학, 학습, 습관의 전략까지 발표를 마무리한 하영은 청중에게 강연 전체 또는 이번 마지막 강연에 대해서 궁금한 점을 질문해 달라고 했다. 마지막 강사로서 하영이는 특별 강연 전체를 마무리하는 분위기를 만들었다. 청중은 질문을 하고 답변을 들으며 직접 궁금증을 해소할 수 있는 시간이 되었다.

"이제 또 질문 없으세요? 충분히 다 이해하신 것으로……."

"질문 있습니다!"

"전략 부분은 꽤 흥미로운 작품이 많더라고요. 그런데 그 앞에 하신 미래를 상상하여 구체적인 목표를 기록하는 부분은 솔직히 받아들이기 어렵습니다. 외국에서도 '시크릿' 같은 상상의 원리가 무조건 받아들여지지는 않습니다. 비과학적인 부분에 대해 비판도 존재합니다. 납득할 만한 근거 없이 미래를 그렇게 상상하라고 하는 것은 잘못된 가치관을 학생들에게 심어 줄 수 있습니다. 이 부분에 대한 답변 부탁드립니다."

질문이 이어지는 동안 마이크를 잡은 하영이의 손끝이 미세하게 떨리고 있었다. 심장 박동도 빨라졌다. 현기증이 일었다. 최근 책을 쓰고 발표 준비를 하면서 극도의 긴장감을 품고 살았는데, 단번에 와르르 무너지는 듯 현기증이 인 것이다. 답변을 못 하고 그만 타이밍을 놓쳐 버렸다.

"답변하지 않는 것은 저의 반론에 동의한다는 뜻입니까?"

강연장이 술렁이기 시작했다. 너무나 아름답고 감동적으로 드라마틱하게 진행되던 특설 강연의 마지막 순서, 가장 지적이고 당당한 하영이의 시간에 이런 반전이 일어날 줄을 누가 알았으랴? 이상하다. 하영이가 그 정도에 답변이 막힐 리가 없는데 계속 머뭇거렸다. 보다 못한 하샘이 무대로 올라가려고 앞쪽으로 달려가고 있는데, 바로 그때 반대편에서 누군가 무대로 올라갔다. 하샘은 누군지 모르는 얼굴이다.

"제가 대신 말씀드리죠. 그 부분은 원래 제가 강연하기로 되어 있었는데, 제가 때를 놓쳤습니다."

금방이라도 울음을 터뜨릴 듯한 표정으로 서 있던 하영이는 그 순간 어안이 벙벙한 채로 찬형이를 쳐다보았다. 찬형이는 걱정 말라는 듯이 살짝 윙크를 보내고는 말을 이어갔다.

"생생하게 미래를 상상하는 것의 과학적 근거와 역사적 근거를 지금부터 말씀드리겠습니다. 먼저 영상을 한 편 보시죠!"

찬형이는 그 자리에서 저장 장치를 연결하여 미우주항공국의 우주인 모의실험 영상을 보여 주었다. 가상의 상황을 상상하면서 그것이 실제 육체의 변화로 나타나는 다큐멘터리였다. 영상이 나가고 나서 찬형이는 화면 하나를 보여 주었다.

찬형이가 수업에 반발하고 동아리를 떠나던 날, 민샘이 찬형에게 선물해 준 액자였다. 찬형이는 역사 속의 사람들이 꿈을 기록하여 어떤 결과를 만들었는지를 하나하나 설명해 주었다. 질문을 한 사람은 찬형이의 확신에 찬 설명에 연신 고개를 끄떡이며 수긍했다.

"오늘 강연 이후 여러분이 관람하시게 될 '하이라이트' 메인 부스의 모든 내용은 학생들이 직접 경험하고 활동한 결과입니다. 오늘 여러분은 우리 모두의 밝은 미래를 볼 것입니다. 이것이 바로 과학을 넘어서는 증거입니다."

화면에 가득한 액자를 보며 눈물을 훔치는 사람이 있었다. 찬형이는 마무리 멘트를 하려다가 그 사람과 눈이 마주쳤다. 민샘이었다. 그 옆에는 철만이와 교빈이, 승헌이와 수희가 서 있었다. 친구들은 모두 찬형이를 향해 하트를 날렸다. 민샘은 찬형이를 미소로 바라보며 고개를 끄덕여 주었다. 찬형이의 눈에서도 눈물이 주르륵 흘렀다.

'민샘, 용서해 주세요. 저를 다시 받아 주세요. 이 말씀을 드리고 싶었어요. 그런데 저의 쓸데없는 자존심 때문에 시기를 놓쳤어요.'

'찬형아, 나는 너를 받아 줄 필요가 없다. 단 한 번도 너를 내 마음에서 내보낸 적이 없기 때문이지. 나는 그저 너를 기다렸을 뿐이란다.'

"여러분, 여기 한 분을 소개합니다. 바로 이 강연을 만드신 분이에요. 미래를 보지 못하고, 한 발자국도 미래로 나아가지 못하던 저를 위해 희생하신 분입니다."

찬형이는 한걸음에 무대에서 뛰어 내려가 민샘에게 달려갔다. 청중은 가운데로 길을 열고 기립 박수를 보냈다. 그 뒤를 다른 동아리 친구들이 따랐다. 카메라 플래시가 여기저기서 불꽃처럼 터졌다. 찬형이는 무릎을 꿇고 민샘에게 고개를 숙였고, 민샘은 그런 찬형이를 뜨겁게 안아 주었다. 찬형이는 창피한 줄도 모르고 민샘의 품에 안겨 엉엉 울어 버렸다. 그런 찬형이의 한쪽 손을 하영이가 꼭 잡아 주었다.

'하이라이트' 부스로 돌아온 하영이는 한 번 더 충격을 받았다. 자신의 이름과 민샘의 이름이 나란히 새겨진 책이 부스 입구에 쌓여 있었다. 오후부터는 시간을 정해서 민샘과 함께 저자 사인회도 진행하

기로 되어 있었다. 하영이는 작가의 꿈을 오늘 이미 이루었다. 하영이가 마무리하지 못한 내용을 민샘이 마무리하여 출판 작업을 진행한 것이었다. 박람회에 맞추기 위해서 민샘은 다소 무리한 일정을 소화해야 했다.

책상 위에 놓인 '꿈의 증명서'

따스한 봄날, 민샘의 책상 위에는 4장의 서류가 뒤집힌 채로 놓여 있었다. 뒤집어 보니 '합격 통지서'였다. 하영, 승헌, 수희, 경수의 이름이 쓰여 있다. 다들 꿈꾸던 고등학교에 자기주도학습 전형으로 합격한 것이다. 그런데 경수의 합격 통지서 아래에는 깨알 같은 글씨로 뭔가 적혀 있었다.

'샘, 제 꿈 아시죠? 통역사를 꿈꾸며 외국에 사는 이민자들을 위해 법률 통역을 해 주는 삶을 살 겁니다. 저의 시간을 단 한순간도 낭비하지 않고 세상을 위해 살 거예요. 샘은 저의 인생을 송두리째 바꾸셨어요. 존경합니다.'

민샘은 향긋한 차를 잔에 따르며 그 치열하고 아름다웠던 시절을 살며시 떠올리고 있다. 향기와 함께 얼굴에 미소가 번진다.

진로는,
인생의 결정적인
드라마를
만들어낸다.

진로의 캐릭터를 통해 자신의 모습 보기

진로 동아리는 진로 박람회를 끝으로 48주간의 여정을 마쳤습니다. 그동안 여러 캐릭터의 좌충우돌 여정을 통해 진로의 다양한 콘텐츠를 맛보았습니다. 여러 캐릭터 중에 자신의 모습과 가장 비슷해서 감정이입이 잘 된 캐릭터는 누구입니까? 그 캐릭터가 자신과 비슷한 이유를 생각해 보고 기록해 주세요. 한 명 이상의 캐릭터를 찾아도 괜찮습니다.

주요 등장인물: 하영, 수희, 승헌, 찬형, 교빈, 철만, 경수

진로의 캐릭터를 통해
자신의 모습 보기

진로 동아리는 진로 박람회를 끝으로 48주간의 여정을 마쳤습니다. 그동안 여러 캐릭터의 좌충우돌 여정을 통해 진로의 다양한 콘텐츠를 맛보았습니다. 여러 캐릭터 중에 자신의 모습과 가장 비슷해서 감정이입이 잘 된 캐릭터는 누구입니까? 그 캐릭터가 자신과 비슷한 이유를 생각해 보고 기록해 주세요. 한 명 이상의 캐릭터를 찾아도 괜찮습니다.

드림중학교 '하이라이트'진로동아리

"진로 항해에
등대가 되겠습니다"

주요 등장인물: 하영, 수희, 승헌, 찬형, 교빈, 철만, 경수

내가 가장 감정이입을 많이 했던 캐릭터는 철만이다. 말수가 적고, 내성적이며 자신감이 부족한 철만이는 얼핏 나의 모습과 비슷하다. 그렇게 내성적이다 보니 자신을 잘 이해해 주는 친구나 선생님을 절대적으로 따르고 의존한다는 점도 철만이와 비슷하다.
한편, 교빈이와도 비슷한 특성이 있다. 다른 사람의 평가와 비교에 민감하다는 것이다.
다른 사람에게 인정받고 싶은 마음이 강하다 보니, 특히 다른 친구들의 부탁을 거절해 본 적이 없다. 그게 나쁜 것은 아니지만, 늘 다른 친구들의 일정에 맞춰서 살아가는 느낌이 든다. 나의 시간을 주도적으로 사용하지 못하고 사는 것 같아 안타깝다. 교빈이가 밝게 수업에 참여하고 농담을 할 때도 내 마음은 불편했다. 그 친구가 마음속은 그다지 밝지 않은 것 같아서였다. 자신의 그늘을 숨기고 다른 사람을 즐겁게 하는 것이 나는 슬프고 안타까웠다. 교빈이가 마지막에 경수의 도움으로 발표를 멋지게 마무리한 대목에서는 마치 내가 발표자인 양 기뻤다.

진로 동아리 이전과 이후

진로 동아리에서 표면적인 갈등을 유발한 학생은 찬형과 경수입니다. 다음 표 안에 들어 있는 내용은 찬형과 경수가 달라진 부분을 보여 주는 표현을 발췌한 것입니다. 진로 동아리의 과정을 함께한 당신에게 있어, 이전과 이후는 어떤 변화가 있습니까? 생각과 같은 내면의 변화, 행동이나 습관과 같은 외면의 변화, 어떤 것이든 좋습니다. 자신의 이전 모습과 변화된 지금의 모습을 표현해 주세요.

> "여러분, 여기 한 분을 소개합니다. 바로 이 강연을 만드신 분이에요. 미래를 보지 못하고, 한 발자국도 미래로 나아가지 못하던 저를 위해 희생하신 분입니다. 어린아이 같던 저를 걷고 뛰게 하시려고 애쓰시다가 과로로 병원에 입원까지 하신 분입니다." -찬형
>
> '샘, 제 꿈 아시죠? 통역사를 꿈꾸며 외국에 사는 이민자들을 위해 법률 통역을 해 주는 삶을 살 겁니다. 저의 시간을 단 한순간도 낭비하지 않고 세상을 위해 살 거예요. 샘은 저의 인생을 송두리째 바꾸셨어요. 존경합니다.' -경수

_____

_____

_____

_____

_____

_____

_____

_____

_____

진로 동아리 이전과 이후

진로 동아리에서 표면적인 갈등을 유발한 학생은 찬형과 경수입니다. 다음 표 안에 들어 있는 내용은 찬형과 경수가 달라진 부분을 보여 주는 표현을 발췌한 것입니다. 진로 동아리의 과정을 함께한 당신에게 있어, 이전과 이후는 어떤 변화가 있습니까? 생각과 같은 내면의 변화, 행동이나 습관과 같은 외면의 변화, 어떤 것이든 좋습니다. 자신의 이전 모습과 변화된 지금의 모습을 표현해 주세요.

"여러분, 여기 한 분을 소개합니다. 바로 이 강연을 만드신 분이에요. 미래를 보지 못하고, 한 발자국도 미래로 나아가지 못하던 저를 위해 희생하신 분입니다. 어린아이 같던 저를 걷고 뛰게 하시려고 애쓰시다가 과로로 병원에 입원까지 하신 분입니다." -찬형

'샘, 제 꿈 아시죠? 통역사를 꿈꾸며 외국에 사는 이민자들을 위해 법률 통역을 해 주는 삶을 살 겁니다. 저의 시간을 단 한순간도 낭비하지 않고 세상을 위해 살 거예요. 샘은 저의 인생을 송두리째 바꾸셨어요. 존경합니다.' -경수

진로 동아리 활동을 함께하는 동안, 나에게는 몇 가지 변화가 있었다. 가장 뿌듯한 것은 이야기 속 동아리 친구들처럼 나도 두툼한 진로 포트폴리오 한 권을 완성했다는 것이다. 그 어떤 생각이나 감정의 변화보다도 눈에 보이는 책 한 권이 나에게는 가장 소중하다. 배웠던 내용을 다시 볼 수도 있고, 중요한 진로의 관문에서 포트폴리오를 참고하여 자료를 제출하거나 발표를 준비할 수도 있을 것 같다.

또 한 가지 일어난 변화는 나의 진로에 대해 확신을 갖게 되었다는 것이다. 진로에 대한 확신을 다양한 비전의 언어와 작품으로 만들었다는 것도 큰 수확이다. 내 방 책상 앞에는 다양한 비전을 시각화한 작품과 전략표 그리고 점검표가 붙어 있다. 바로 눈앞에 붙여 놓아서 수시로 볼 수 있다는 점이 좋다.

특히 점검표가 가장 효과적이다. 당장 눈에 보이니까 매일 점검을 하게 된다.

나에게 일어난 변화는 내 인생에서 가장 소중한 전환점이 될 것이다.

'하이라이트'와의 여정을 마치며

진로 동아리와 함께 달려온 48장의 여행을 마치게 되었습니다. 여행을 하는 동안 많은 생각이 들었을 거예요. 그 생각들을 종합하고, 앞으로 남은 자신의 학창시절을 어떤 색깔로 칠할 것인지 진로의 측면에서 계획과 다짐을 기록해 주세요. 민샘은 실제 모델을 기초로 형상화한 인물입니다. 민샘에게 전달하고 싶은 마음도 표현해 주세요. 실제로 민샘이 읽어볼 겁니다.

참고
1. 진로 동아리 활동을 따라오면서 느낀 점
2. 나름대로의 변화를 토대로 앞으로의 진로 계획
3. 민샘에게 하고 싶은 말

_____

_____

_____

_____

_____

_____

_____

_____

_____

'하이라이트'와의 여정을 마치며

진로 동아리와 함께 달려온 48장의 여행을 마치게 되었습니다. 여행을 하는 동안 많은 생각이 들었을 거예요. 그 생각들을 종합하고, 앞으로 남은 자신의 학창시절을 어떤 색깔로 칠할 것인지 진로의 측면에서 계획과 다짐을 기록해 주세요. 민샘은 실제 모델을 기초로 형상화한 인물입니다. 민샘에게 전달하고 싶은 마음도 표현해 주세요. 실제로 민샘이 읽어볼 겁니다.

참고
1. 진로 동아리 활동을 따라오면서 느낀 점
2. 나름대로의 변화를 토대로 앞으로의 진로 계획
3. 민샘에게 하고 싶은 말

민샘, 안녕하세요. 민샘이 실제 인물이라고 하니 더 반갑네요. 정말 잘 배웠어요. 학생들을 위해 정말 정교하게 강의과정을 준비한 샘께 박수를 보냅니다. 그리고 모든 수업에 혼신의 노력을 다하는 샘의 열정에도 감사드립니다. 민샘이 늘 건강했으면 좋겠어요. 이야기 중에 등장하는 민샘의 멘토에게 들은 이야기 기억하시죠? 영국의 성공회 대주교가 남긴 묘비명이요. 샘의 열정은 세상을 모두 바꿀 만하지만, 샘의 몸은 하나입니다. 우선 건강하셔야 해요.

저는 실용음악을 전공하여 음악 프로듀서가 될 꿈을 꾸고 있어요. 요즘은 한 사람의 음악인이 기획, 작곡, 작사, 편곡도 하고, 정교한 악기를 다뤄서 제작도 한답니다. 그뿐인가요.

노래까지 직접 부르기도 하지요. 그래서 더욱 준비할 게 많아요. 하지만 지금은 꾹참고 있어요. 먼저 공부를 해야 하거든요. 그러니까 가고 싶은 고등학교에 진학하기 위해 내신을 관리하고 피아노를 포함하여 몇 가지 실기 실력을 키우는 것이 당장 해야 할 일이죠.

저는 당분간 포트폴리오를 더 쓸 거예요. 이 느낌을 잊어버리고 싶지 않아서요. 하다못해 매일 진로 일기라도 써서 꼭 보관할 거예요. 훗날 저의 꿈을 이룬 후 우리 꼭 만나요.

사람을 관찰하는 힘이 필요해요

스타일리스트

저는 스타일리스트입니다. 방송국과 행사 등에서 모델과 등장인물의 의상을 결정하고 협찬하는 일을 담당합니다. 일의 특성상 매우 짧은 시간 안에 결정을 해야 하는 경우가 많습니다. 그래서 부담이 크죠.

만약 제가 골라준 옷을 주인공이 마음에 들어 하지 않거나, 촬영 분위기에 맞지 않는다면 난처한 상황이 벌어집니다. 물론 처음 이 일을 할 때는 실수를 많이 했습니다. 그런데 언제부턴가 자연스럽게 사람들의 분위기에 맞는 의상을 잘 고르게 되었어요. 그 이유가 무엇일까 곰곰이 생각해 보았는데요. 알고 보니 저도 모르게 사람을 유심히 관찰하는 습관이 생긴 거죠. 평상시에 즐겨 입는 의상 분위기를 꾸준히 관찰하고 날씨나 분위기, 기분에 따라 어떤 옷을 선호하는지도 관찰하였답니다. 이러다 보니 당연히 제가 고르는 옷을 다들 좋아합니다.

스타일리스트는 머리끝에서 발끝까지 전체를 책임지기도 하는데요. 그러기 위해서는 더욱 섬세한 관찰력과 감각이 필요합니다.

주인공이 되고 싶은 학생들이 많은데요. 저는 오히려 이렇게 주변에서 그 주인공을 만들어 주는 삶도 충분히 매력적이라고 생각해요. 어때요? 끌리지 않나요?

진로 활동 포트폴리오 전체 구성 체계

Title		Chapter NO.	Chapter Title	Note
❶ 진로탐색 편	진로 인식	1	내 인생의 항해를 시작하다	자신의 목표유형을 구분하고, 그 속에서 문제를 인식한다.
		2	1%가능성, 보물찾기	장기적인 진로와 단기적인 공부와의 관계를 찾는다.
		3	아름다운 이정표	진로의 전체적인 과정과 커리큘럼을 큰그림으로 본다.
		4	너의 꿈을 믿니?	현재의 진로상태를 확인할 수 있는 다섯 가지 기준을 세운다.
	존재 발견	5	인생의 심장 박동소리	진로의 주체인 자신의 삶과 모습을 건강한 정체감으로 바라본다.
		6	너는 아주 특별하다	비교의식을 넘어 자신의 차이를 인정하고 자존감을 높인다.
		7	실패 속에 감춰진 교훈	성취와 실패의 곡선에서 다시 시작할 수 있는 효능감을 익힌다.
		8	우리는 페이스메이커	타인과의 관계를 통해서, 자신의 가능성을 객관적으로 이해한다.
	강점 발견	9	강점에서 찾아낸 행복	다중 지능을 이해하고, 자신의 강점 지능을 파악한다.
		10	나를 끌어당기는 힘	자신이 좋아하는 것이 무엇인지 스스로 발견하는 방법을 배운다.
		11	내면의 소리에 귀기울이기	자신의 눈과 타인의 눈으로 스스로의 재능을 합리적으로 분별한다.
		12	나를 찾는 교집합	지능, 흥미, 재능, 능력의 개별 요소에서 공통의 직업가능성을 본다.
	적성 발견	13	나만의 스타일	사람과의 관계 속에서 자신의 성향에 맞는 직업가능성을 발견한다.
		14	절대로 포기 못 해!	자신이 소중히 여기는 일반가치와 직업가치를 확인한다.
		15	나에게 꼭 맞아!	자신에게 맞는 직업적성과 직업흥미를 통해 직업유형을 만난다.
		16	진로 네비게이션	강점 발견과 적성 발견의 총체적인 이슈를 통해 희망직업을 결정한다.
❷ 진로설계 편	직업 발견	1	바라보는 힘, 직업의 관점	직업을 찾는 근본적인 이유에서 출발하여 자신이 직업관을 정립한다.
		2	더 깊이 들여다보기	직업에 대한 정보탐색의 방법론과 도구를 통해 시야를 확장한다.
		3	더 넓은 세상으로 나가는 길	글로벌 시대에 자신의 가능성을 세계로 펼칠 수 있는 가능성을 접한다.
		4	정보의 결정체 만들기	진로 탐색의 과정에서 타인에게 의존하지 않고 스스로 정보를 관리한다.
	세계 발견	5	기준을 알아야 과정이 보이지	직업을 찾는 입장에서 패러다임을 바꿔 인재를 선발하는 입장이 되어본다.
		6	흘러가는 직업의 물결 보기	과거의 직업유형이 현재로 오면서 어떻게 변모하는지 변화를 읽는다.
		7	꿈과 현실을 함께 보는 지혜	사람들의 희망직업, 선호도, 만족도 등의 인식통계를 읽고 해석한다.
		8	직업의 미래상	현재의 이슈를 분석하여 미래의 변화요소와 직업변화를 예측한다.
	진로 검증	9	나의 판단에 저울 달기	자신의 의사결정 유형을 이해하고 진로 의사결정의 객관성과 합리성을 높인다.
		10	직업 옆에 직업	현재의 희망직업을 변별하고 검증할 수 있는 4가지 방법을 적용한다.
		11	생생한 현장의 소리	현장의 직업인을 만나는 사전조치, 진행과정, 사후결과 정리를 단계를 경험한다.

		12	예리한 질문 앞에 서 보기	다양한 직업영상을 시청하고, 자신의 직업 적합도를 냉정하게 기록한다.
	비전선언	13	비전의 다른 옷 입기	진로 탐색의 과정을 통해 나온 희망직업을 기초로 비전의 단계로 점프한다.
		14	비전을 넘어 사명과 소명으로!	비전과 혼동되며 사용되는 꿈, 목표, 목적, 사명, 소명 등의 의미를 구별한다.
		15	부분을 모아야 전체가 보인다	완성된 비전선언의 7가지 핵심 구성요소를 구분하고 단계별로 표현한다.
		16	기록으로 만들어 가는 미래	미래의 꿈이 이루어지는 것을 생생하게 상상하여 다양한 형태로 구성한다.
❸ 진로실천편	결과상상	1	생생하고 싱싱한 상상	미래의 꿈을 상상하며 표현하는 것의 과학적 원리를 이해하고 확신한다.
		2	논리적인 상상은 가능하다	사실에 기반한 합리적 상상의 방법을 통해 미래의 시나리오를 제작한다.
		3	내 인생의 체계적인 로드맵	장기적인 목표를 시기별 목표로 세분화하여 영역별로 체계화한다.
		4	비전을 지탱하는 열정의 에너지	진로의 비전을 이루는 과정에서 열정을 만드는 꿈의 목록을 작성한다.
	전략수립	5	5개의 돌과 5명의 거인	진로라는 목표를 구체적으로 실천에 연결하는 전략유형을 진단한다.
		6	진로로 넘어가는 진학의 다리	진로의 장기적인 목표의 출발점이 되는 진학의 세부전략을 수립한다.
		7	꿈이 있다면 공부를 포기할 수 없다!	진학의 중기적인 목표를 이루기 위한 현재의 학습전략을 꺼낸다.
		8	꿈은 원대하게 하루는 치밀하게	진로와 진학, 학습의 목표를 하루하루의 실천으로 연결하는 습관을 형성한다.
	진로관리	9	진로 블로그, 로그인	자신의 진로 비전을 이루는 과정에서 온라인 도구를 통해 과정을 관리한다.
		10	체크! 체크! 긴장감을 지속하라	중장기의 진로 비전을 지속하기 위한 세부적인 체크리스트를 시각화한다.
		11	평생 함께 갈 나의 멘토들	멘토링 네트워킹으로 진로과정의 위기를 스스로 넘길 수 있는 힘을 키운다.
		12	깨닫는 순간, 터닝포인트!	진로와 비전의 전체 과정을 생애적 설계차원의 포트폴리오로 전시한다.
	진로표현	13	내 생애 첫 모니터링	진로 비전을 표현하는 과정에서 관찰자의 시각으로 자신을 모니터링한다.
		14	내 질문에 내가 답한다!	진로 비전을 표현하는 과정에서 적극적인 표현을 위해 예상 질문을 준비한다.
		15	스토리가 만들어 내는 울림	커뮤니케이션의 관문에서 감동을 만들어 내는 스토리 전략을 연출한다.
		16	눈물겹도록 아름다운 날	진로 여정의 전체를 리뷰하고, 캐릭터의 생애에 자신의 모습을 투사한다